Llwybrau Cenhedloedd

Y MEDDWL A'R DYCHYMYG CYMREIG
Golygydd Cyffredinol: Gerwyn Wiliams

Dan olygyddiaeth gyffredinol John Rowlands

1. M. Wynn Thomas (gol.), *DiFfinio Dwy Lenyddiaeth Cymru* (1995)
2. Gerwyn Wiliams, *Tir Neb* (1996) (Llyfr y Flwyddyn 1997; Enillydd Gwobr Goffa Ellis Griffith)
3. Paul Birt, *Cerddi Alltudiaeth* (1997)
4. E. G. Millward, *Yr Arwrgerdd Gymraeg* (1998)
5. Jane Aaron, *Pur fel y Dur* (1998) (Enillydd Gwobr Goffa Ellis Griffith)
6. Grahame Davies, *Sefyll yn y Bwlch* (1999)
7. John Rowlands (gol.), *Y Sêr yn eu Graddau* (2000)
8. Jerry Hunter, *Soffestri'r Saeson* (2000) (Rhestr Fer Llyfr y Flwyddyn 2001)
9. M. Wynn Thomas (gol.), *Gweld Sêr* (2001)
10. Angharad Price, *Rhwng Gwyn a Du* (2002)
11. Jason Walford Davies, *Gororau'r Iaith* (2003) (Rhestr Fer Llyfr y Flwyddyn 2004)
12. Roger Owen, *Ar Wasgar* (2003)
13. T. Robin Chapman, *Meibion Afradlon a Chymeriadau Eraill* (2004)
14. Simon Brooks, *O Dan Lygaid y Gestapo* (2004) (Rhestr Hir Llyfr y Flwyddyn 2005)
15. Gerwyn Wiliams, *Tir Newydd* (2005)
16. Ioan Williams, *Y Mudiad Drama yng Nghymru 1880–1940* (2006)
17. Owen Thomas (gol.), *Llenyddiaeth mewn Theori* (2006)
18. Sioned Puw Rowlands, *Hwyaid, Cwningod a Sgwarnogod* (2006)
19. Tudur Hallam, *Canon Ein Llên* (2007) (Enillydd Gwobr Goffa Ellis Griffith)
20. Enid Jones, *FfugLen* (2008) (Enillydd Gwobr Goffa Ellis Griffith)

Dan olygyddiaeth gyffredinol Gerwyn Wiliams:

21. Eleri Hedd James, *Casglu Darnau'r Jig-so* (2009)

Y MEDDWL A'R DYCHYMYG CYMREIG

Llwybrau Cenhedloedd

Cyd-destunoli'r Genhadaeth Gymreig i'r Tsalagi

Jerry Hunter

GWASG PRIFYSGOL CYMRU
CAERDYDD
2012

ⓗ Jerry Hunter, 2012

Cedwir pob hawl. Ni cheir atgynhyrchu unrhyw ran o'r cyhoeddiad hwn na'i gadw mewn cyfundrefn adferadwy na'i drosglwyddo mewn unrhyw ddull na thrwy unrhyw gyfrwng electronig, mecanyddol, ffotogopïo, recordio, nac fel arall, heb ganiatâd ymlaen llaw gan Wasg Prifysgol Cymru, 10 Rhodfa Columbus, Maes Brigantîn, Caerdydd, CF10 4UP.

www.gwasgprifysgolcymru.org

Mae cofnod catalog i'r llyfr hwn ar gael gan y Llyfrgell Brydeinig.

ISBN   978-0-7083-2471-4
e-ISBN   978-0-7083-2472-1

Datganwyd gan Jerry Hunter ei hawl foesol i'w gydnabod yn awdur y gwaith hwn yn unol ag adrannau 77, 78 a 79 Deddf Hawlfraint, Dyluniadau a Phatentau 1988.

Argraffwyd yng Nghymru gan Wasg Dinefwr, Llandybïe

Cynnwys

Gair Ynghylch Gair	vii
Diolchiadau	viii
Prolog: 1838	1

RHAN I: Y GENHADAETH GYMREIG I'R TSALAGI

1. *Dinadawosgi* Cymreig:
   Cenhadaeth Thomas Roberts ac Evan Jones, 1821–5 — 13

2. *Ayvwi*, Llythrennedd a'r *Yonega* Cymreig:
   Cenhadaeth Evan Jones, 1825–39 — 49

RHAN II: GWASG GYMRAEG AMERICA A BRODORION Y CYFANDIR, 1838–42

3. O Gigyddion Fflorida i Ymerodraeth y Gorllewin Pell:
   Y Cyfaill o'r Hen Wlad a Brodorion America, 1838–42 — 83

4. Yr Indiaid Cymreig:
   Y Cyfaill o'r Hen Wlad a Llên y Madogwys — 98

5. 'Gwnaeth y wlad gam mawr a'r Indiaid ac nid yw'r eglwys yn glir yn y peth hyn':
   Y Cenhadwr Americanaidd, *Y Beread* a'r Brodorion, 1840–2 — 117

RHAN III: DAU GYLCHGRAWN, DWY IAITH, UN GREFYDD

6. *Tsalagi Atsinvsidv*: Cenhadwr Llenyddol Evan Jones — 129

7. Cymhlethdodau Huodledd: *Y Seren Orllewinol*,
   Brodorion America a Chenhadaeth Evan Jones — 157

Epilog: 1858	184
Mynegai	195

i Richard Wyn Jones
gyda diolch am fynnu

Gair Ynghylch Gair

Mae'r gair 'Tsalagi' a ddefnyddir yn y gyfrol hon wedi'i fenthyca o'r iaith Dsalagi ei hun. Ceir 'Tsierocî' yn *Geiriadur yr Academi*, gair sydd wedi'i seilio ar y Saesneg *'Cherokee'*. Ni cheir y gytsain /r/ yn yr iaith Dsalagi, ac felly mae'r gair Cymraeg 'Tsalagi' yn nes at sŵn y gair gwreiddiol (a yngenir fel *'Jalagi'* yn y dafodiaith orllewinol heddiw). Credaf fod benthyca'n uniongyrchol o'r iaith frodorol i'r Gymraeg yn hytrach na defnyddio gair wedi'i fenthyca o'r Saesneg yn gydnaws ag ysbryd yr astudiaeth hon.

Diolchiadau

Bu cymorth staff gwahanol archifdai a llyfrgelloedd yn allweddol i lwyddiant yr astudiaeth hon ac mae'n bleser cydnabod fy nyled iddynt: Archifdy a Llyfrgell Cymdeithas Hanes Bedyddwyr yr U.D. (Atlanta, Georgia); Llyfrgell ac Archifdy Prifysgol Bangor; Llyfrgell Genedlaethol Cymru; Llyfrgelloedd Prifysgol Harvard; Llyfrgell y Gyngres; Llyfrgell Prifysgol Northeastern State (Oklahoma). Traddodais fersiynau cynnar o rai o benodau'r gyfrol hon ar ffurf darlithoedd cyhoeddus a seminarau, ac rwyf yn ddiolchgar i staff y sefydliadau perthnasol: Canolfan Cymry America, Prifysgol Caerdydd; Canolfan Uwchefrydiau Cymreig a Cheltaidd, Aberystwyth; Adran Ieithoedd a Llenyddiaethau Celtaidd a Rhaglen Astudiaethau Brodorol (HUNAP), Prifysgol Harvard. Deuthum wyneb yn wyneb â nifer o broblemau ieithyddol y tu hwnt i'm gafael wan ar yr iaith Dsalagi ac felly roedd cymorth Laura Anderson, un o sylfaenwyr cwrs Tsalagi Adran Anthropoleg Prifysgol Oklahoma, yn amhrisiadwy. Rwyf yn hynod ddiolchgar iddi. Diolchaf yn gynnes i Daniel Heath Justice am ei barodrwydd i drafod fy ymchwil ar wahanol adegau ac am ei anogaeth. Hoffwn ddiolch i Cwmni Da am noddi cyfran o'r gwaith ymchwil hwn ac i Ifor ap Glyn yn enwedig am ei gefnogaeth frwdfrydig o'r dechrau i'r diwedd.

Cefais gymwynasau ac anogaeth gan lawer o gyfeillion eraill hefyd. Hoffwn ddiolch yn ddiffuant i Tim Correll, Jason Walford Davies, Patrick Ford, Barbara Hillers, E. Wyn James, Walter Kamphoefner, Aled Llion Jones, Bill Jones, Richard Wyn Jones, Betty Layton, Peredur Lynch, Gethin Matthews, Catherine McKenna, Densil Morgan, Kate Olson, Prydwyn Piper, Angharad Price, Rhys ap Rhisiart, Edgar Slotkin, Delores Sumner, Deborah Van Broekhoven, Daniel Williams a Rhiannon Williams.

Rwyf yn ddiolchgar iawn i bawb yng Ngwasg Prifysgol Cymru a fu wrthi'n gweithio ar y gyfrol hon, sef Charlotte Austin, Leah Jenkins, Siân Chapman a Dafydd Jones. Hoffwn ddiolch hefyd i Dorothy Sullivan am ganiatáu i ni ddefnyddio'i phaentiad ar gyfer y clawr. Diolchaf yn wresog iawn i Gerwyn Wiliams, golygydd y gyfres hon a chyfaill parod iawn ei gymorth.

Ond i Judith, Megan a Luned y mae fy nyled fwyaf; diolchaf iddynt eto am eu cefnogaeth ddiysgog.

Prolog: 1838

Daeth rhifyn cyntaf *Y Cyfaill o'r Hen Wlad* o'r wasg ym mis Ionawr 1838. Nid hon oedd yr ymgais gyntaf i sefydlu cyfnodolyn Cymraeg yn yr Unol Daleithiau, ond hon fyddai'r ymgais gyntaf i lwyddo. Am weddill y bedwaredd ganrif ar bymtheg byddai gwasg gyfnodol Gymraeg yr Unol Daleithiau yn ganolog i ddiwylliant Cymry America ac felly mae'n gwbl briodol ystyried rhifyn cyntaf *Y Cyfaill o'r Hen Wlad* fel carreg filltir.

Os oedd yn drobwynt yn hanes y Gymru Americanaidd newydd, roedd 1838 hefyd yn drobwynt yn hanes un o genhedloedd brodorol America, y Tsalagi (*Cherokee*). Nid oedd y newydd-ddyfodiaid yn gwbl ddisylw o helyntion y genedl frodorol ychwaith; cyhoeddwyd erthygl yn dwyn y pennawd 'Y Cherokeeaid' yn *Y Cyfaill o'r Hen Wlad* y mis Mehefin hwnnw:

> Mae Cad[fridog] Scott wedi ei anfon i wlad y Cherokeeaid, yn Nhalaith Georgia, yn nghydâ byddin o 7000 o wyr. Y mae gosodiad Scott at y gwaith yn profi yn amlwg, er bod y llywodraeth yn penderfynu gweithredu yn ol cytundeb Echota Newydd, yn symudiad yr Indiaid hyn, eto y gwneir hyny gydâ thiriondeb a phwyll. Mae yn ddrwg genym ddeall bod rhai o'r Cherokeeaid wedi cynhyrfu yspryd rhyfelgar trwy ymosod ar a llofruddio un neu ddau o amaethwyr Americanaidd yn Georgia.[1]

Ymddangosai erthyglau tebyg ar dudalennau papurau newydd a chylchgronau Saesneg yr Unol Daleithiau, ac mae'n bosibl fod William Rowlands, golygydd *Y Cyfaill o'r Hen Wlad*, wedi codi crynswth y stori o un o'r ffynonellau hyn. Gan fod cynifer o bapurau a chylchgronau Saesneg Americanaidd yn cael eu cyhoeddi ar y pryd, byddai cael hyd i'r union ffynhonnell yn dasg anodd. Fodd bynnag, gan fod William Rowlands fel rheol yn nodi'i ffynhonnell wrth gyhoeddi erthygl a gyfieithwyd o destun Saesneg, mae'n bosibl iawn nad yw'r erthygl Gymraeg hon yn gyfieithiad llythrennol o unrhyw destun Saesneg. Gall fod yn grynodeb o erthygl Saesneg (neu'n gyfuniad o wahanol erthyglau Saesneg). Mae hefyd yn bosibl iawn fod William Rowlands wedi seilio'i erthygl ef ar un o adroddiadau swyddogol llywodraeth yr Unol Daleithiau. Fel y noda John Coward, roedd llawer o'r erthyglau am yr hyn a oedd yn digwydd i'r Tsalagïaid a gyhoeddwyd ar y pryd yn deillio o'r propaganda milwrol hwn:

> During the summer of 1838, when General Scott was rounding up the last of the Cherokees, much of the news about this event originated from the War Department or from Scott himself. General Scott's address to the Cherokees, for instance, was probably the most widely published report on Cherokee removal, appearing in newspapers that published almost no other news of the Cherokee removal in 1838.[2]

Yn y cyswllt hwn, mae'n werth nodi bod disgrifiad William Rowlands o 'osodiad' Winfield Scott a'i ymdrechion i weithredu 'gydâ thiriondeb a phwyll' yn adleisio rhai agweddau ar araith y cadfridog. Er enghraifft, dywedodd wrth y brodorion fod ei filwyr yn 'gyfeillion' iddynt ('your friends') gan ychwanegu'u bod 'as kind-hearted as brave[.]'[3] Bid a fo am union ffynhonnell William Rowlands, mae'r erthygl a gyhoeddodd ym mis Mehefin 1838 – fis ar ôl i'r Cadfridog Winfield Scott draddodi'i araith, fel mae'n digwydd – yn cyflwyno'r digwyddiadau diweddar o safbwynt llywodraeth yr Unol Daleithiau yn unig.

Mae'n wir fod rhai o'r ffeithiau moel a gyhoeddwyd yn *Y Cyfaill o'r Hen Wlad* yn gywir. Roedd y Cadfridog Winfield Scott 'wedi'i anfon i wlad y Cherokeeaid gyda byddin o 7,000 o wyr'. Mae hefyd yn wir fod Cytundeb Echota Newydd (*the New Echota Treaty*) wedi'i arwyddo a bod y ddogfen honno yn datgan bod Cenedl y Tsalagi am adael eu tiroedd traddodiadol hwy yn y dwyrain a symud i diriogaeth newydd yn y gorllewin. Yn yr un modd, roedd 'y llywodraeth [wedi] penderfynu gweithredu yn ol' y cytundeb hwnnw, ac ystyr y ferf 'gweithredu' yn y cyd-destun hwn yw anfon Scott a'i filwyr i symud y brodorion o'u cartrefi.

Ond mae'r erthygl fer hon yn anwybyddu rhai ffeithiau allweddol ac mae'n hollol gyfeiliornus o'r herwydd. Dim ond lleiafrif pitw a oedd wedi arwyddo'r cytundeb yn nhref Echota Newydd yn Rhagfyr 1835. Roedd tua 16,000 o frodorion yn byw ar diroedd y Tsalagi ar y pryd ac nid oedd y dynion a lofnododd y cytundeb yn cynrychioli ond cwta 2,000 ohonynt. Mewn geiriau eraill, dim ond wythfed ran o holl arweinwyr y genedl a oedd wedi derbyn telerau'r *New Echota Treaty*. Ac i wneud y cyfan yn fwy amheus, nid oedd uwch-bennaeth etholedig y genedl, John Ross (Guwisguwi), yn bresennol yn y cyfarfod ac ni lofnododd y cytundeb. Yn wir, gan fod cyn lleied o awdurdod yn nwylo'r dynion hynny a arwyddasai Gytundeb Echota Newydd, nid oedd Ross wedi cymryd y bygythiad o ddifrif ar y dechrau:

To Ross and his party, the treaty was such a patent fraud that they did not believe the [United States] Senate would have the audacity to ratify it. He was wrong. The Senate did ratify it on May 3, 1836; under the terms of that treaty the Cherokees received five million dollars for their homeland and were given two years to pack up and go to Arkansas or they would by driven out by the United States Army.[4]

Pan benderfynodd llywodraeth talaith Georgia – gyda chefnogaeth llywodraeth ffederal yr Unol Daleithiau – weithredu ar Gytundeb Echota Newydd roedd y weithred yn gwbl anghyfreithlon. Afraid dweud ei bod yn anghyfreithlon yng ngolwg cyfreithiau Cenedl y Tsalagi (ac roedd gan y genedl frodorol honno gyfundrefn gyfreithiol fanwl a soffistigedig). Roedd hefyd yn anghyfreithlon yn ôl cyfansoddiad a chyfreithiau'r Unol Daleithiau. Dyfarnasai uchel-lys yr Unol Daleithiau yn erbyn penderfyniad talaith Georgia i ddechrau symud y brodorion o'u tiroedd, ond roedd llywodraeth yr Arlywydd Andrew Jackson wedi anwybyddu'r dyfarniad hwnnw gan felly roi rhwydd hynt – ac, yn wir, estyn pob cymorth – i lywodraeth Georgia weithredu ar sail cytundeb cwbl anghyfreithlon.[5]

Dyma ddechrau cyfnod tywyll iawn yn hanes y Tsalagi. Gorfodwyd y genedl gyfan i symud o'u cartrefi – mewn ardal sydd wedi'i rhannu rhwng taleithiau Gogledd Carolina, Tennessee a Georgia heddiw – ac ar ôl eu dal mewn nifer o wersylloedd carchar mewn amgylchiadau a oedd yn llwm ar y gorau ac yn ffiaidd o fudr ar y gwaethaf, gorfodwyd y genedl i adael eu hen diroedd traddodiadol yn gyfan gwbl a symud dros 800 o filltiroedd i'r gorllewin. Llwyddodd ychydig i ffoi rhag y milwyr, gan guddio yn y mynyddoedd ac aros yng Ngogledd Carolina, ond aeth y rhan fwyaf o'r Tsalagi – tua 15,000 o unigolion – ar y daith erchyll honno. Roedd o leiaf chwarter ohonynt wedi marw erbyn iddynt gyrraedd eu cartref newydd (yn y diriogaeth a fyddai'n cael ei throi'n rhan o dalaith Oklahoma).[6] Yn un o'r enghreifftiau amlycaf o lanhau ethnig yn hanes yr Unol Daleithiau, gelwir y bennod dywyll hon yn gyffredinol heddiw yn 'y Llwybr Dagrau' (*the Trail of Tears*). Deillia'r dull hwn o gyfeirio at y trychineb o'r ymadrodd Tsalagi *Nunahi-duna-dlo-hilu-i*, 'y llwybr lle'r wylasant'.[7]

Mae'n anodd i ddarllenydd heddiw beidio â bod yn ddig wrth olygydd *Y Cyfaill o'r Hen Wlad* am gyhoeddi'r fath erthygl ym mis Mehefin 1838. Er nad yw'n mynegi dicter, pryder na siom wrth drafod cefnogaeth llywodraeth yr Unol Daleithiau i'r cytundeb anghyfreithlon a arwyddwyd yn Echota Newydd, mae'n collfarnu ymddygiad (honedig) rhai o'r brodorion; dywed ei bod 'yn ddrwg genym ddeall bod rhai o'r Cherokeeaid wedi cynhyrfu yspryd rhyfelgar'! A bod yn deg â William Rowlands a'i gylchgrawn, mae'n wir fod y Cadfridog Winfield Scott wedi gorchymyn i'w filwyr drin y Tsalagi gyda 'thiriondeb a phwyll'. Ond nid dyna a ddigwyddodd.

Ac yntau'n Fethodist Calfinaidd, mae'n debyg nad oedd William Rowlands yn darllen y *Baptist Missionary Magazine*. Cyhoeddai'r cylchgrawn hwnnw adroddiadau am argyfwng y Tsalagi a oedd yn wahanol iawn i'r erthygl a gyhoeddodd ef yn *Y Cyfaill o'r Hen Wlad*. Yn hytrach nag ailgylchu ffynonellau ail law, roedd y *Baptist Missionary Magazine* yn cyhoeddi ysgrifau gan ddyn a oedd yn llygad-dyst i'r digwyddiadau dan sylw. Y Cymro Evan Jones oedd y dyn hwnnw, ac erbyn 1838 roedd wedi bod yn byw ymhlith y Tsalagi ers dwy flynedd ar bymtheg. Dyma ran o adroddiad a ysgrifennodd fis ar ôl i'r erthygl Gymraeg honno ymddangos yn *Y Cyfaill o'r Hen Wlad*:

> July 10 [1838]. The overthrow of the Cherokee Nation is completed. The whole population are made prisoners. The work of war in time of peace, is commenced in the Georgia part of the Nation, and is carried on, in most cases, in the most unfeeling and brutal manner; no regard beeing paid to the orders of the commanding General, in regard to humane treatment of the Indians. I have heard of only one officer in Georgia, (I hope there are more,) who manifests any thing like humanity, in his treatment of this persecuted people.[8]

Mewn llythyr arall a gyhoeddwyd yn yr un rhifyn o'r *Baptist Missionary Magazine* manylodd Evan Jones ar yr hyn a oedd yn digwydd i'r genedl frodorol:

> The Cherokees are nearly all prisoners. They have been dragged from their houses, and encamped at the forts and military posts, all over the nation. In Georgia, especially, multitudes were allowed no time to take any thing with them, except the clothes they had on. Well-furnished houses were left a prey to plunderers, who, like hungry wolves, follow in the train of the captors. [. . .] Females [. . .] are driven on foot before the bayonets of brutal men. Their feelings are mortified by vulgar and profane vociferations. It is a painful sight.[9]

Felly tra oedd William Rowlands yn dweud wrth ddarllenwyr *Y Cyfaill o'r Hen Wlad* fod 'rhai o'r Cherokeeaid wedi cynhyrfu yspryd rhyfelgar' ac yn collfarnu'r brodorion hyn am ymosod ar 'un neu ddau o amaethwyr Americanaidd yn Georgia', roedd Evan Jones yn disgrifio'r union amaethwyr Americanaidd hynny ar gyfer ei ddarllenwyr yntau fel 'anrheithwyr' a 'bleiddiaid newynog'. Yn yr un modd, tra oedd golygydd cylchgrawn Cymraeg y Methodistiaid yn dweud bod y milwyr wedi gwneud eu gwaith 'gydâ thiriondeb a phwyll', roedd y Bedyddiwr hwn yn eu disgrifio fel 'dynion milain' a oedd yn ymddwyn mewn modd 'fwlgar' ac 'annuwiol'.

* * *

Ymddeolodd y Parchedig Evan Jones ym 1870. Bu'n byw ac yn gweithio ymhlith y Tsalagi am agos at hanner canrif. Dair blynedd yn ddiweddarach cyhoeddwyd ychydig o'i hanes yn *Y Glorian*, misolyn a argraffwyd yn Youngstown, Ohio, ar gyfer Bedyddwyr Cymraeg yr Unol Daleithiau:

> Hanner cant o flynyddoedd yn ol darfu i'r Gymdeithas Genhadol anfon y Parch. Evan Jones pan yn ddyn ieuanc, i lafurio i b[l]ith y Cherokees, pa rai oedd y pryd hwnw yn Carolina Ogleddol, pan y symudwyd y genedl oddiyno i'r tiriogaeth y maent yn bresenol; aeth Mr. Jone[s] a'i deulu gyda hwynt.[10]

Nododd wedyn fod Evan Jones, 'oherwydd hen ddyddiau a gwendidau corphorol, wedi rhoddi i fyny y weinidogaeth', gan ychwanegu fod 'y mab, sef John B. Jones', wedi'i ddilyn 'fel cenadwr yn mhlith yr Indiaid.'[11] Credai golygydd y cylchgrawn Cymraeg hwn y byddai '[m]eibion a merched y goedwig am amser a thragwyddoldeb [yn b]endithio Duw am yr hyn sydd wedi ei wneyd yn eu plith trwy lafur y ddau Jones'.[12]

Atodwyd nodyn i'r erthygl gan olygydd *Y Glorian* yn dweud mai 'Cyfieithiad' ydoedd 'o'r *Mucedonian* a'r *Record*'.[13] Fe ymddengys nad oedd gwasg Gymraeg y wlad – na hyd yn oed wasg Bedyddwyr Cymraeg yr Unol Daleithiau – wedi cadw mewn cysylltiad ag Evan Jones yn ystod ei flynyddoedd olaf. Erbyn i'r erthygl hon ymddangos ar dudalennau *Y Glorian* roedd Evan Jones wedi marw ers saith mis, fel y dengys ysgrif goffa a gyhoeddwyd yn y *Baptist Missionary Magazine* ym 1872:

> Rev. Evan Jones, who, for fifty years, labored as a missionary of the Union among the Cherokee Indians, first in North Carolina and then in the present home of the Nation in the Indian Territory, departed this life, at Tahlequah, Aug. 18, being 83 years and three months of age.[14]

Yn ail yn unig i'r pwyslais a rydd yr ysgrif goffa hon ar wasanaeth y cenhadwr i'r achos Cristnogol, y thema amlycaf yw ymlyniad Evan Jones wrth iaith y Tsalagi: 'He was a man of scholarly attainments, and acquired the Cherokee language and spoke and wrote it freely'.[15] Awgryma'r cylchgrawn Saesneg ymhellach fod y wedd hon ar yrfa Evan Jones yn gyfrifol am ei boblogrwydd yn eu plith:

The confidence in which he was held among the Cherokees, who venerated him as a father, was never impaired. Even in the hours of his last illness, they came from far and near to hear a few last words of comfort in their native tongue from their revered friend.[16]

Ac yntau'n ganolog i'r gymuned hon o Fedyddwyr Tsalagi eu hiaith, roedd yr iaith Dsalagi hithau yn ganolog i hunaniaeth Evan Jones ei hun erbyn y diwedd. Nid yw'n syndod ar un olwg fod y cenhadwr Cymreig wedi colli cysylltiad â gwasg Gymraeg America.

Nid felly y bu trwy gydol ei oes. Roedd *Y Glorian* wedi'i ragflaenu gan ddau gylchgrawn arall, *Y Beread* ac *Y Seren Orllewinol*, a chyhoeddid adroddiadau am genhadaeth Evan Jones yn achlysurol yn y cyfnodolion hyn yn ystod y 1840au a'r 1850au. Bu Evan Jones yntau'n parhau â'i gysylltiad â'r gymuned Gymreig yn nhalaith Pensylfania lle y buasai'n byw cyn mynd yn genhadwr. Yn wir, roedd y cenhadwr yn gysylltiad byw rhwng y Bedyddwyr Tsalagi a Chymry'r dalaith honno, fel y dengys nodyn gan William Morgan o Bottsville, Pensylfania, a gyhoeddwyd yn *Y Glorian* ym 1873:

> Y Mae y Parch. Evan Jones yn enedigol o Sir Frycheiniog, D[e] C[ymru]. Bum yn ei wrando yn pregethu, neu yn hytrach cyfieithu pregeth un o'r Cherokees, ag oedd gydag ef tua deunaw ar hugain o flynyddoedd yn ol yn Philadelphia, lle'r oedd ei fam a'i chwaer yn byw yr amser hwnw.
> Pottsville   Wm. Morgan[17]

Rhaid casglu – os gallwn ddibynnu ar gof William Morgan – ei fod yn cyfeirio at bregeth a draddodwyd yn y flwyddyn 1835. Dyna'r flwyddyn yr arwyddwyd Cytundeb Echota Newydd. A'r datblygiad a fyddai'n arwain at adleoliad y Tsalagi a'r Llwybr Dagrau yn dwysáu, roedd Evan Jones yntau'n gweithio'n galed i gefnogi ymdrechion llywodraeth etholedig y genedl a mwyafrif ei phoblogaeth i wrthsefyll y glanhau ethnig hwnnw. Yn ystod y cyfnod anodd hwnnw, aeth ag un o'i gyfeillion Tsalagi i ymweld â chymuned Gymreig ym Mhensylfania. Mae'n bosibl iawn fod William Morgan yn cyfeirio at wasanaeth Cymraeg a bod Evan Jones wedi cyfieithu'r bregeth Dsalagi honno i'w famiaith, ond hyd yn oed os oedd wedi'i chyfieithu i'r Saesneg, mae nodyn William Morgan yn awgrymu bod gwedd Gymreig ar yr achlysur. Yn sicr, dengys y deunydd a gyhoeddai'n achlysurol ar dudalennau gwasg Gymraeg Bedyddwyr America fod Evan Jones wedi trosglwyddo gwybodaeth am ei genhadaeth ymhlith y Tsalagi i Gymry America. Manteisiodd ar y wasg argraffu i drosglwyddo gwybodaeth am y Cymry i'r brodorion yn eu mamiaith hwy ar o leiaf un achlysur hefyd.

* * *

Nod y llyfr hwn yw cyd-destunoli cenhadaeth Evan Jones. Mae cyfrol arloesol William G. McLoughlin, *Champions of the Cherokees: Evan and John B. Jones* (1990), yn astudiaeth dreiddgar a manwl o'r ffynonellau Saesneg perthnasol. Eto, nid yw'n trafod deunydd Cymraeg ac nid yw'n craffu ychwaith ar destunau a gyhoeddwyd gan Evan Jones yn yr iaith Dsalagi: gellid edrych ar y gyfrol hon fel ymdrech i ddechrau llenwi'r bylchau hynny. Mae hefyd yn ymdrech i ddehongli'r modd y trafodid brodorion America ar dudalennau gwasg Gymraeg yr Unol Daleithiau a chyfosod y dehongliad hwnnw â dadansoddiad o agweddau ar genhadaeth Evan Jones a'i gydweithiwr Thomas Roberts.

Mae cyfran sylweddol o'r canon llenyddol Cymraeg yn hoelio sylw ar statws y Cymry fel 'cenedl orthrymedig' y gwladychwyd eu tiroedd gan 'estron genedl'. Mae nifer o ysgolheigion wedi mynd ati yn ystod y blynyddoedd diweddar i roi theori ôl-drefedigaethol ar waith wrth ddehongli hanes a diwylliant Cymru, gan greu ffrwd academaidd sy'n cydredeg – o leiaf ar adegau – â'r ffrwd lenyddol boblogaidd hon.[18] Trafodwyd profiadau'r Cymry a wladychwyd, ond beth am brofiadau'r Cymry sydd wedi gwladychu? Ceir yma olwg ar destunau Cymraeg a ysgrifennwyd gan Gymry a oedd yn gwladychu tiroedd a fuasai'n eiddo i genhedloedd brodorol America, ac felly gobeithiaf y bydd yr astudiaeth hon yn goleuo agweddau ar hanes 'y meddwl a'r dychymyg Cymreig' nas trafodwyd yn fanwl erioed o'r blaen. Eto, nid gwladychu yn unig a drafodir yma. Stryd ddwyffordd oedd y berthynas rhwng Evan Jones a Chenedl y Tsalagi: os oedd y cenhadwr Cymreig yn dylanwadu ar agweddau ar eu diwylliant, roedd diwylliant a bydolwg y Tsalagi yn dylanwadu arno yntau hefyd. Wrth drafod y prosesau cymhleth hyn, rwyf yn defnyddio'r 'feirniadaeth frodorol' a arloesid yn ddiweddar gan ysgolheigion sy'n perthyn i nifer o genhedloedd brodorol America. Mae'r astudiaeth hon yn trafod agweddau ar feddwl a dychymyg Cymreig y gorffennol, ond gobeithiaf y bydd y dulliau beirniadol hyn yn cynnig rhywbeth i feddwl a dychymyg Cymreig y dyfodol.

Rhennir y gyfrol hon yn dair rhan. Mae'r gyntaf, 'Y Genhadaeth Gymreig i'r Tsalagi', yn cynnwys dwy bennod sy'n trafod agweddau ar hanes cenhadaeth Thomas Roberts ac Evan Jones o'i chychwyn cyntaf hyd at y Llwybr Dagrau. Mae'r ail ran, 'Gwasg Gymraeg America a Brodorion y

Cyfandir, 1838–42', yn cyd-destunoli'r erthygl o *Y Cyfaill o'r Hen Wlad* a drafodir ar ddechrau'r rhagymadrodd hwn trwy edrych ar y modd y trafodid brodorion America ar dudalennau gwasg Gymraeg America yn y cyfnod. Mae'r drydedd bennod yn canolbwyntio ar y *Cyfaill* ei hun a'r bumed bennod yn trafod dau gyfnodolyn arall, *Y Cenhadwr Americanaidd* ac *Y Beread*. Mae'r bedwaredd bennod yn darparu rhywfaint o gefndir hanesyddol er mwyn hwyluso'r drafodaeth ar destunau am 'Yr Indiaid Cymreig' a gyhoeddwyd yn yr Unol Daleithiau ar y pryd. Ceir dwy bennod yn y drydedd ran, 'Dau Gylchgrawn, Dwy iaith, Un Grefydd', y naill yn edrych ar gylchgrawn a gyhoeddid gan Evan Jones a'i gydweithwyr ar gyfer Bedyddwyr Tsalagi, y *Tsalagi Atsinvsidv*, a'r llall yn edrych ar fisolyn a gyhoeddid ar gyfer Bedyddwyr Cymraeg America, *Y Seren Orllewinol*.

Mae testunau sy'n deillio yn uniongyrchol o genhadaeth Evan Jones a'i gydweithwyr wedi goroesi mewn tair iaith – y Saesneg, y Gymraeg a'r iaith Dsalagi. Craffu'n fanwl ar ddetholiad o'r testunau hyn oedd man cychwyn yr ymchwil, ac felly mae'n astudiaeth lenyddol yn anad dim. Mae'r drafodaeth yn canolbwyntio ar themâu megis iaith, cyfieithu, llythrennedd, hanes llenyddol, a diwylliant print, ac fe'u dadansoddir yn bennaf o safbwynt eu perthynas â hunaniaeth genedlaethol. Mae'n wir y gellid cyd-destunoli cenhadaeth Evan Jones mewn ffyrdd eraill; fel y dengys yr epilog, nid trwy ysgrifennu a chyhoeddi ond mewn gweithredoedd nas cofnodwyd ar y pryd yr amlygid rhai o'r agweddau mwyaf diddorol ar hanes ymwneud y Cymro â'r genedl frodorol. Bid a fo am y posibiliadau eraill hyn, fel yr awgrymir trwy gyfosod dau destun am y 'Cherokeeaid' a gyhoeddwyd ym 1838, y naill yn *Y Cyfaill o'r Hen Wlad* a'r llall ar dudalennau'r *Baptist Missionary Magazine*, mae astudiaeth lenyddol o'r math hwn yn fodd i ni ddechrau ystyried y cysylltiadau cymhleth rhwng Cymry America a chenhedloedd brodorol y cyfandir.

Nodiadau

[1] 'Y Cherokeeaid', *Y Cyfaill o'r Hen Wlad*, Mehefin 1838, 187.
[2] John M. Coward, *The Newspaper Indian: Native American Identity in the Press, 1820–90* (Urbana, 1999), t. 87.
[3] 'General Winfield Scott's Address to the Cherokee Nation May 10, 1838', yn Edward J. Cashin (gol.), *A Wilderness Still the Cradle of Nature: Frontier Georgia* (Savannah, 1994), tt. 137–8.
[4] William G. McLoughlin, *Champions of the Cherokees: Evan and John B. Jones* (Princeton, 1990), t. 136.

5   Roedd Andrew Jackson yn arlywydd rhwng 1829 a 1837; daeth ei ail dymor arlywyddol i ben cyn yr adleoliad ei hun (1838), ond polisïau ei lywodraeth ef a oedd yn gyfrifol am y cyfan. Martin Van Buren oedd yr arlywydd ym 1838; roedd yn Ddemocrat, yn debyg i Jackson, ac felly mabwysiadai'r un polisïau â'i ragflaenydd.
6   Gw., e.e., Nancy Shoemaker, *American Indians* (Oxford, 2001), t. 128: 'Four thousand Cherokees, one fifth of their total population, died as a consequence of the forced migration known as the Trail of Tears'. Gorfodwyd cenhedloedd brodorol eraill i symud i'r gorllewin tua'r un pryd.
7   Gw., e.e., *http://www.cherokeemuseum.org/html/collections_tot.html*.
8   *Baptist Missionary Magazine*, 18 (1838), 237.
9   Ibid., 236. Mae'r llythyr llawysgrif gwreiddiol wedi goroesi hefyd: Cymdeithas Hanes Bedyddwyr yr UD, Atlanta Georgia (Archived Collection of Board of International Missionaries, American Baptist Historical Societies), Grŵp 1, bocs 56: Papurau Evan Jones; llythyr: 16 Mehefin 1838.
10 'Bedyddwyr yn Mhlith y Cherokees', *Y Glorian*, Mawrth 1873, 91.
11 Ibid.
12 Ibid.
13 Ibid.
14 *Baptist Missionary Magazine*, 52 (1872), 432.
15 Ibid.
16 Ibid.
17 *Y Glorian*, Mawrth 1873, 91.
18 Gw., e.e., Jane Aaron a Chris Williams (goln), *Postcolonial Wales* (Cardiff, 2005). Disgrifia'r golygyddion y gyfrol fel ymdrech i archwilio cwestiynau megis, 'In what ways, if any, does the concept of postcolonialism aid our understanding of Welsh culural and political life?'. Gw. ibid, 'Preface', t. xv.

Rhan I

Y GENHADAETH GYMREIG
I'R TSALAGI

1

Dinadawosgi *Cymreig*: Cenhadaeth Thomas Roberts ac Evan Jones, 1821–5

Dŵr, tân, daear ac awyr: mae'r pedair elfen a'r cytgord rhyngddynt yn ganolog i fydolwg y Tsalagi.[1] Er bod eu diwylliant, eu cymdeithas a'u crefydd wedi'u strwythuro mewn modd sy'n rhoi sylw arbennig i bob un o'r pedair, nid yw'r un ohonynt yn bwysicach na dŵr. Yn ôl stori'u Cread, môr o ddŵr a oedd yma cyn i'r ddaear gael ei llunio a'i gosod yn hongian ar bedwar llinyn. Pan â'r ddaear yn hen ac yn dreuliedig, bydd y llinynnau'n torri a'r ddaear yn diflannu o dan y dŵr unwaith eto.[2] Mae gan yr elfen le amlwg yn eu defodau sanctaidd hefyd. Yn y cyfnod cyn y Llwybr Dagrau (ac am flynyddoedd lawer ar ôl y trobwynt hanesyddol hwnnw hefyd), roedd *amohi atsvsdi*, 'mynd i mewn i ddŵr', yn ddefod a berffformid cyn neu ar ôl bron pob digwyddiad o bwys.[3]

Yn dilyn ei waith maes ymhlith y Tsalagi yn y 1880au, cyhoeddodd yr anthropolegydd James Mooney ddisgrifiad o'r ddefod. Roedd wedi cyfweld ag unigolion oedrannus iawn y pryd hynny ac wedi'u holi am natur eu bywydau a'u cymunedau pan oeddynt yn ddynion ac yn fenywod ifainc yn y 1820au. Mae'r dystiolaeth a gasglwyd ganddo yn fodd i ni ddechrau deall natur diwylliant a chrefydd y Tsalagi yn y cyfnod cyn y Llwybr Dagrau:

> Going to the Water . . . is one of their most frequent medico-religious ceremonies, and is performed on a great variety of occasions, such as at each new moon, before eating the new food at the green corn dance, before the medicine dance and other ceremonial dances and after the ball play, in connection with the prayers for a long life, to counteract the effects of bad dreams or the evil spells of an enemy, and as a part of the regular treatment in various diseases. The details of the ceremony are very elaborate and vary accordingly to the purpose for which it is performed, but in all cases both shaman and client are fasting from the previous evening, the ceremony being generally performed just at day-break. The bather usually dips completely under the water four or seven times[.][4]

Yn unol â ffasiynau anthropolegol ar drothwy'r ugeinfed ganrif, *shaman* oedd y gair a ddefnyddiodd Mooney wrth gyfeirio at offeiriaid y genedl frodorol. Defnyddid termau llai addas gan Americanwyr o dras Ewropeaidd yn ystod y bedwaredd ganrif ar bymtheg, megis *conjuror* a *witch doctor*. Er mwyn osgoi'r rhagfarn sy'n ymhlyg yn y geiriau hyn gellir defnyddio'r gair Tsalagi priodol, sef *adonisgi* (lluosog *dinadonisgi*).[5] Wrth reswm, roedd *amohi atsvsdi*, 'mynd i mewn i ddŵr', yn ganolog i'w hyfforddiant a'u hurddiad. Byddai'r disgyblion a'r *dinadonisgi* a oedd yn eu hyfforddi yn treulio'r nos mewn *asi*, sef tŷ hir, yn adrodd y mythau ac yn trafod eu dysg. Byddent wedyn yn cyrchu'r afon gyda'r wawr lle byddai'r disgyblion yn tynnu amdanynt, ac ar ôl i'r *dinadonisgi* a oedd yn eu harwain grafu'u croen gyda chrib a thynnu gwaed, byddai'r disgyblion yn mynd i mewn i'r dŵr. Gan wynebu'r haul wrth iddo godi yn y dwyrain, byddent yn mynd o dan y dŵr saith gwaith tra adroddai'r *dinadonisgi* weddïau ar lan yr afon.[6] A'r ddefod hon yn ganolog i'w hyfforddiant a'i urddo yntau, byddai pob *adonisgi* yn goruchwylio cannoedd ar gannoedd o wahanol fathau o 'fynd i mewn i ddŵr' yn ystod ei yrfa. Roedd *amohi atsvsdi* yn ddefod buro a ddaeth â budd ysbrydol i'r rhai a'i cyflwynai, ac roedd yn fodd i arwyddo ailenedigaeth ar ddechrau'r flwyddyn newydd neu ar drobwyntiau arwyddocaol eraill yn hanes unigolyn, cymuned a chenedl.

Erbyn dechrau'r 1820au roedd dieithriaid wedi dod a ddywedai fod math arall o ymdrochi yn dod â math arall o fudd ysbrydol. Buasai rhai Cristnogion yn ceisio cenhadu yn eu plith yn achlysurol yn ystod ail hanner y ddeunawfed ganrif, ond ni châi'r estroniaid hyn groeso gan y Tsalagi tan 1799. Gan fod y rhyfelwyr Tsalagi olaf a fuasai'n ymladd yn erbyn lluoedd yr Unol Daleithiau wedi diosg eu harfau ym 1794, roedd y genedl yn fwy agored i ddylanwadau o'r tu allan erbyn diwedd y ganrif.[7] Sefydlwyd y genhadaeth Gristnogol barhaol gyntaf ar eu tir ym 1799 gan y Morafiaid. Heddychwyr oeddynt; yn wahanol i gynifer o Gristnogion eraill, nid oedd yr un Morafiad erioed wedi codi arfau yn erbyn brodorion America.[8] A'r drws wedi'i agor yn y modd hwn, dechreuodd enwadau Cristnogol eraill anfon cenhadon i'r genedl yn ystod blynyddoedd cynnar y bedwaredd ganrif ar bymtheg.[9]

Roedd cenhadon Cristnogol o bob enwad yn dadlau yn erbyn y *dinadonisgi* ac yn annog y Tsalagi i gefnu ar ddefodau megis yr *amohi atsvsdi*. Er nad oeddynt yn derbyn rhesymau ysbrydol y brodorion dros 'fynd i mewn i ddŵr', roedd pob un o'r cenhadon Cristnogol yn dweud bod dŵr yn ganolog i un o'u defodau crefyddol hwythau hefyd, ond rhoddai cenhadon a berthynai i un enwad Cristnogol penodol bwyslais neilltuol ar y ddefod honno. Gan fod symboliaeth dŵr a'r defodau cysylltiedig mor bwysig yn niwylliant y Tsalagi, ac oherwydd gallu'r iaith i amlhau geiriau a chreu cyfoeth o wahanol ystyron, mae gan yr iaith Dsalagi liaws o ffurfiau berfol sy'n disgrifio gwahanol ffyrdd o 'ymolchi' neu 'ymdrochi'; yn ôl un ieithegydd, mae dros 100,000 o'r ffurfiau berfol hyn.[10] Defnyddid bôn un ohonynt, *ga-wo-a*, fel sylfaen i ffurfio gair a ddisgrifiai'r math hwn o Gristion – *Didawosgi* (lluosog *Dinadawosgi*).[11] William Standige a Humphrey Posey oedd y *Dinadawosgi* cyntaf a ddaeth i sefydlu cenhadaeth barhaol, gyda'r cyntaf yn cyrraedd y genedl ym 1815 a'r olaf yn dod ym 1817. Ni ddysgodd y ddau lawer o'r iaith frodorol, ac felly defnyddient eu hiaith eu hunain yn amlach na pheidio wrth gyfeirio at eu henwad Cristnogol, a *Baptists* oedd y gair priodol yn yr iaith honno.[12] Ym 1821 daeth mintai newydd o genhadon i hyrwyddo achos y *Dinadawosgi*. Nid Saesneg oedd iaith gyntaf eu harweinwyr, ac yn eu mamiaith hwythau 'Bedyddwyr' oedd y gair a roddent ar eu henwad.

* * *

Pwy oedd y *Dinadawosgi* Cymreig hyn? Ganed Evan Jones yn Llanigon, sir Frycheiniog, ym 1788.[13] Mae gwybodaeth am ei flynyddoedd cynnar yn brin iawn, ond gwyddys ei fod yn eglwyswr a'i fod wedi derbyn addysg ffurfiol mewn cyfres o ysgolion yng Nghymru. Aeth yn brentis i lieinwerthwr pan oedd yn bymtheg oed ac yn y siop honno y cyfarfu ag Elizabeth Lanigan. Priododd y ddau ym 1808 a symudodd y cwpl ifanc i Lundain yn fuan wedyn.[14] Fe ymddengys fod gwaith deallusol yn apelio at Evan Jones yn fwy na gwaith masnachol; ymroes i ddysgu Hebraeg, Lladin a Groeg ac yna aeth yn athro ysgol. Ond roedd yn anodd iddo gynnal ei deulu ar gyflog athro ac felly bu'n rhaid iddo gefnu ar yr yrfa newydd honno. Aeth yn llieinwerthwr unwaith eto gan agor ei siop fach ei hun yn ardal Ludgate Hill.[15]

Wrth ddisgrifio bywydau Cymry Llundain yn y bedwaredd ganrif ar bymtheg noda Emrys Jones fod y rhan fwyaf ohonynt yn 'small shop-keepers'.[16] Mae'r ffeithiau moel a wyddom am ei gyfnod yn y ddinas yn awgrymu bod bywyd Evan Jones yn dilyn patrwm tra chyffredin: 'we can assume that entrepreneurship was simple, familial and gave respectability to a precarious life that nevertheless seemed prosperous compared with conditions in rural Wales.'[17] Ond yn hytrach na glynu'n ddiwyro wrth un llwybr, fe ymddengys fod Evan Jones yn weddol aflonydd yn ystod y cyfnod hwn. Yn ogystal â cheisio newid ei yrfa, newidiodd ei ymlyniad crefyddol; cefnodd Evan ac Elizabeth Jones ar Eglwys Loegr rywdro yn ystod y cyfnod hwn gan ymuno â'r Methodistiaid.[18]

Mae'n bosibl iawn nad cyd-ddigwyddiad yw'r ffaith bod gweithgareddau'r Methodistiaid Calfinaidd Cymraeg ar gynnydd yn Llundain yn ystod y blynyddoedd hyn:

> It was the strong emphasis on preaching that prompted the foundation of the Easter Assembly, *Cymanfa'r Pasg*, in 1812 . . . to provide a focus of worship for the scattered congregations. Instigated by the Methodist leader Hopkin Bevan of Llangyfelach, the first *cymanfa* was graced by the presence and preaching power of David Charles of Carmarthen and Ebenezer Morris of Twr Gwyn[.][19]

Ond ni wyddys a oedd Evan Jones a'i deulu'n mynychu cyfarfodydd pregethu a chymanfaoedd Cymraeg yn Llundain neu beidio. Ni wyddys ychwaith i ba raddau yr oeddynt yn troi mewn cylchoedd Cymreig a Chymraeg yn gyffredinol, ond roedd ganddynt yn Ludgate Hill gymdeithas Gymraeg fywiog ar eu llechen drws, ac yn ystod eu tair blynedd olaf yn Llundain gallent yn hawdd fod wedi dod i adnabod neb llai na Jac Glan-y-Gors:

> Erbyn 1818 yr oedd Glan-y-gors yn cadw tafarn y King's Head, Ludgate Hill, nid nepell o Eglwys Gadeiriol St. Paul. [. . .] Bu'n hael ei gymwynas o hyn ymlaen, a dywedir ei fod yn rhoi croeso cynnes i unrhyw Gymro neu Gymraes a ddeuai i'r brifddinas . . . a byddai'r Gwyneddigion a'r Cymreigyddion yn cyfarfod yn y King's Head.[20]

Ar un wedd byddai'n syndod pe na bai Cymro a oedd yn byw yn ardal Ludgate Hill yn cymryd sylw o weithgareddau diwylliannol y ddwy gymdeithas Gymreig Lundeinig hyn. Ar y llaw arall, mae'n bosibl na chamodd Evan Jones dros riniog y King's Head o gwbl; byddai'n helpu ffurfio mudiad dirwestol ym 1841 ac felly ni fyddai'n syndod pe na bai'n mynychu tafarndai pan oedd yn byw yn Llundain.[21] Nid yw enw Evan Jones yn ymddangos yng nghofnodion gweithgareddau'r Gwyneddigion na'r Cymreigyddion, ond o gofio'i fod yn gweithio'n galed er mwyn cael dau ben llinyn ynghyd a chynnal ei deulu ifanc ar y pryd, nid yw'n syndod na wariodd ei arian prin er mwyn tanysgrifio i'w cyhoeddiadau nac yn wir er mwyn ymaelodi'n ffurfiol â'r cymdeithasau hyn.[22]

Ymfudodd Evan ac Elizabeth Jones i'r Unol Daleithiau yn gynnar ym 1821. Roedd ganddynt bedwar o blant erbyn hynny, sef Elizabeth (12 oed), Samuel (10 oed), Hannah (9 oed) ac Ann (5 oed). Ymgartrefodd y teulu mewn cymuned Gymreig yng nghyffiniau Berwyn, ger Philadelphia, Pensylfania. Ymfudasai mam Evan Jones, Ann, a'i brawd hi, John, i'r un gymuned tua'r un cyfnod (buasai'i dad farw ym 1805). Gwyddys i chwaer Evan Jones ymfudo i gyffiniau Philadelphia hefyd.[23] Roedd y teulu estynedig hwn yn dilyn yr un patrwm â miloedd o ymfudwyr Cymreig eraill. Wrth drafod y Cymry o Fynydd Bach a symudodd i dde-ddwyrain Ohio pwysleisia Anne K. Knowles rôl ganolog 'sibling networks' a rhwydweithiau teuluol eraill gan gasglu bod yr ymfudo teuluol hwn yn 'slow, deliberate process for many people' na ddylid ei ddisgrifio gyda'r hen ddywediad ystrydebol hwnnw, 'emigration fever':

> Rather than give that process the anonymous compulsion of waves or fever, it seems more appropriate to describe it as a periodic gathering together of people, connected by kinship and other social relationships, who picked up their immediate community as they might a tent and set it down on the other side of the Atlantic.[24]

Beth bynnag oedd natur y penderfyniad o safbwynt mam, chwaer ac ewythr Evan Jones, yn hytrach na chodi 'pabell' y teulu estynedig a'i gosod mewn cymuned Americanaidd newydd, byddai'n well disgrifio penderfyniad Evan ac Elizabeth yn nhermau ailffurfio'r babell deuluol a chwalwyd pan symudasent hwy o sir Frycheiniog i Lundain. A hwythau wedi gadael eu cynefin a'u teuluoedd estynedig er mwyn symud i Loegr, roedd symud o Lundain i Bensylfania yn gyfle iddynt ail-greu'r gymuned Gymreig agos honno. Nid chwalu cysylltiadau teuluol oedd canlyniad y symud i America yn achos Evan ac Elizabeth Jones ond yn hytrach eu cryfhau.

Mae'r ffeithiau moel sy'n hysbys am fywyd Evan Jones hyd at y trobwynt hwn yn awgrymu'i fod yn ddyn nad oedd yn fodlon ar ei sefyllfa a'i fod yn chwilio o hyd am ei briod le yn y byd. Yn enghraifft arall o'r symud a'r trawsffurfio a nodweddai'i fywyd yn y cyfnod hwn, aeth y cyneglwyswr a'r cyn-Fethodist yn Fedyddiwr yn fuan ar ôl iddo gyrraedd ei gartref Americanaidd newydd gan ymuno ag Eglwys Fedyddiedig y Dyffryn Mawr, neu'r Great Valley Baptist Church. Dengys ysgrifau diweddarach Evan Jones ei fod yn Fedyddiwr o argyhoeddiad, ond heb fychanu unrhyw resymau diwinyddol ac ysbrydol a oedd y tu ôl i'r penderfyniad, rhaid casglu bod rhwydwaith y teulu estynedig yn rhannol gyfrifol am y datblygiad hwn hefyd: roedd ei fam wedi ymaelodi ag Eglwys y Dyffryn Mawr eisoes ac mae'n bosibl fod gweinidog yr eglwys honno, y Parchedig David Jones, yn berthynas o ryw fath.[25]

Roedd Cymro arall, y Parchedig Thomas Roberts, yn cynorthwyo David Jones yn Eglwys y Dyffryn Mawr pan ymaelododd Evan ac Elizabeth Jones â'r achos. Cofnodwyd ei hanes gan ddyn a oedd yn ei adnabod yn dda, sef Horatio Gates Jones:

> The Rev. Thomas Roberts . . . was born in Denbighshire, North Wales, on the tenth of June, 1788; came to America in October, 1804 and settled in the State of New York. He was baptized by Rev. John Stevens, on the ninth of March, 1806; and by invitation of Rev. Dr. David Jones, Pastor of the Great Valley Church, Mr. Roberts became co-pastor with him, and was there ordained, in 1815, by Rev. Dr. Staughton and Rev. Messrs. David and Horatio G. Jones.[26]

Roedd gweinidogion Eglwys y Dyffryn Mawr ymysg etifeddion a chynheiliaid y diwylliant crefyddol a ddisgrifir gan Hywel M. Davies fel 'Baptist Atlantic'.[27] Ceir enghraifft amlwg o'r modd y bu i'r Parchedig Thomas Roberts hyrwyddo'r diwylliant crefyddol trawsatlantig hwnnw yn y llythyrau a gyhoeddodd yn un o gylchgronau'r Hen Wlad, *Goleuad Cymru*.[28] Roedd llyfrau Cymraeg wedi'u cyhoeddi'n achlysurol yng Ngogledd America ers hanner cyntaf y ddeunawfed ganrif, ond nid oedd gan Gymry America eu gwasg gyfnodol eu hunain ar y pryd. Fel yr oedd llythyrau'n croesi'r Iwerydd gan gadw Cymry ar ddwy ochr y môr mewn cysylltiad â'i gilydd, felly hefyd cyhoeddid ysgrifau a llythyrau gan Gymry Americanaidd mewn cyfnodolion yng Nghymru.[29] Byddai'r cyfnodolion hyn yn eu tro yn teithio dros y môr gan helpu tynhau ymhellach y rhwydweithiau a ffurfiai'r Gymru drawsatlantig. Os yw'r gyfres o lythyrau a gyhoeddwyd gan Thomas Roberts yn *Goleuad Cymru* yn cynnwys tystiolaeth bwysig ynglŷn â'r modd yr oedd y cenhadwr Cymreig hwn yn synio am y Tsalagi, mae hefyd yn gorpws pwysig o destunau Cymraeg trawsatlantig. Yn wir, gellid eu gosod ynghyd â 'llên y Madogwys' (a drafodir ym mhennod 4) ac awgrymu bod trafodaethau ar frodorion America yn ganolog i lenyddiaeth Gymraeg gynnar y Gymru drawsatlantig.

Ysgrifennodd Thomas Roberts y llythyrau hyn at ei frawd yn Rhuthun, a aeth ati wedyn i'w cyhoeddi yn *Goleuad Cymru*. Er bod rhai o'i lythyrau diweddarach yn cyfeirio'n ôl at ei genhadaeth ymhlith y Tsalagi, mae'r tri llythyr cyntaf yn y gyfres yn destunau a ysgrifennwyd gan Thomas Roberts pan oedd yn byw ar dir y brodorion. Cyhoeddwyd y tri llythyr hyn gyda rhifau – 'Rhif I' yn ymddangos ym mis Gorffennaf 1822, 'Rhif II' ym mis Tachwedd y flwyddyn honno, a 'Rhif III' yn rhifyn Chwefror 1824. Cyflwynid y gyfres hon o lythyrau i ddarllenwyr y cylchgrawn fel cyfres, fel casgliad o destunau cysylltiedig yn croniclo hanes cynnar y genhadaeth.

Ceir yn y llythyr cyntaf ddisgrifiad yng ngeiriau Thomas Roberts ei hun o'r modd y bu iddo lunio cynllun cenhadol – a hynny yn ôl ym 1819 – er mwyn goleuo rhai o 'baganiaid trangciedig . . . y Cyfandir hwn'.[30] Fel y dengys y geiriau hyn, mae rhagfarn yn erbyn crefydd y brodorion yn hydreiddio'r testun hwn, ond mae'r rhagfarn honno wedi'i phlethu â chydymdeimlad.

> Yr oeddwn mewn sefyllfa mor gysurus yn y *Dyffryn Mawr* ag yr oeddwn fyth yn dysgwyl bod yn y byd hwn. Yr oedd yr Arglwydd yn bendithio fy llafur. Yr oeddwn yn caru y bobl, a hwythau yn fy ngharu innau, os gallaf farnu oddiwrth y ffrwythau oedd yn para hyd y diwedd. Er hyn i gyd, yr oedd fy meddwl beunydd yn syllu ar gyflwr truenus y paganiaid trangciedig; ac yn enwedig ar lwythau lliosog yr Indiaid sydd yn cyfanneddu y Cyfandir hwn. Mae eu cyflyrau yn druenus i'r eithaf; maent yn byw heb obaith ac heb Dduw yn y byd. Y bobl wynion, mewn llawer amgylchiad, a ymddygasant tuag atynt fel pe baent wylltfilod yr anialwch, gan eu hymlid ymaith o'u tir â blaen y cleddyf. A phan y gwneid ffug-bryniad ganddynt, byddai yn llawn o dwyll; ac ni roddid un amser werth cyfartal am eu tir. Nis gellid llai na dysgwyl na byddai i'r ymddygiadau hyn grëu adgasrwydd yn meddyliau y prifdrigolion tuag at y dieithriaid twyllodrus hyn, a thuag at eu crefydd hefyd: canys tybient fod pob pobl wynion yn Gristionogion.[31]

Os yw Cristnogaeth Thomas Roberts wedi'i arwain i ddiystyru crefydd '[b]agan[aidd]' y brodorion, mae'r testun hwn wedi'i gyflyru mewn modd arall gan ddisgwrs drefedigaethol; wrth gyfeirio at eu systemau gwleidyddol a chymdeithasol, mae'r Cymro yn eu disgrifio fel 'llwythau', gair sy'n awgrymu cymdeithas gyntefig. Er ei fod yn trafod y flwyddyn 1819, ysgrifennodd Thomas Roberts y llythyr hwn ym mis Gorffennaf 1822; ers rhai misoedd roedd wedi bod yn byw gydag unigolion a oedd yn perthyn i'r *Tsalagihi Ayeli*, 'Cenedl y Tsalagi'. Yn wir, wrth ymdrin â llywodraeth yr Unol Daleithiau a chynrychiolwyr y byrddau cenhadol yn Saesneg roedd y brodorion yn defnyddio'r ymadrodd '*the Cherokee Nation*'.[32] Ceir tystiolaeth sy'n profi bod Thomas Roberts ei hun yn llawn ymwybodol o'r ffaith eu bod yn hawlio'r statws cenedlaethol hwn: '*Valley Towns, Cherokee Nation*' yw'r cyfeiriad a ysgrifennodd ar frig ei lythyr.[33] Roedd yn rhaid iddo gydnabod y ffaith hon er mwyn sicrhau bod llythyrau'n ei gyrraedd. Gellid egluro'r gwahaniaeth rhwng yr ymadrodd '*Cherokee Nation*' a geir ar frig yr epistol a'r gair 'llwythau' a geir yng nghorff y testun yn nhermau'r cynulleidfaoedd targed: roedd y naill wedi'i anelu yn y pen draw at yr unigolion a gludai lythyrau ar diroedd Cenedl y Tsalagi, ac roedd y llall wedi'i anelu at ddarllenwyr Cymraeg. Fel cynifer o awduron Saesneg a Chymraeg eraill y bedwaredd ganrif ar bymtheg, yn hytrach nag adlewyrchu'r modd yr oedd y brodorion yn synio am eu 'cenhedloedd' hwy eu hunain, dewisodd Thomas Roberts eu disgrifio fel 'llwythau', gan awgrymu eu bod yn gyntefig ac yn anwaraidd.

Ond mae'r ddisgwrs drefedigaethol hon wedi'i phlethu â haenau eraill sy'n cymhlethu ergyd ideolegol y testun. Yn ogystal â'r modd y tynnir sylw at gamweddau'r 'bobl wynion', awgryma Thomas Roberts fod gan y brodorion hawliau sylfaenol yn deillio o'r ffaith seml mai hwy oedd trigolion gwreiddiol y wlad. Yn wir, cawn yn y frawddeg olaf hon wrthgyferbyniad rhwng 'prif-drigolion' y wlad a'r 'dieithriaid twyllodrus'. Mae'n gwrthgyferbynnu'r brodorion â'r trefedigaethwyr gan bwysleisio diffyg hawl Americanwyr o dras Ewropeaidd i diroedd y brodorion gyda'r gair 'dieithriaid' a chan danlinellu hawl y brodorion hwythau i'w tiroedd gyda'r term 'prif-drigolion'. Fel y gwelir ym mhennod 3, nodweddir nifer o destunau Cymraeg a gyhoeddwyd yn yr Unol Daleithiau yn y cyfnod 1838–42 gan duedd i sefydlu deuoliaeth wrthgyferbyniol hollol wahanol, un sy'n disgrifio Americanwyr o dras Ewropeaidd fel 'y preswylwyr' (dilys) a'r brodorion hwythau fel anwariaid treisgar bygythiol. Mae term Thomas Roberts yn nes o lawer o ran naws at yr ymadroddion gwleidyddol gywir a ddefnyddir heddiw (*Native Americans*, *First Nations*), ond ni fyddai awduron Cymraeg America eraill y bedwaredd ganrif ar bymtheg yn ei fabwysiadu.

Os yw ergyd ideolegol llythyr Thomas Roberts yn gymhleth, ni raid casglu bod y wedd drefedigaethol arno'n gwrthdaro'n gyfan gwbl â'r modd y mae'n cyfeirio at hawliau'r brodorion. Nid awydd i ddisodli'r 'prif-drigolion' o'u tiroedd yw'r agenda a amlygir yma, eithr awydd i ddisodli'u crefydd â Christnogaeth. Dyna hanfod agenda Thomas Roberts, strategaeth y mae'n ei disgrifio fel '[c]ynllun, yr hwn yn fy marn ostyngedig i a fyddai debycaf, drwy fendith Duw, i'w dwyn i wybodaeth o'r ffordd i fywyd tragwyddol.'[34] Cyflwynodd ei gynllun cenhadol i Fwrdd Cenhadol y Bedyddwyr, 'a chymmeradwywyd yr unrhyw ganddynt; ond ar y pryd hwnw, nid oedd ganddynt un lle mewn golwg i'w roddi mewn gweithrediad.'[35]

Gwyddom felly fod y Bedyddiwr Cymreig Americanaidd hwn wedi llunio strategaeth er mwyn mynd â Christnogaeth at frodorion y cyfandir, ond nid oedd ganddo genedl benodol dan sylw ar y dechrau. Yn yr un modd, nid oedd gan arolygwyr bwrdd cenhadol ei enwad 'le mewn golwg' i roi cynllun Thomas Roberts ar waith. Buasai Bwrdd Cenhadol Bedyddwyr yr Unol Daleithiau yn canolbwyntio ar 'wledydd tramor' yn gyffredinol – a Burma yn benodol – hyd at 1817, ond daeth tro ar fyd pan lwyddodd y Parchedig Humphrey Posey i'w darbwyllo y dylent fuddsoddi mewn cenhadaeth ar diroedd y Tsalagi. Ac yntau wedi sicrhau cydweithrediad arweinwyr ei enwad, cyflwynodd Posey gais i sefydlu safle cenhadol parhaol i'r Tsalagi hwythau. Ym mis Hydref 1819 pleidleisiodd Cyngor y Genedl dros adael i'r Bedyddwyr ymsefydlu mewn lle o'r enw Gunahitunyi (a elwid yn 'Valley Towns' yn Saesneg).[36] Ar ddysgu bod y genedl frodorol yn barod i groesawu cenhadaeth barhaol, roedd gan arolygwyr y bwrdd le o'r diwedd i roi cynllun Thomas Roberts ar waith. Ysgrifennodd yr arolygwyr ato a dweud bod 'eisiau teulu cenadol, yn cynnwys pregethwr, ysgol-feistr, gof, &c. i fyned i blith cenedl y *Cherokee*', gan ofyn iddo yntau 'gymmeryd y gorchwyl pwysfawr ar[no]'.[37] Mewn geiriau eraill, roedd y *Baptist Mission Board* yn gofyn i Thomas Roberts lenwi swydd y 'pregethwr' ac arwain y 'teulu cenadol'.

Os oedd yn frwd dros ei gynllun cenhadol ei hun, nid oedd Thomas Roberts – yn ôl ei gyffes ei hun – yn orawyddus i ymgymryd â'r rôl hon ar y dechrau. Cenhadwr-cadair-freichiau ydoedd, dyn a ddyfeisiai strategaethau er mwyn Cristioneiddio brodorion America o ddiogelwch ei ofalaeth gyffordus ym Mhensylfania yn hytrach na wynebu'r holl galedi a ddeuai i ran cenhadon yn y maes. Roedd 'mewn cyfyng-gynghor dirfawr i wybod beth oedd [ei dd]yledswydd' ac yn gyndyn o 'adael eglwys flodeuog yn amddifad, – a myned mor bell gyda theulu lliosog[.]'[38] Fe ymddengys nad oedd rhagfarn ei gymdogion ym Mhensylfania wedi helpu'r achos ychwaith: 'A'm cyfeillion a ddywedent wrthyf – "Os chwychwi a ewch, y mae yn debygol iawn yr ysglyfaethir chwi a'ch teulu gan y barbariaid."'[39] Ond buan y penderfynodd y dylai dderbyn gwahoddiad y bwrdd. Mae'r gair printiedig a gyhoeddwyd yn *Goleuad Cymru* yn disgrifio'r modd y bu iddo ddefnyddio'r gair llafar i hysbysu'i braidd o'i benderfyniad a gofyn i wirfoddolwyr o'u plith ymuno â'r 'teulu cenadol':

> Mi a ysgrifenais gyfarchiad at yr Eglwys, ac a'i rhoddais i un o'r brodyr i'w ddarllen ar ol yr addoliad. Pregethais oddiwrth Es. xli. 18; helaethais gryn lawer mewn perthynas i ddiffeithder y crasdir Indiaidd, sef cyflwr yr Indiaid truain, gan ddangos y fath fendith fyddai i'r Arglwydd agor ffynonau iechydwriaeth y mhlith y cenedloedd hyny a esgeuluswyd cyhyd, Yna yr anialwch a flodeuai fel rhosyn, y diffeithwch a lawenychai o'u herwydd [a] choedydd America a gurent ddwylaw. Yn lle yr oernad greulon, a'r rhyfelfloedd arswydus, deuai y bryniau a'r dyffrynnoedd i ddadseinio gan sain Hosanna i Fab Dafydd. – Yr oedd llawer o'r bobl yn tywallt dagrau, a llawer o galonau yn llawn galar, fel mai braidd y gallwn fyned ymlaen wrth yr olwg arnynt. [. . .] Dywedais, 'Na thybiwch yn beth dieithr, fy mrodyr, pe byddai i

Dduw agor ffynon yn y Dyffryn hwn, ac arwein ei ffrydiau i ddyfrhâu mynyddoedd sychion a sychedig y Cherokees. Yma gorchfygwyd fy nhymherau fel y gorfu i mi eistedd i lawr dros rai munudau. Gorphenwyd yr addoliad, a darllenwyd y cyfarchiad, yr hwn a barodd ddifrifoldeb rhy anhawdd i'w ddisgrifio.[40]

'Y crasdir', 'anialwch', 'diffeithwch', 'coedydd', 'bryniau', a 'dyffrynnoedd': mae tir(wedd) yn ganolog i beirianwaith delweddol y rhan hon o'r testun, ac mae'n dadlennu'r agenda genhadol drefedigaethol sydd y tu ôl iddo. Nid meddiannu tiroedd y brodorion yn enw'r Unol Daleithiau er mwyn elwa'n faterol yw'r nod, eithr meddiannu'u tiroedd (a'u diwylliant a'u heneidiau unigol hwy) yn enw Iesu Grist. Gellid disgrifio cenhadon fel Thomas Roberts fel trefedigaethwyr ysbrydol. Os yw'r agenda genhadol a amlygir yn y testun hwn yn wahanol iawn i'r agenda a amlygir mewn testunau trefedigaethol sy'n dadlau o blaid disodli'r brodorion o'u tiroedd, mae'r pwyslais delweddol hwn ar dir a thirwedd yn ddolen gyswllt lenyddol rhyngddynt.

Dywed iddo ddehongli sefyllfa'r Tsalagi yn nhermau Eseia 61:18: 'Agoraf afonydd ar leoedd uchel, a ffynonnau ynghanol y dyffrynnoedd: gwnaf y diffeithwch yn llyn dwfr, a'r crasdir yn ffrydiau dyfroedd.' Wrth 'helaeth[u]' ar addasrwydd y disgrifiad Beiblaidd hwn, mae Thomas Roberts yn llithro'n ôl ac ymlaen rhwng y brodorion a'u tiroedd. Cyfeiria ar ddechrau'r frawddeg hon at *dir* y Tsalagi ('[d]iffeithder y crasdir Indiaidd') cyn ailysgrifennu'r cyfeiriad er mwyn dangos ei fod yn drosiad ar gyfer 'cyflwr' y bobl sy'n preswylio'r tir hwnnw, 'sef . . . yr Indiaid truain[.]' Wedi llithro o'r tir i'r bobl yn y modd hwn, mae'n personoli'r tir gan roi iddo nodweddion dynol (llais a dwylo): 'y diffeithwch a lawenychai . . . [a] choedydd America a gurent ddwylaw[.]' Yn wahanol i'r trefedigaethwr milwrol a fyn *oresgyn* tiroedd, mae'r cenhadwr yn mynnu goresgyn eneidiau, proses a ddisgrifir ganddo yn nhermau *trawsffurfio* tiroedd y brodorion.

Wrth fynegi'i ddyhead am drawsffurfiad tiroedd y Tsalagi, mae Thomas Roberts yn eu darlunio mewn modd sy'n gydnaws â'i rethreg genhadol ef yn hytrach na realiti. Mewn geiriau eraill, mae'n disodli gwirionedd daearyddol â disgrifiad trosiadol ag iddo seiliau Beiblaidd. Er bod y mynyddoedd a'r dyffrynnoedd dan sylw yn dir coediog gwyrdd gyda hinsawdd wleb, mae Thomas Roberts yn eu darlunio'n drosiadol fel diffeithwch sych, ystryw awdurol sy'n fodd iddo sefydlu gwrthgyferbyniad rhwng '[d]iffeithder y crasdir Indiaidd' a'r 'ffynon' y gall y Duw Cristnogol ei agor yno er mwyn '[d]yfryhau mynyddoedd sychion a sychedig y *Cherokees*'. Fel y gwelir yn fanylach ym mhennod 3, un o nodweddion disgwrs drefedigaethol yw'r modd y crëir gwrthgyferbyniadau deuol er mwyn gosod nodweddion negyddol honedig y brodorion yn erbyn nodweddion cadarnhaol honedig y trefedigaethwyr. Yn debyg i'r testunau hynny sy'n camliwio'r ffeithiau er mwyn gosod darlun o'r brodorion 'anwaraidd' yn erbyn darlun o'r trefedigaethwyr 'gwaraidd', mae llythyr Cymraeg Thomas Roberts yn troi tir gwyrdd a ffrwythlon y Tsalagi yn anialwch sychedig na all dim ond Cristnogaeth ei ddyfrhau.

Sylwer ei fod y tro hwn yn cyfeirio at y brodorion gyda'r gair 'cenhedloedd' gan gefnu felly ar y gair 'llwyth[au]' a geir yn gynharach yn yr un llythyr. Gellid awgrymu mai symud yn nes at y posibiliad y câi'r 'paganiaid' hyn eu troi'n Gristnogion yw'r datblygiad sy'n egluro'r newid hwn. Yn ôl Matthew 24:14, dywedodd Iesu wrth ei ddisgyblion y dylent bregethu'r Efengyl 'i'r holl genhedloedd', neges a ailadroddir yn niweddglo Matthew:

> Ewch, gan hynny, a gwnewch ddisgyblion o'r holl genhedloedd, gan eu bedyddio hwy yn enw y Tad, a'r Mab, a'r Ysbryd Glân, a dysgu iddynt gadw'r holl orchmynion a roddais i chwi. Ac yn awr, yr wyf fi gyda chwi bob amser hyd ddiwedd y byd.[41]

Fel yr aeth disgyblion yr Iesu ati i genhadu ymhlith yr holl genhedloedd a'u dysgu, felly hefyd y mae Thomas Roberts yn credu'i fod yn gyfrwng i fynd â 'ffynonau iechydwriaeth' i'r genedl hon. Nid yw'r canfyddiad eu bod yn 'llwythau' (anwaraidd) mor bwysig bellach â'r ffaith eu bod ymysg y 'cenhedloedd' a dargedir gan y cenhadon Cristnogol.

Ond wrth ddirwyn y datblygiad rhethregol hwn i ben, mae'r gweinidog Cymreig yn disodli'r realiti brodorol unwaith eto â delwedd stoc wedi'i thynnu o storfa dreuliedig llenyddiaeth drefedigaethol. Roedd y Tsalagi wedi bod yn byw yn heddychlon gyda'r Unol Daleithiau ers dros chwarter canrif, ond darlunia Thomas Roberts hwy fel anwariaid rhyfelgar er mwyn creu gwrthbwynt i'w ddelfryd Cristnogol ef: 'Yn lle yr oernad greulon, a'r rhyfel-floedd arswydus, deuai y bryniau a'r dyffrynnoedd i ddadseinio gan sain Hosanna i Fab Dafydd'. Bid a fo am y modd y dehonglir rhethreg llythyr Thomas Roberts, mae'n bwysig cofio mai disgrifio pregeth lafar goll yw nod y rhan hon o'r testun, ac mae'n sicr iawn fod rhethreg y bregeth honno wedi taro'r nod. Dywedodd wrth ddisgrifio ymateb ei braidd fod 'nifer o frodyr a chwiorydd perthynol i Eglwys y Dyffryn yn ewyllysgar' i ymuno â'i fintai genhadol ef.[42] Ymysg y brodyr a'r chwiorydd hyn roedd y dyn a benodwyd yn 'ysgol-feistr', Evan Jones, a'r ddwy Elizabeth Jones (gwraig a merch hynaf Evan), ill dwy wedi cynnig eu gwasanaeth i'r genhadaeth fel athrawesau.[43] Ceir mewn adroddiadau a gyhoeddwyd yn y *Later Day Luminary* enwau gweddill y 'teulu cenhadol', ond ni wyddys yn hollol ba rai a oedd yn Gymry (neu'n Americanwyr Cymraeg eu hiaith) nac ychwaith pa rai a oedd yn perthyn i Eglwys y Dyffryn Mawr, ond mae enw ambell un yn awgrymog, fel Mary Lewis, un arall o athrawesau'r fintai.[44] Roedd gof o'r enw Isaac Cleaver a'i wraig Rachel wedi gwirfoddoli i ofalu am fferm y safle cenhadol, ac roedd ganddynt dri mab yn eu harddegau i'w cynorthwyo. Mae'n debyg fod Ann Cleaver, a fyddai'n gweithio fel athrawes, yn ferch hŷn neu'n chwaer ddibriod i Isaac. Cynigiai gwehydd o'r enw John Farrier ei wasanaeth hefyd. Disgrifid y fintai a deithiai i dir y Tsalagi fel 'teulu cenhadol', ond roedd sawl teulu go iawn yn rhan o'r teulu trosiadol hwnnw; aeth holl blant Evan ac Elizabeth Jones gyda'u rhieni ac yn yr un modd aeth ei wraig Elizabeth a'u tri phlentyn gyda Thomas Roberts. Cynhwysai'r fintai 25 o unigolion – naw oedolyn, saith o blant yn eu harddegau a naw o blant iau.[45]

Er na wyddom lawer am nifer o'r gwirfoddolwyr, mae'n sicr bod o leiaf bedwar aelod o'r teulu cenhadol yn siarad Cymraeg ac mae'n bosibl fod cryn ddwsin ohonynt yn medru'r iaith.[46] Fodd bynnag, gyda Chymro Cymraeg yn arwain y fenter ac un arall yn rhedeg ysgol y safle cenhadol, roedd gwedd Gymreig amlwg ar y 'teulu' estynedig hwn. Yn wir, byddai'n deg disgrifio'r fintai hon fel 'cenhadaeth Gymreig i'r Tsalagi'. Wedi'r cwbl, Thomas Roberts, y gweinidog Cymreig a oedd yn eu harwain, oedd pensaer yr holl gynllun, a byddai'r ysgolfeistr Cymreig hwnnw, Evan Jones, yn ei ddilyn fel arweinydd y genhadaeth ymhen rhyw bedair blynedd. Os na ddaeth pob un o'r gwirfoddolwyr o Eglwys y Dyffryn Mawr, roedd prif fomentwm y genhadaeth wedi deillio o'r gymuned honno o Fedyddwyr Cymreig.

Wedi teithio'n gyntaf o'r Dyffryn Mawr i Philadelphia, ymadawodd y fintai â'r ddinas honno ar 'y dydd olaf o Fedi' 1821.[47] Yn y llythyr a gyhoeddwyd ar dudalennau *Goleuad Cymru*, dywedodd Thomas Roberts fod 'amryw o bobl garedig y Dyffryn [wedi dod i Philadelphia] i'n gweled unwaith yn ychwaneg.'[48] Mae'r testun hwn a gyflwynwyd i Fedyddwyr Cymraeg yr Hen Wlad yn darlunio antur genhadol y gweinidog o Gymro mewn modd sy'n awgrymu bod y naill gylch cymdeithasol Americanaidd yn troi oddi mewn i'r llall, gyda'r Americanwyr Cymraeg a oedd o ddiddordeb neilltuol i ddarllenwyr y *Goleuad* yn rhan o deulu cenhadol a gynhwysai Americanwyr Saesneg eu hiaith, ac aelodau Cymreig o Eglwys y Dyffryn yn dod ynghyd â thrigolion di-Gymraeg Philadelphia er mwyn dymuno'n dda i'r cenhadon:

Ynghylch 11 ar gloch, ymgynnullasom i'r *Centre Square*, lle yr oedd yn bresennol fwy na mil o bobl i'n gorchymyn i Dduw ac i air ei râs. Dyma y weledfa fwyaf ddifrifol a welais i erioed. Hen ac ieuaingc mewn dagrau. Rhai hen bererinion penau llwydion a alarent am na buasent yn cyflwyno eu hunain i achos yr Arglwydd yn mhlith y paganiaid er's llawer blwyddyn. Llawer o'r bobl a ddychwelasant i'w cartrefi, a llawer a'n dilynasant o'r ddinas, a rhai a ddaethant 3 neu 4 milltir i'n hebrwng, gan ymddiddan am gynnydd teyrnas y Messiah, a'n calonogi ar hyd y ffordd.[49]

Roedd 800 milltir ac wyth wythnos o deithio rhwng Philadelphia a'u cartref newydd, ond roedd y tywydd yn syfrdanol o dda a chyrhaeddodd pob aelod o'r teulu cenhadol ben y daith yn iach.[50]

Cyfarfu'r fintai â'r Parchedig Posey yn Knoxville, Tennessee, ar y ffordd, ac arweiniodd ef hwy i diroedd y Tsalagi. Cofnododd Thomas Roberts ei argraffiadau cyntaf o'r brodorion a'u gwlad mewn dwy iaith; gallwn gymharu'r llythyrau Saesneg a gyhoeddodd yn y *Later Day Luminary* â'r llythyrau Cymraeg hynny a ymddangosodd yn *Goleuad Cymru*. Gan adleisio rhagfarn ei gyn-gymdogion ym Mhensylfania (a ofnai y byddai'r cenhadon yn cael eu 'hysglyfaethu' gan y 'barbariaid'), cyflwynodd ddisgrifiad o wlad y Tsalagi i ddarllenwyr Cymraeg a'i darluniai fel 'anialwch, cynniweirfa gwylltfilod a barbariaid[.]'[51] Aeth i eithafion mwy lliwgar wrth gyflwyno'r un argraff i'w ddarllenwyr Saesneg, gan lunio hafaliad rhwng y tir mynyddig a'r bobl a oedd yn byw yno:

> The face of the country is very rough, and so is the civil and moral state of the people who inhabit it; but they show a strong desire to improve, and there is no doubt but a few years' cultivation will effect a great change in their manners; and God, who alone can elevate valleys and bid mountains sink, will, we hope, raise these poor Cherokees from the dust, and place them with the princes of his people.[52]

Rhaid casglu unwaith eto fod y berthynas rhwng y brodorion a'u tir yn ganolog i rethreg genhadol Thomas Roberts, ac mae'n trafod y berthynas hon mewn nifer o wahanol ffyrdd gan arddel rhychwant o wahanol strategaethau awdurol. Gwelwyd yn barod fod llithro rhwng y brodorion a'u tir yn nodweddu rhan o lythyr Cymraeg cyntaf y cenhadwr ('[d]iffeithder y crasdir Indiaidd, sef cyflwr yr Indiaid truain'). Os yw'r llithro hwnnw yn cymhlethu ystyr, gellid awgrymu hefyd ei fod yn llithro ystyrlon gan ei fod yn tynnu sylw at y berthynas ganolog hon. Yn ail, gwelwyd mewn man arall yn yr un testun fod y cenhadwr yn disodli gwir natur tir y brodorion â disgrifiad trosiadol sy'n fodd iddo greu gwrthgyferbyniad rhwng gwlad 'sychedig' y Tsalagi a'r 'ffynon' Gristnogol a fydd yn ei 'dyfrhau'. Yn y llythyr Saesneg hwn mae Thomas Roberts yn tanlinellu'r cysylltiad yn gyntaf trwy lunio hafaliad rhwng natur y tir a natur y bobl (dywed fod y ddau'n 'very rough') a defnyddio term a all gyfeirio at wella tir, 'cultivation', wrth ddisgrifio'r modd y gellid gwella'r bobl. Mae'n edrych ar y berthynas o ongl arall yn ail hanner y frawddeg hon, a hynny wrth gyfeirio'n uniongyrchol at yr hyn y bydd ei fintai genhadol ef yn ceisio'i gyflawni; fel y gallai Duw drawsffurfio'r tir yn wyrthiol ('elevate valleys and bid mountains sink'), gallai'r cenhadon gyda chymorth Duw drawsffurfio'r bobl sy'n byw yno ('raise these poor Cherokees from the dust, and place them with the princes of his people').

*   *   *

Afraid dweud nad oedd y rhan fwyaf o'r Tsalagi hwythau yn synio am eu tir, eu pobl a'r berthynas rhyngddynt yn yr un modd. Os oedd y cenhadwr Cymreig yn gweld anialwch garw anhydrin nad oedd neb wedi'i ddiwyllio, roedd perchnogion go iawn y tir hwnnw wedi bod yn ei ddiwyllio a'i drin ers dechrau'u hanes. Gwyddent am y gŵr Kanati a'r wraig Selu a oedd wedi byw yn yr hen oes yn fuan ar ôl i'r ddaear gael ei chreu. 'Yr Heliwr Ffodus' yw ystyr *kanati*, a *selu* yw'r enw cyffredin a roddir hyd heddiw ar indrawn. Fel y dangosasai Kanati y modd y dylai'r Tsalagi hela, dangosasai Selu hithau y darnau o'r tir y gellid eu diwyllio a'u troi'n dir amaeth.[53] Yn adlewyrchu'r patrwm a geir yn y stori sanctaidd hon, dynion a oedd yn hela, a chyn diwedd y ddeunawfed ganrif buasai helwyr y genedl yn crwydro dros ran sylweddol o dde-ddwyrain y cyfandir. Arferent rannu llawer o'r tiroedd hela eang hyn â chenhedloedd brodorol eraill, ond roedd rhan o'r diriogaeth hon yn eiddo iddynt hwy'n unig; ar y tiroedd hynny yr oedd trefi sefydlog y Tsalagi.[54] Yn debyg i Selu, benywod y genedl a oedd yn gyfrifol am drin y tir.[55] Ond erbyn 1821 roedd y genedl wedi'i chyfyngu i ran fechan o'u hen diriogaeth – sef tiroedd sydd heddiw yn nhaleithiau Georgia, Tennessee a Gogledd Carolina – ac felly roedd arferion traddodiadol yr helwyr wedi'u tanseilio i raddau helaeth.[56]

Bu'r Tsalagi yn byw'n heddychlon â'r Unol Daleithiau ers 1794, ac er mwyn cadw'r heddwch roedd y genedl yn ymdrechu'n galed i blesio'i chymdogion mawr pwerus. Ymunai rhyfelwyr y genedl â byddin yr Unol Daleithiau mewn ymgyrchoedd milwrol yn erbyn cenhedloedd brodorol eraill ar wahanol adegau yn ystod blynyddoedd cynnar y bedwaredd ganrif ar bymtheg, gan brofi'u cefnogaeth i lywodraeth y dyn gwyn yn y modd caletaf posibl.⁵⁷ Yn ogystal, dymunai llywodraeth yr Unol Daleithiau i ddynion y genedl drin y tir yn hytrach na pharhau i hela. Roedd pwysau o'r tu allan felly'n bygwth y modd y diffinnid hunaniaeth wrywaidd yn draddodiadol, fel yr oedd hefyd yn bygwth un o sylfeini traddodiadol hunaniaeth benywod y genedl wrth i'r dynion ddechrau gofalu am yr amaethyddiaeth a fuasai ymysg eu cyfrifoldebau hwythau.

Er ei fod yn gyfnod anodd yn hanes y genedl, roedd y Tsalagi yn profi math o ddadeni yn ystod y 1820au. Cyrhaeddodd llythrennedd yr un flwyddyn â'r cenhadon Cymreig, ac fel y gwelir yn nes ymlaen yn yr astudiaeth hon, byddai twf llythrennedd yn yr iaith frodorol yn cryfhau gallu'r brodorion i wrthsefyll cymhathu â diwylliant y trefedigaethwyr. Yn ogystal, byddai'r datblygiad yn sbarduno dadeni ieithyddol ac yn esgor ar draddodiad llenyddol brodorol newydd. Yn cyd-gerdded â'r datblygiadau diwylliannol hyn roedd datblygiadau cyfansoddiadol a deddfwriaethol yn trawsffurfio systemau llywodraethol y genedl, fel yr eglura William G. McLoughlin:

> a series of eleven laws passed between 1820 and 1823... constituted a political revolution in the structure of Cherokee government. Under these laws the National Council created a bicameral legislature, a district and superior court system, an elective system of representation by geographical district rather than by town, and a salaried government bureaucracy. These laws completely replaced the traditional decentralized town government system under locally chosen 'headmen' and town councils. They represented a definite move by the nationalist leaders toward a replication of the American political system, including overlaying many aspects of Anglo-Saxon jurisprudence on Cherokee customs.⁵⁸

Nid oedd y trawsffurfiad gwleidyddol hwn yn golygu bod y genedl wedi'i darostwng i ewyllys yr Unol Daleithiau. I'r gwrthwyneb, roedd arweinwyr y Tsalagi yn mabwysiadu systemau llywodraethol, cyfreithiol a gweinyddol yr Unol Daleithiau gan eu bod yn fodd i gryfhau eu cenedl hwythau a'i helpu i wrthsefyll y pwysau yr oedd y wlad fawr honno yn eu rhoi arni.

Gellid ystyried y 'dynwarediad trefedigaethol' (*colonial mimicry*) a drafodir gan Homi K. Bhabha. Awgryma fod grymoedd trefedigaethol yn gorfodi brodorion i ddynwared y trefedigaethwyr a chreu fersiwn o'r 'arall' brodorol y gall y gwladychwyr ei adnabod a'i reoli. Ond mae Bhabha yn pwysleisio hefyd nad yw'n bosibl i neb lwyr reoli'r broses hon, gan nodi bod y dynwarediad yn gallu troi'n 'fygythiad' (*menace*) ac yn fodd i wawdio a gwrthsefyll y trefedigaethwyr.⁵⁹ Nid oedd y systemau llywodraethol hyn wedi'u gorfodi ar y Tsalagi gan yr Unol Daleithiau, ac nid yw'r penderfyniad i'w mabwysiadu'n union debyg i'r enghreifftiau y mae Bhabha yn eu trafod, ond eto mae'r trobwynt hwn yn hanes y genedl frodorol yn enghraifft o ffenomen sydd wedi nodweddu'r berthynas rhwng grymoedd trefedigaethol a'r rhai sy'n cael eu gwladychu ar hyd y canrifoedd; gellir mabwysiadu cysyniadau, arferion a systemau'r grymoedd hynny er mwyn cryfhau'r safiad yn eu herbyn. Yn yr un modd, mae nifer o'r ysgolheigion sy'n hyrwyddo'r 'feirniadaeth frodorol' Americanaidd heddiw yn gweld gallu'r cenhedloedd brodorol i addasu, ymaddasu a benthyg elfennau o ddiwylliant yr Americanwyr gwynion fel strategaeth sy'n ganolog i'w gallu i oroesi.[60]

Ceir enghraifft drawiadol o'r ffenomen hon yn y datblygiadau deddfwriaethol a drawsffurfiai Genedl y Tsalagi rhwng 1820 a 1823. Rheolid y cyngor a basiodd y deddfau hyn gan fwyafrif traddodiadol a chenedlaetholgar, ond fe'u darbwyllwyd y dylid addasu'r dulliau llywodraethol traddodiadol er mwyn cryfhau'r genedl. Yng ngeiriau McLoughlin: 'It was no easy matter to convince a Council that had a majority of full bloods who spoke no English to graft all of these innovations onto traditional practices.'[61] Ond gyda nifer o 'strong, mixed-blood leaders' yn ceisio'u darbwyllo, daeth y mwyaf i gydsynio; nid oedd yn 'outright attack upon Cherokee traditionalism by the Council', ond yn hytrach ymdrech '[to] adjust tradition to current circumstances[.]'[62]

Nid oedd yn hawdd i'r Tsalagi gyd-fyw'n heddychlon â llywodraeth y dyn gwyn a gwarchod eu buddiannau hwy eu hunain ar yr un pryd, ac roedd eu hymwneud â'r Unol Daleithiau a'i dinasyddion yn esgor ar densiynau sylweddol oddi mewn i'w cenedl hwythau. Roedd sylwebwyr o'r tu allan, fel y Cristnogion a ddeuai i genhadu yn eu plith, yn defnyddio dau derm yn aml wrth ddisgrifio'r brodorion, sef *full bloods* a *mixed bloods*.[63] Pan gyrhaeddodd y Bedyddwyr Cymreig ym 1821, tua 16,000 oedd poblogaeth y genedl.[64] Roedd rhwng 15 a 25 y cant o'r boblogaeth hon yn gymysg eu gwaed, y rhan fwyaf ohonynt yn ddisgynyddion i fenywod Tsalagi a briodasai â dynion o dras Ewropeaidd.[65] Fel y gwelir isod, mae perygl gorsymleiddio wrth ddilyn y dull hwn o ddiffinio hunaniaeth ac ideoleg, ond cysylltid y brodorion 'cymysg eu gwaed' â nifer o dueddiadau diwylliannol a chymdeithasol hefyd; yn amlach na pheidio, *mixed-bloods* oedd y rhai a oedd o blaid cymhathu i wahanol raddau â chymdeithas yr Americanwyr gwynion. Roedd y rhan fwyaf o'r Tsalagi a allai siarad Saesneg yn rhai cymysg eu gwaed.

Roedd yn anodd i ymwelwyr o'r tu allan sylwi mai brodorion oedd rhai ohonynt; o ran iaith, gwisg, a natur eu cartrefi, nid oedd rhai o'r *mixed bloods* hyn yn wahanol iawn i Americanwyr o dras Ewropeaidd. Gan fod tiroedd y genedl yng nghanol nifer o daleithiau deheuol roedd cymathu yn golygu cydymffurfio â diwylliant y deheuwr gwyn, ac felly roedd rhai o'r Tsalagi 'cymysg eu gwaed' mwyaf cefnog yn berchen ar gaethweision duon (ac ambell un yn wironeddol gyfoethog ac yn berchen ar blanhigfa foethus).[66]

Ar y llaw arall, roedd y rhan fwyaf o boblogaeth y genedl – sef o leiaf 75 y cant – yn Dsalagïaid o waed coch cyfan ac yn amlach na pheidio roedd unigolion y gellid eu disgrifio fel *'full bloods'* am barhau i fyw mewn ffordd gymharol draddodiadol. Ychydig iawn a fedrai'r Saesneg ac ychydig iawn a oedd wedi derbyn crefydd y dyn gwyn. Mae rhai haneswyr yn arddel y term 'traddodiadwyr' wrth drafod y garfan hon, ac fel y gwelir isod mae'r fath label yn fwy addas gan ei bod yn disgrifio ymrwymiad diwylliannol yn hytrach na chyfansoddiad gwaed yr unigolyn.[67] Fel rheol, nid oedd y traddodiadwyr hyn yn berchen ar gaethweision duon, a hynny am resymau ymarferol i raddau, gan nad oedd dulliau amaethyddol y planhigfeydd mawr yn gweddu i dir mynyddig a chan nad oeddynt yn ddigon cyfoethog – yn ôl dull y dyn gwyn o fesur cyfoeth – i brynu caethweision. Ond mae tystiolaeth bod gwrthwynebiad moesol i gaethwasanaeth ymhlith y traddodiadwyr hefyd. Yn wir, cyn diwedd y 1830au, byddai rhai ohonynt yn dadlau bod y problemau a oedd yn wynebu'r genedl yn ddial am y ffaith bod y rhai 'cymysg eu gwaed' a oedd o blaid cymhathu wedi cynnal y drefn gaeth yn eu plith.[68] Wrth i'r Unol Daleithiau bwyso'n gynyddol drwm ar y Tsalagi er mwyn ceisio'u darbwyllo i adael eu tiroedd a symud i'r gorllewin, daeth yn arferol i gysylltu gwrthwynebiad i'r 'adleoliad' â'r traddodiadwyr 'o waed coch cyfan' a chyplysu'r awydd i dderbyn telerau'r llywodraeth yn Washington â'r cymathwyr 'cymysg eu gwaed'.

Gellid yn hawdd ddarganfod eithriadau nad ydynt yn cydymffurfio â'r dull gorsyml hwn o ddisgrifio hunaniaeth, ymlyniad diwylliannol ac ideoleg y Tsalagi.[69] Yr eithriad amlycaf o bosibl oedd John Ross (Guwisguwi). Er iddo wneud cymaint i wrthsefyll yr adleoliad yr oedd llywodraeth yr Unol Daleithiau yn ceisio'i orfodi ar y genedl, ac er i'r traddodiadwyr ei arddel fel eu prif amddiffynnydd yn eu hymrafael â'r cymathwyr, roedd Ross yntau o waed cymysg ac – yn wahanol i'r rhan fwyaf o'i gefnogwyr – yn Gristion, yn siarad Saesneg yn well na'r iaith Dsalagi, ac yn berchen ar nifer o gaethweision duon. Nid oedd y termau *mixed-blood* a *bull-blood* yn deillio o ddull y Tsalagi o asesu hunaniaeth, ond yn hytrach o ddulliau a sefydlwyd gan Americanwyr o dras Ewropeaidd Saesneg eu hiaith er mwyn gwahaniaethu rhwng gwahanol bobloedd ar sail hil.⁷⁰ Nid gwaed eithr ymlyniad diwylliannol a oedd yn bwysig ym mydolwg y Tsalagi; iaith a diwylliant oedd yn diffinio eu hunaniaeth, nid cyfansoddiad gwaed. Felly, yn aml fe ystyrid y rhai a siaradai Saesneg yn 'gymysg eu gwaed' gan y traddodiadwyr a'r rhai a arddelai'r iaith frodorol yn Dsalagi 'o waed coch cyfan', bid a fo am eu llinach fiolegol.⁷¹ Fel y noda'r ysgolhaig Tsalagi Jace Weaver: '[u]ltimately, racially based definitions are insufficient; what matters is one's social and cultural mileu, one's way of life.'⁷²

Roedd y tensiynau rhwng y cymathwyr a'r traddodiadwyr yn dwysáu ar ddechrau'r 1820au pan gyrhaeddodd Thomas Roberts ac Evan Jones. Fe ymddengys nad oedd y cenhadon yn gwybod llawer am wleidyddiaeth fewnol y genedl frodorol cyn cyrraedd, ond yn fuan iawn y daeth y *Dinadawosgi* Cymreig yn ymwybodol o'r plethwaith o densiynau mewnol a phwysau allanol a oedd yn mynd â chymaint o sylw arweinyr gwleidyddol y Tsalagi ar y pryd. Ar un wedd, mae'n anodd lleoli'r newydd-ddyfodiaid hyn o fewn y plethwaith cymhleth hwn. Yn wir, mae'n anodd penderfynu pwy oedd yn rheoli tynged y cenhadon Cristnogol a ddeuai i'r genedl rhwng 1799 a'r 1820au. Fel y dengys ysgrifau Thomas Roberts, roedd y cenhadon hwythau'n credu'u bod wedi'u galw gan Dduw (neu wedi'u symud gan yr Ysbryd Glân) i fynd â'r efengyl at y 'paganiaid', ond er bod y cenhadon yn cytuno â'r byrddau cenhadol a oedd yn eu rheoli yn hyn o beth, ar adegau roedd deisyfiadau cenhadwr unigol yn mynd yn groes i gynlluniau ac agenda'i fwrdd cenhadol ei hun.⁷³

Ac i gymhlethu'r sefyllfa ymhellach, os oedd y gwirfoddolwyr a'u byrddau cenhadol fel ei gilydd yn credu'u bod yn gwasanaethu achos ysbrydol uwch, roedd y cenhadon yn gwasanaethu grymoedd bydol hefyd. Ystyriai llywodraeth yr Unol Daleithiau genhadon Cristnogol fel asiantau a oedd yn gweithio ar ei rhan hithau. Disgwyliai'r llywodraeth yn Washington, DC, i'r cenhadon gyfryngu rhyngddi hi a'r brodorion yn unol ag agenda'r *War Department* (yn ddadlennol ddigon, y rhan hon o lywodraeth yr Unol Daleithiau a oedd yn gyfrifol am bob ymwneud â'r brodorion yn y cyfnod). Bu cenhadon Cristnogol yn ganolog i'w 'rhaglen wareiddio' ers i'r Unol Daleithiau ennill eu hannibyniaeth. Neb llai nag arlywydd cyntaf y wlad oedd pensaer y rhaglen honno:

> When George Washington inaugurated the nation's policy of Indian assimilation in 1789, he expected all of the Indians east of the Mississippi ... to be acculturated within fifty years. His goal was to teach them English, make them farmers, divide their land among them 'in severalty' (that is, as individuals [yn hytrach na fel cymuned]). Once they could support

themselves individually as farmers, they were to be admitted in the republic as full and equal citizens. The Indian nations would then be denationalized and their land not actually under cultivation would be ceded to the federal or state governments. The missionaries were an integral part of the government's civilization and Christianization program[.]'[74]

Yng ngeiriau Jace Weaver: '[t]he policy of the United States under George Washington was one of assimilation of Indians in situ by re-creating them as yeoman farmers'.[75] Mae'n wir nad oedd y rhai a gefnogai'r polisi hwn yn rhannu'r un rhagfarn hiliol â chynifer o Americanwyr o dras Ewropeaidd, gan fod Washington a'i debyg am weld y brodorion yn cael eu derbyn yn ddinasyddion cydradd. Eto, ni ddylid anghofio mai difa'r cenhedloedd brodorol yn gyfan gwbl oedd y nod. Gellid disgrifio'r 'rhaglen wareiddio' hon yn nhermau'r drosedd a elwir yn genedl-laddiad (*ethnocide*) heddiw.[76] Hynny yw, nid difa'r brodorion trwy'u lladd oedd y bwriad, ond difa'r cenhedloedd brodorol trwy'u chwalu fel endidau diwylliannol, ieithyddol a gwleidyddol a chymhathu poblogaethau'r cenhedloedd hynny.

Os oedd y byrddau cenhadol a llywodraeth yr Unol Daleithiau yn hawlio agenda'r cenhadon, roedd arweinwyr Cenedl y Tsalagi yn ceisio'u rheoli hefyd, fel y byddai llywodraeth unrhyw wlad annibynnol yn goruchwylio dinasyddion gwledydd eraill sy'n croesi'i ffiniau hi. Nododd Thomas Roberts mewn llythyr ei bod hi'n llywodraeth ddemocrataidd a oedd wedi'i strwythuro'n ofalus ac yn fanwl: 'Eu llywodraeth a weinyddir gan ddau brif-benaeth, ac eisteddfod o Ddirprwywyr, saith o nifer; a Chynghor a etholir gan y bobl. – Mae y wlad wedi ei rhanu yn 8 o siroedd; ac yn mhob un o honynt y cynnelir brawd-lys ddwywaith yn y flwyddyn.'[77] Nid y cenhadon nac ychwaith adran ryfel llywodraeth yr Unol Daleithiau a ddewisodd y safleoedd cenhadol newydd, eithr llywodraeth y Tsalagi. Roedd arweinwyr y genedl wedi penderfynu y byddai'r math o addysg a oedd yn gyffredin yn yr Unol Daleithiau o fantais yn eu hymwneud â'r wlad honno, ac felly penderfynwyd croesawu'r cenhadon a'u hysgolion – ar delerau llywodraeth y Tsalagi. Er bod cenhadon unigol fel Thomas Roberts yn credu'u bod yn mynd â Christnogaeth at y 'paganiaid', roedd y rhan fwyaf o'r brodorion a'u croesawai yn croesawu ysgolion y cenhadon, *nid* eu crefydd.

Gunahitunyi (Valley Towns) oedd lleoliad safle cenhadol Thomas Roberts a'i fintai. Fe'i lleolid ar lannau'r afon Hiwassee mewn ardal fynyddig sydd mewn rhan orllewinol o dalaith Gogledd Carolina heddiw. Roedd safleoedd yr ysgolion cenhadol newydd wedi'u dewis yn ofalus er mwyn sicrhau bod cymaint o'r boblogaeth â phosibl yn cael manteisio ar yr adnoddau newydd hyn.[78] Fel yr eglura William McLoughlin, roedd cenhadon y Morafiaid wedi sefydlu ysgol ar diroedd y genedl yng ngogledd Georgia a'r Annibynwyr hwythau wedi agor rhai yn nwyrain Tennessee a gogledd Alabama, ond nid oedd ysgol a allai wasanaethu'r Tsalagi a oedd yn byw ym mynyddoedd gorllewinol Gogledd Carolina.[79] (Byddai Thomas Roberts yn nodi mewn llythyr ymhen dwy flynedd fod 'yn bresennol ddeg o ysgolion ymhlith y genedl hon; y mae 70 milltir rhyngom a'r agosaf atom ni'.[80]) Ym marn rhai o'r cenhadon eraill, roedd y Bedyddwyr wedi cael talcen caled i'w weithio:

> In some respects the Moravians and Congregationalists had taken the best locations. Their missions were located near major turnpikes; the Cherokees near them were more acculturated and prosperous; a higher proportion in those regions were of mixed ancestry and spoke English, and the mission stations were closer to white communities where they could obtain supplies. The North Carolina region of the Nation lay in the Great Smokey Mountains; it had few wagon roads; its soil was poor, and its people were mostly fullbloods who spoke no English. The Reverend Abraham Steiner of the Moravian mission said that the Cherokee Council had placed the Baptists among 'the poorer class of the nation.' They were not only poorer, but were far more conservative in their attachment to their old customs and religious ceremonies and beliefs.[81]

Roedd tua 6,000 o bobl yn byw yn y rhan fynyddig hon o'r genedl.[82] Mewn adroddiad a ysgrifennodd Thomas Roberts ar gyfer y bwrdd cenhadol dywedodd nad oedd ond llond llaw yn eu mysg a allai siarad Saesneg yn rhugl:

> ... the number that understand English is very small indeed. Since we came here I have seen but two full Cherokees that know English enough to understand the plainest passage in the Bible. And I have just been asking Mr. Wafford, whose acquaintance in the nation is extensive, and he told me that he knew of no more than six, and he believes that most if not all of them were raised among white people.[83]

O ystyried y modd y byddai Evan Jones yn gweithio dros y traddodiadwyr hyn weddill ei oes, gan ymroi i hyrwyddo'r iaith frodorol mewn cynifer o beuoedd, gellid meddwl bod y Bedyddwyr Cymreig wedi dewis eu safle cenhadol a'u darpar braidd yn gwbl fwriadol. Ond os oedd Evan Jones a Thomas Roberts yn credu'u bod yn 'agor ffynonau iechydwriaeth' a allai 'ddyfrhâu mynyddoedd sychion a sychedig y *Cherokees*', mae'n bwysig cofio mai dilyn agenda'r genedl frodorol yr oedd y cenhadon yn hyn o beth; y Tsalagi – ac nid y cenhadon eu hunain – a ddewisodd gartref newydd y *Dinadawosgi* Cymreig.[84]

Fe ysgrifennodd Thomas Roberts lythyr at ei frawd ddau fis ar ôl cyrraedd y mynyddoedd y credai'u bod yn 'sychion a sychedig' gan ddweud ei fod yn ei gyfarch 'o'r wlad baganaidd hon'.[85] Trwy gyhoeddi'r epistol yn *Goleuad Cymru* sicrhaodd ei frawd yntau fod darllenwyr yng Nghymru yn gwybod am y modd yr oedd y cenhadon Cymreig yn ceisio 'dyfrhâu' tiroedd sychion y 'paganiaid':

> Y mae genym ddau Ysgoldy, a nifer o fyth[ynn]od i fyw ynthynt. Mae dau a thrugain o blant yn yr ysgol: yr ydym ni yn dilladu y rhai hyn, yn eu porthi, ac yn eu dysgu. Mae yn hyfryd clywed y rhai bychain hyn yn darllen gair Duw, yr hwn a ddichon eu gwneuthur yn ddoeth i iechydwriaeth; ac yn canu ei fawl; y rhai ychydig o fisoedd o'r blaen yn preswylio trigfanau paganiaeth. Mae 2 neu 3 o'r bobl ieuaingc yn yr ysgol yn ymddangos fel pe baent yn meddwl yn ddifrifol ynghylch eu hiechydwriaeth.[86]

Mae cywair optimistaidd tebyg yn hydreiddio adroddiad Saesneg a ysgrifenasai ryw fis yn gynharach: 'The school is increasing fast since we came here'.[87] Os oedd brawd Thomas Roberts wedi cyhoeddi llythyrau Cymraeg y cenhadwr mewn cyfnodolyn a gyrhaeddai gylch cymharol eang o Fedyddwyr yn yr Hen Wlad, roedd arolygwyr Bwrdd Cenhadol Bedyddwyr yr Unol Daleithiau yn cyhoeddi'r adroddiadau Saesneg hyn yn y *Later Day Luminary* er mwyn sicrhau bod cylchoedd eang o Fedyddwyr America yn gallu ymfalchïo yn ei waith.[88] Canmolodd Thomas Roberts y Tsalagïaid ifainc a addysgid yn ysgol ei safle cenhadol yn y ddwy iaith, ond derbyniodd ei ddarllenwyr Saesneg y ganmoliaeth honno mewn modd pur wahanol i'r argraff a gâi derbynwyr *Goleuad Cymru*. Arweiniodd ei ddarllenwyr Cymraeg i feddwl bod y brodorion Americanaidd hyn gystal â hwy eu hunain o ran eu gallu deallusol: 'Mae y plant yn dysgu darllen ac ysgrifenu mor gyflym ag y gwna plant Cymreig na byddont yn gynnefin a'r iaith Saesoneg.'[89] Ni cheir awgrym bod y newyddion hyn yn syndod o unrhyw fath yn y byd. Gwahanol iawn yw'r erthygl a gyhoeddodd y Parchedig Roberts yn y *Later Day Luminary*: 'The whole number of Cherokee scholars is fifty-four; and though their skin is red, or dark, I assure you, their mental powers are white – few white children can keep pace with them in learning; and many of them can work well.'[90] Mae'r frawddeg hon yn cadarnhau un math o ragfarn hiliol er ei bod ar yr un pryd yn tanseilio rhagfarn o fath arall. Yn ymhlyg yn y testun hwn y mae rhagdybiaeth bod croen 'coch' neu 'dywyll' yn llai dymunol na chroen gwyn a bod nodweddion cadarnhaol (fel y galluoedd deallusol a ddisgrifir yma) yn gysylltiedig fel rheol â'r croen gwyn hwnnw.[91]

Nid yw'r testun Cymraeg yn awgrymu bod lliw croen y brodorion yn hanfodol israddol i groen gwyn y darllenwyr, ond nid yw'n gwbl ddisylw o'r gwahaniaethau corfforol rhwng yr arall brodorol a'r cyfarwydd Cymreig ychwaith. Mae'r dyfyniad canlynol yn agor â chyfeiriad at ddisgwyliadau'r darllenydd Cymraeg; dengys y modd y cyflwynodd Thomas Roberts ddisgrifiad o bryd a gwedd y Tsalagi i'w frawd – ac i ddarllenwyr *Goleuad Cymru* – fod y cenhadwr wedi cyfansoddi'i lythyr gyda golwg ar yr ecsotigiaeth yr oedd y gymuned ddehongliadol hon yn ei disgwyl mewn testun am frodorion America:[92]

> Mi a wn y byddai dda genych weled rhywbeth yn ychwaneg ynghylch preswylwyr yr anialwch hwn: – Mae yr Indiaid o liw y copr, yn lluniaidd eu cyrph, ac yn dduon eu llygaid; ac iddynt wallt du llaes, yr hwn sydd yn frasgryf iawn. Gwisgiad y dynion ydyw crys cotwm a llodrau (*trow[s]ers*); a thros hyn y gwisgant ddilledyn llac a elwir, Crys hela. Yn fynychaf fe fydd hwn wedi ei grych-addurno o amgylch y gwddf a'r godrau, a'i wregysu ynghylch y llwynau â gwregys cywraint wedi ei addurno â gleiniau (*beads*) gwynion yn aneirif, ac ar amrywiol ddulliau. Cylymir y gwregys o'r tu blaen, a gadewir i flaen y llinynau grogi hyd y gliniau. Islaw eu gliniau, gwisgant ardysau y nghylch tair modfedd o led, wedi eu gwnëyd o borphor, a'u haddurno â gleiniau yn gyffelyb i'r gwregysau. Mae eu hesgidiau wedi eu gwnëyd o grwyn ceirw. Am eu penau y mae ganddynt foledau (*han[d]kerchiefs*) ar ddull penwisg ddwyreiniol. Mae holltiadau mawrion yn nghlustiau yr hen ddynion; eithr y mae y bobl ieuaingc wedi rhoi heibio yr arfer farbaraidd hon. Mae llawer o honynt yn gwisgo clust-dlysau, ac addurn trwynau. Ac y maent yn lliwio eu hwynebau yn gochion ac yn dduon ar ryw achlysuron. Mae y gwragedd yn ymwisgo fel gwragedd ereill yn gyffredinol, heb nemawr, os dim, addurn, oddigerth gleiniau gwddf.[93]

Mae'r disgrifiad tra manwl hwn yn canolbwyntio ar arallrwydd y brodorion; yn wahanol i'r gymhariaeth a luniodd rhwng galluoedd deallusol y Tsalagi a'r Cymry, mae'r rhan hon o'i lythyr yn canolbwyntio'n gyfan gwbl ar y manylion ecsotig a wnâi'r brodorion yn wahanol i'r darllenydd Cymraeg. Pan aeth y Parchedig Roberts ati i ddisgrifio gwlad y Tsalagi yn ei ail lythyr, newidiodd ei gywair eto gan lunio cymhariaeth â nodweddion daearyddol cyfarwydd:

> Mae gwlad y Cherokees yn lled helaeth; dywed rhai ei bod uwchlaw 200 milldir o ddwyrain i orllewin, ac ynghylch 100 o ogledd i ddeheu. Y mae i gyd, neu y rhan fwyaf, yn fynyddig iawn; mwy mynyddig nag un rhan o Gymru. Rhwng y mynyddau hyn y mae dyffrynoedd culion, cyffelyb i

Gorwen, Llandrillo, neu Lansant-ffraid. Mae y lle yr ym ni yn byw, yn debyg iawn i Dir Llannerch; ac y mae yr afon Hywasse, ynghylch yr un faintioli a Dyfrdwy. Doldir isel yw y fan yr ydym ni yn ei lafurio, ar lan yr afon, yn bur wastad, ac yn ddaear dda; ac yr ydym yn hyderu fod genym ddigon o yd wedi ei hau, i gynnal y Teulu Cenadol, a'r plant sydd dan ein gofal.[94]

Yn wahanol i'r agenda genhadol a amlygir yn y rhan honno o lythyr cyntaf Thomas Roberts sy'n disgrifio tir y Tsalagi yn drosiadol fel 'anialwch sych a sychedig', mae'r rhan hon o'i ail lythyr yn ymgais i ddarlunio'r tir go iawn mewn modd a fyddai'n galluogi darllenwyr yng Nghymru i'w ddychmygu.

Wrth gyflwyno'r 'arall' brodorol i ddarllenwyr y *Goleuad* mae'r testun hwn yn symud rhwng nodweddion cyfarwydd a rhai anghyfarwydd. Mae'n fuddiol yn y cyswllt hwn ystyried dehongliad Edward Said o'r gwahanol ffyrdd y mae awduron gorllewinol wedi darlunio pobloedd a diwylliannau dwyreiniol. Er bod gorllewinwyr wedi disgrifio, darlunio a delweddu'r 'arall' dwyreiniol mewn rhychwant o wahanol ffyrdd, gellir yn aml ganfod yr un broses ar waith: 'What gives the immense number of encounters some unity . . . is the vacillation[.]'[95] Mae'r 'pendilio' hwn yn golygu bod y gwrthrych dan sylw yn symud o un dosbarth neu gategori syniadaethol i gategori arall: 'something patently foreign and distant acquires, for one reason or another, a status more rather than less familiar.'[96] Yn hytrach na gorfodi gwybodaeth newydd i un o ddau gategori, y cyfarwydd a'r anghyfarwydd, crëir categori newydd sy'n cyflwyno'r newydd fel fersiwn neu ffurf ar y cyfarwydd.[97]

Yn ôl Said, dyma ffordd o reoli gwybodaeth newydd a allai fygwth bydolwg cyfarwydd fel arall. Ond mae cadw peth o flas yr arall yn ychwanegu apêl at destun llenyddol gan ei fod yn ei gynysgaeddu â 'gwefr y newydd' neu ecsotigiaeth, ac felly yn ymhlyg yn y categori newydd a grëir y mae pendilio rhwng disgrifio'r gwrthrych mewn termau cyfarwydd a hoelio sylw ar yr anghyfarwydd er mwyn galluogi'r darllenydd i brofi gwefr y newydd.[98] Deilliodd y testun hwn (ynghyd â'r llythyrau eraill a ysgrifennwyd gan Thomas Roberts yn ystod y blynyddoedd hyn) o genhadaeth y Bedyddwyr Cymreig i'r Tsalagi, sef menter y gellid ei diffinio fel ymdrech i greu fersiwn cyfarwydd o'r brodorion anghyfarwydd. Wedi'r cwbl, y nod oedd disodli rhan bwysig o'r hyn a'u gwnâi'n wahanol i'r Cymry – eu crefydd – a'u hail-lunio'n Gristnogion. Gellid awgrymu felly fod y pendilio a geir yn y testunau hyn rhwng y cyfarwydd a'r anghyfarwydd yn nodwedd lenyddol sy'n adlewyrchu'r agenda genhadol honno. Mae plant uniaith Dsalagi yn wynebu'r un problemau wrth ddysgu Saesneg â phlant uniaith Gymraeg ac mae dyffrynnoedd ac afonydd eu gwlad yn debyg i rai Cymru, ond mae pryd a gwedd y brodorion yn ecsotig-estron (ac, mewn un manylyn, yn 'farbaraidd').

Fel yr awgryma'r dyfyniadau uchod, roedd llewyrch ar ysgol newydd y Bedyddwyr, ond roedd yr un teuluoedd Tsalagi a fanteisiai ar ysgol y cenhadon yn ymwrthod â'u heglwys hwy. Cwynodd Thomas Roberts mewn llythyr at y bwrdd:

> The name of Jesus is not even known among them. They are strangers, total strangers (a very few excepted) to every idea of a religious nature; and how can it be otherwise? Thousands have not so much as heard that there is a Saviour provided for a lost world.[99]

Wrth gydnabod y rhwystrau hyn yn ei famiaith mynegodd ei 'anobaith':

> Pan ystyriwyf amgylchiadau y bobl hyn, byddaf yn barod i anobeithio gweled dim daioni yn eu plith[.] [. . .] Nid oes ganddynt ddim dychymyg am grefydd, nac am Dduw; ac y maent yn dywedyd nad ydynt yn meddwl dim am farw, nac am dragwyddoldeb![100]

Ysgrifennodd Thomas Roberts y geiriau Saesneg uchod ym mis Ebrill 1822 a'r geiriau Cymraeg hwythau y mis canlynol.[101] Mae'r ddau destun yn dadansoddi natur y talcen caled a wynebai'r gweinidog a'i gyd-genhadon yn ystod eu blwyddyn gyntaf, ond nid yw'r disgrifiad Saesneg mor ddiobaith â'r modd y disgrifiodd y sefyllfa yn Gymraeg; nid oes dim yn y Saesneg sy'n trosi'r ferf Gymraeg 'anobeithio'. Gellid egluro'r gwahaniaeth hwn trwy gofio'r cyd-destun uniongyrchol. Hyd yn oed os oedd Thomas Roberts yn gwybod y byddai'i frawd yn cyhoeddi'i lythyrau Cymraeg yn y *Goleuad* gan eu troi'n destunau cyhoeddus, roedd yr ohebiaeth honno'n wahanol yn ei hanfod i'r llythyrau a'r adroddiadau a gyhoeddwyd ganddo yn y *Later Day Luminary*. Er bod y testunau Saesneg hynny'n cyrraedd cylch cymharol eang o Fedyddwyr Americanaidd trwy gyfrwng y cylchgrawn, roeddynt wedi'u hanelu'n gyntaf oll at Fwrdd Cenhadol y Bedyddwyr. Pe bai Thomas Roberts wedi disgrifio rhagolygon ei safle cenhadol mewn termau mor 'anobeithio[l]' yn ei ohebiaeth â hwy, byddai wedi rhoi rheswm i'r arolygwyr gyfeirio'r arian a oedd yn ei gynnal i genhadaeth fwy addawol mewn rhan arall o'r byd. Fel y gwelir isod, deuai'n gynyddol anodd i Thomas Roberts, Evan Jones a'u cyd-genhadon guddio'r ffaith nad oeddynt yn ennill llawer o eneidiau i'r achos.

Afraid dweud bod y cenhadwr yn arddel diffiniad cul iawn o 'grefydd' pan ddywed '[nad] oes ganddynt ddim dychymyg am grefydd' a phan ddisgrifia'r brodorion fel 'total strangers . . . to every idea of a religious nature'. Er nad oedd miloedd o'r Tsalagi uniaith a drigai yn yr ardal fynyddig hon wedi clywed am yr Iesu, roedd yn gwbl anghywir dweud nad oeddynt yn gyfarwydd â 'syniadau o natur grefyddol'. I'r gwrthwyneb, roedd pob *adonisgi* wedi mewnoli dysg grefyddol faith ac roedd unigolion y tu allan i frawdoliaeth yr offeiriaid hyn yn gyfarwydd iawn â rhychwant eang o 'syniadau o natur grefyddol', ond bod y grefydd honno'n bur wahanol i Gristnogaeth y Bedyddwyr.

Roedd ambell *adonisgi* wedi dechrau cofnodi agweddau ar y ddysg hon mewn ysgrifen yn y 1820au. Cyflwynodd Sequoyah ei sillwyddor i'r genedl ym 1821 gan ddechrau proses a fyddai'n troi iaith lafar y Tsalagi yn iaith lenyddol. Ni fyddai Thomas Roberts ac Evan Jones yn dysgu am y datblygiad hwn am rai blynyddoedd (fel y gwelir yn y bennod nesaf), ond er nad oeddynt yn gwybod am sillwyddor Sequoyah ar y pryd roedd y ddau wedi dechrau ymroi i ddysgu'r iaith frodorol gan arbrofi gyda dulliau o'i chynrychioli mewn ysgrifen gyda'r wyddor Rufeinig. Fel y nododd Thomas Roberts yn un o'r llythyrau a gyhoeddwyd yn *Goleuad Cymru*, roedd Evan Jones ac yntau wedi penderfynu bod meistroli'r iaith yn gyfan gwbl ganolog i lwyddiant eu cenhadaeth:

> Mae y Cherokees yma yn dysgu Saesoneg yn araf iawn: mae'n resyn na bai ganddynt lyfrau yn eu hiaith eu hunain; pe byddai ganddynt, aent ymlaen yn llawer cyflymach, nag ydynt trwy orfod cyrchu pob drych-feddwl drwy gyfrwng iaith anhysbys. Pe bai y Bibl bendigaid gan y bobl hyn, yna y gwasgerid y tywyllwch dudew yn ebrwydd, ac y gawriai boreu hyfryd ar y mynyddoedd gorllewinol hyn. Yr ystyriaethau hyn a annogasant y Brawd Jones a minnau i anturio ffurfio eu hiaith mewn ysgrifen; a thrwy fendith Duw, yr ydym wedi llwyddo uwchlaw ein dysgwyliad. Trwy gynnorthwy un o'r preswylwyr genedigol, yr ydym wedi cyfieithu amryw bennodau; ynghyd a hanes byr [. . .] o fywyd a marwolaeth Crist, &c.[102]

Cyflwynodd neges debyg trwy gyfrwng y Saesneg i'r Bedyddwyr hynny a ddarllenai'r *Later Day Luminary*: 'Brother Jones and myself devote as much time as we can spare from our other avocations to the acquiring of the language – being more and more impressed with the necessity of giving these people the word of God in their own tongue.'[103] Nid oedd y ddau Gymro heb gymorth yn eu hymdrechion ieithyddol. Bu un o genhadon yr Annibynwyr, Daniel S. Butrick, wrthi ers 1819 yn astudio'r iaith ac ymwelai â'r Bedyddwyr Cymreig yn achlysurol er mwyn cymharu nodiadau.[104] Disgrifiodd Evan Jones y gweithgareddau hyn ar dudalennau'r *Later Day Luminary*: 'We have, in conjunction with the Rev. Mr. Buttrick . . .

selected from the Roman characters an alphabet which comprehends all the sounds in the language[.]'[105] Eu cydweithiwr pwysicaf ar y pryd oedd James Wafford, Tsalagi dwyieithog a gyflogid gan y Bedyddwyr fel cyfieithydd. Yn ogystal â chraffu ar eu cyfieithiadau cynnar a chynnig ei sylwadau, aeth Wafford ati i'w darllen i eraill er mwyn sicrhau'i bod hi'n bosibl i'r Tsalagi uniaith eu deall yn rhwydd.[106]

Llwyddodd y grŵp hwn o gyfieithwyr – James Wafford, Daniel Butrick, Thomas Roberts ac Evan Jones – i drosi corff sylweddol o lenyddiaeth Feiblaidd i'r iaith frodorol. Uchelgais yr Annibynnwr Butrick oedd cwblhau cyfieithiad o'r Testament Newydd cyfan, prosiect y byddai'n ei orffen ym 1825.[107] Yn ôl Thomas Roberts, math o werslyfr oedd prif gynnyrch y Bedyddwyr:

> Yr ydym yn awr yn brysur ar waith yn cyfieithu rhanau detholedig tuag at wneuthur llyfr i gael ei alw 'Y Seren foreu;' y rhan gyntaf o hono i fod yn llyfr sillafu; yr ail yn adraniadau o'r ysgrythyr, a'r drydedd yn Ramadeg a Geirlyfr. – Hyderwn allu o honom ei gael yn barod i'r wasg ymhen deufis, os gwel yr Arglwydd yn dda wenu ar a llwyddo ein llafur.[108]

Ni wyddys beth fu hanes y llyfr hwn. Mae'n debyg bod y cenhadon wedi defnyddio copïau llawysgrif ohono yn eu hysgol a'u hysgol Sul yn y 1820au, ond fe ymddengys na lwyddwyd i'w gyhoeddi 'ymhen deufis'.[109] Byddai'n rhaid i Evan Jones ymgyrchu am flynyddoedd cyn darbwyllo Bwrdd Cenhadol y Bedyddwyr i fuddsoddi mewn gwasg a allai argraffu testunau yn y sillwyddor. Ond ni fu'r gwaith cyfieithu cynnar hwn yn wastraff; mae'n debyg iawn fod y cyfieithiadau a wnaethpwyd gan Evan Jones a'i gydweithwyr yn ystod hanner cyntaf y 1820au wedi'u cyhoeddi ymhen ugain mlynedd yn y *Tsalagi Atsinvsidv*.[110]

Trwy ymroi i ddysgu'r iaith frodorol a chyfieithu deunydd iddi roedd cenhadon fel Daniel Butrick, Thomas Roberts ac Evan Jones yn mynd yn groes i'r agenda genhadol swyddogol. Cofir bod adran ryfel llywodraeth yr Unol Daleithiau'n ystyried pob cenhadwr fel asiant trwyddedig na allai weithredu heb sêl ei bendith hi. Roedd dysgu Saesneg i'r brodorion yn hytrach na'u haddysgu trwy gyfrwng eu hieithoedd hwythau ymysg strategaethau creiddiol 'rhaglen wareiddio' y llywodraeth. Cwynodd Thomas Roberts am y polisi hwn mewn Cymraeg plaen: 'Y mae llywodraeth y Cyfunol Daleithiau yn wrthwynebawl i ni gyfieithu yr Ysgrythyrau i iaith y genedl hon.'[111]

Roedd hoelion wyth Bwrdd Cenhadol y Bedyddwyr yn wrthwynebus i'r holl gyfieithu hwn ar y dechrau hefyd. Mewn llythyr a gyhoeddwyd yn y *Later Day Luminary*, cyfeiriodd Evan Jones at y rhagfarn ieithyddol a goleddid gan gynifer o Americanwyr Saesneg eu hiaith: 'It has also been urged, that the Indian languages are so circumscribed in their vocabularies, that no intelligible translation can be made into them.'[112] Aeth rhagddo i ddadlau yn erbyn y rhagfarn honno ('This . . . is far from being the case'), gan frolio cyfoeth yr iaith Dsalagi:

> The Cherokee language possesses a great facility of combination, by which new ideas can readily be expressed. The natives have no difficulty in naming any new instrument, when informed of its use. [. . .] This native fertility of the language, which I suspect is common to most, if not to all the Indian languages, compensates in a great measure for the paucity of ideas familiar to the natives of the forest. We have met with several instances in which the Cherokee language expresses passages of scripture with peculiar force and beauty.[113]

Mae'n hawdd damcaniaethu bod a wnelo'r ffaith ei fod yn Gymro Cymraeg â'i awydd i ymwrthod â'r rhagdybiaeth mai Saesneg oedd unig gyfrwng gwareiddiad, dysg a Christnogaeth. Gwelir yn nes ymlaen yn yr un llythyr ei fod yn cyfeirio at hanes cyfieithu 'yn Ewrop', gwedd ar y testun sy'n ein gwahodd i ystyried hanes cyfieithu'r Beibl i'r iaith Gymraeg:

> Against the eligibility of translations into these languages, it has been argued that it would be prejudicial to civilization, as it would have a tendency to perpetuate the Indian languages, – with which these objectors consider barbarism to be identified. Every person, however, who has but a slight acquaintance with history, may perceive the futility of this objection. I would ask, in what age or country has the perpetuation of barbarism been promoted by the introduction, into any language, of that word of truth which maketh wise unto salvation? Had it that effect formerly in Europe?[114]

Mae'n gosod ei agenda genhadol ei hun yn erbyn agenda drefedigaethol llywodraeth yr Unol Daleithiau, gan felly ymwrthod yn gyfan gwbl â'r farn y dylid disodli ieithoedd brodorol â'r Saesneg. Cynigia ffordd hollol wahanol o weld y berthynas rhwng iaith a chrefydd gan ddweud mai *sancteiddio*'r iaith frodorol yw'r nod yn hytrach na lladd yr iaith honno er mwyn *gwareiddio*'r brodorion:

> On the contrary, have not the holy scriptures, in every instance, illuminated, enriched, and, if the term may be allowed, sanctified, every language through which their sacred streams have been conveyed? And have they not exalted, ennobled and refined every people among whom they have been generally circulated? Are not the leaves of the tree of life for the healing of the nations?[115]

Roedd cefnogaeth Evan Jones i'r iaith frodorol yn ymestyn ymhell y tu hwnt i'w awydd i gyfieithu'r Beibl. Credai y dylid cefnu ar ddulliaucyfrwng-Saesneg yr ysgolion cenhadol a chynnig addysg i'r brodorion trwy gyfrwng eu mamiaith. Yn wir, roedd ei brofiadau uniongyrchol gyda'r iaith Dsalagi – ynghyd â'i brofiadau personol fel Cymro Cymraeg, o bosibl – wedi'i arwain i gredu y dylai siaradwyr pob iaith frodorol gael yr un cyfle. Dywedodd y byddai 'a system of instruction . . . in their own languages' yn dwyn 'advantages' i'r brodorion a fyddai'n 'important in every respect' ac yn esgor ar 'the happiest consequences'.[116]

Ni ellir gorbwysleisio arwyddocâd y safiad hwn. Roedd Evan Jones, Thomas Roberts a'u cydweithwyr Tsalagi wedi dyfeisio cynllun a oedd yn gwbl groes i ddymuniadau llywodraeth yr Unol Daleithiau a'u bwrdd cenhadol hwy eu hunain. Eu bwriad oedd dysgu'r brodorion a ddeuai i'w hysgol trwy gyfrwng eu mamiaith yn hytrach na thrwy gyfrwng y Saesneg yr oedd yr ysgolion cenhadol eraill yn ceisio'i gorfodi arnynt. Ond roedd sicrhau deunydd printiedig yn yr iaith yn rhan bwysig o'r cynllun hwnnw, fel yr eglurodd Thomas Roberts ym mis Hydref 1823:

> Yr ydym ni eisoes wedi cyfieithu Silliadur Ysgolion Sul Philadelphia, trwy gynnorthwy un o'r Ysgolheigion. Mae y llyfr hwn yn cynnwys rhanau hanesyddol o'r Hen Destament a'r Newydd, a golygiad amlwg o drefn iachawdwriaeth. Yn y gauaf diweddaf yr oeddym mewn gobaith y buasid yn argraffu y llyfr uchod yn ystod y gwanwyn, fel y caem ddechreu addysgu y trigolion yn eu hiaith eu hunain. Arosais bythefnos yn ninas Washington, i ddadleu yn achos y trueiniaid anwybodus hyn, eithr bu y cwbl yn ofer. Nis gallwn gael argraffu y llyfr. Ymwelais a Philadelphia, a dychwelais drachefn i Washington i gael cyfarfod y Gymmanfa yno, lle y penderfynwyd na byddai i'r Cherokees gael eu haddysgu yn eu hiaith eu hunain.[117]

Er bod Thomas Roberts yn diystyru cyfoeth dysg draddodiadol y brodorion (fel y dengys yr ymadrodd 'trueiniaid anwybodus'), roedd bellach yn dadlau'n frwd iawn dros addysg cyfrwng Tsalagi, agenda y byddai Evan Jones yn parhau i'w hyrwyddo'n egnïol am dros hanner canrif. Os yw'n bosibl awgrymu bod cyd-destun Cymreig a Chymraeg i ddatganiad Evan Jones y dylid 'sancteiddio' iaith frodorol y Tsalagi yn hytrach na cheisio'u 'gwareiddio' trwy ddisodli'r iaith honno â'r Saesneg, sicrhaodd Thomas Roberts fod ei ddarllenwyr Cymraeg yn llawn werthfawrogi'r foeswers ieithyddol; wedi'u hysbysu nad oedd Bwrdd Cenhadol Bedyddwyr yr Unol Daleithiau am i'r Tsalagi 'gael eu haddysgu yn eu hiaith eu hunain', ychwanegodd frawddeg finiog wedi'i llunio er mwyn tanlinellu'r gymhariaeth rhwng dwy genedl a siaradai ieithoedd ar wahân i'r Saesneg: 'Bydded y Cymry yn ddïolchgar iawn i Dduw am nad yw y cyfryw fraint yn cael ei hattal oddiwrthynt hwy.'[118]

Er nad oedd y bwrdd cenhadol yn gefnogol i'w gynllun, rhaid bod awydd Thomas Roberts ac Evan Jones i ddarparu addysg trwy gyfrwng yr iaith Dsalagi wedi denu disgyblion newydd. Fel y crybwyllwyd uchod, roedd llewyrch ar eu hysgol. Nododd Thomas Roberts lai na blwyddyn ar ôl iddynt gyrraedd Valley Towns fod 'dau a thrugain o blant' yn ei mynychu.[119] Ac yntau'n ysgolfeistr y safle cenhadol, gallai Evan Jones ymfalchïo yn llwyddiant y rhan honno o'r genhadaeth a oedd dan ei reolaeth uniongyrchol ef. Ni allai'r gweinidog Thomas Roberts ddweud yr un peth am yr eglwys a oedd dan ei ofalaeth yntau. Câi'r disgyblion addysg grefyddol yn yr ysgol. Deuai nifer o'r brodorion i wrando ar bregethau'r Bedyddwyr, ond ychydig iawn a ymunodd yn ffurfiol â'r achos. Fe ymddengys nad oedd hyd ar oed y cyfieithydd James Wafford a oedd yn cydweithio'n agos â'r Bedyddwyr Cymreig wedi cymryd y cam hwnnw.

Dim ond ym mis Medi 1823 – agos at ddwy flynedd ar ôl i'r Cymry a'u cyd-wirfoddolwyr gyrraedd y safle cenhadol – y cawsai Thomas Roberts fedyddio un o'r Tsalagi. Dyn o'r enw John Timson oedd y troëdig cyntaf hwn, ac nid oedd yn nodweddiadol o boblogaeth yr ardal gan ei fod yn Dsalagi dwyieithog cymysg ei waed. Roedd yn byw yn ymyl y safle cenhadol ac yn gweithio'n agos â'r cenhadon; yn debyg i James Wafford, bu'n helpu'r cenhadon i ddysgu'r iaith ac yn cyfieithu ar eu cyfer.[120] Mae'n debyg ei fod yn gyfarwydd â Christnogaeth cyn dyfodiad y Cymry hefyd. Gallwn gasglu'n sinigaidd fod enaid John Timson yn gymharol hawdd ei ennill, ond roedd Thomas Roberts yn orfoleddus yr un fath: '[c]afwyd arwyddion o weithrediadau yr Arglwydd ar galon un o'r llangciau a hyn a roddodd gymmaint o foddlonrwydd, fel, (ar ol gwneuthur o hono gyffes o'i ffydd yn yr Arglwydd Iesu) i mi ei fedyddio ef[.]'[121] Cafodd fedyddio gwraig John Timson yn fuan wedyn, ond roedd eraill yn gyndyn o ddilyn esiampl y cwpl priod hwn.[122] Wrth ddisgrifio eu dyfodiad i Genedl y Tsalagi, dywedodd Thomas Roberts fod cyfieithydd wedi teithio o flaen 'y teulu cenhadol' er mwyn cyhoeddi i frodorion yr ardal fod 'mintai o Genadon yn dyfod o wlad bell i'w dysgu i wneuthur daioni.'[123] Mae'n amlwg nad oedd y rhan fwyaf o'r 6,000 o Dsalagi traddodiadol a drigai yn y rhan fynyddig hon o'r genedl yn awyddus i brofi'r 'daioni' a ddeuai yn sgil bedydd y *Dinadawosgi* Cymreig.

Ar ôl dros dair blynedd o lafur, nid oedd ond pedwar Tsalagi wedi profi tröedigaeth a gofyn i'r Parchedig Roberts eu bedyddio.[124] Ac felly erbyn 1824 roedd ei fwrdd cenhadol ei hun yn dechrau meddwl bod cynllun cenhadol Thomas Roberts wedi'i brofi'n fethiant; wedi'r cwbl, bu'r bwrdd yn gwario'n sylweddol ar y safle cenhadol er 1821, a dim ond pedwar enaid a enillwyd yn ystod yr holl gyfnod. Gydag *amohi atsvsdi* – 'mynd i mewn i ddŵr' – yn ddefod buro a oedd yn ganolog i ddiwylliant a chrefydd y Tsalagi, gellid meddwl ar un olwg y byddai'n hawdd i'r brodorion uniaethu â chred y *Dinadawosgi* fod defod wedi'i seilio ar ymdrochi mewn dŵr yn puro'r unigolyn sy'n ymroi iddi, ond nid oeddynt am ddisodli'r *amohi atsvsdi* â bedydd Cristnogol. Ac o ystyried cyn lleied o fedyddio a berfformid gan y *Dinadawosgi* Cymreig yn ystod y blynyddoedd hyn mewn cymhariaeth â'r mynych *amohi atsvsdi* a oruchwylid gan y *dinadonisgi*, mae'n debyg iawn nad oedd yr offeiriaid brodorol hyn yn cymryd y Bedyddwyr o ddifrif. Digalonnodd y Parchedig Thomas Roberts.[125] Gadawodd y genhadaeth ym mis Mawrth 1824 a mynd yn weinidog ar eglwys yn Middleton, New Jersey.[126]

Nid ef oedd yr unig un i adael ychwaith; buasai'r 'teulu cenhadol' yn crebachu'n gyson ers peth amser, ac erbyn mis Ebrill 1825, dim ond Evan Jones a'i deulu a oedd ar ôl o'r 25 unigolyn a ddaethai gyda'r fintai wreiddiol ym 1821.[127] Roedd y Cymro hwn yn fwy nag ysgolfeistr erbyn hyn; urddasid ef yn weinidog gyda'r Bedyddwyr ym mis Awst 1824. Yn ogystal â phregethu yn eglwys y safle cenhadol, dechreuodd deithio er mwyn pregethu i gymunedau gwasgaredig, gyda John Timson yn ei gynorthwyo.[128] Ac yntau'n weithgar fel gweinidog, cyfieithydd ac addysgwr, roedd yr iaith frodorol yn ganolog i bob agwedd ar fywyd cyhoeddus Evan Jones. Deuai'n gynyddol bwysig yn ei fywyd teuluol hefyd. Roedd wedi enwi'r mab a anesid iddo ym 1824 yn John Buttrick Jones er parch i'w gyd-gyfieithydd, a byddai'r mab hwnnw'n cael ei fagu'n siarad Tsalagi fel ei iaith gyntaf.[129] Ond roedd yn genhadwr Cristnogol yn anad dim; er ei fod mor gefnogol i'r iaith frodorol, ymosodai Evan Jones yn chwyrn ar agweddau eraill ar ddiwylliant y Tsalagi, fel y gwelir yn y bennod nesaf.

Nodiadau

[1] Gw. Mary Ellen Meredith a Howard Meredith, *Reflections on Cherokee Literary Expression* (Lewiston, Queenston and Lampeter, 2003), t. 25: 'Fundamental elements in the Cherokee world view include earth, wind, fire, and water. The harmony of these elements is critical to the Cherokee vision.' Mae man cychwyn y bennod hon (a'r bennod nesaf) yn ymdrech i ymgorffori safbwynt a fynegir yn huawdl gan Lisa Brooks: 'What happens to our view of American history when Native narratives are not just *included* but *privileged*? What happens to our

conception of literature when we momentarily set aside the literary frameworks of Europe and consider what constitutes Native American Writing? What happens when we put Native space at the center of America rather than merely striving for inclusion of minority viewpoints or viewing Native Americans as a *part* of or on the *periphery* of America? What does the historical landscape look like when viewed through the network of waterways and kinship in the northeast, with Europe and its colonies on the periphery? What happens when the texts of Anglo-American history and literature are participants in Native space rather than the center of the story? What kind of map emerges?' Gw. Lisa Brooks, *The Common Pot: The Recovery of Native Space in the Northeast* (Minneapolis, 2008), t. xxxv.

[2] James Mooney, *Myths of the Cherokee* (Washington DC, 1900), t. 239. Gw. hefyd George E. Foster, *Literature of the Cherokees[,] Also[:] Bibliography and the Story of Their Genesis* (Ithaca [Efrog Newydd], 1889), t. 99.

[3] Sarah H. Hill, *Weaving New Worlds: Southeastern Cherokee Women and their Basketry* (Chapel Hill, 1997), t. 3: 'Going to water (*amo-hi atsv-sdi*) was an activity and ritual that preceded or followed every important event. Going to water brought purification and rebirth.'

[4] James Mooney, *The Sacred Formulas of the Cherokees* (Washington DC, 1891), t. 335. Gw. hefyd Charles M. Hudson, *The Southeastern Indians* (Knoxville, 1976), tt. 365–75.

[5] Alan Kilpatrick, *The Night Has a Naked Soul: Witchcraft and Sorcery Among the Western Cherokee* (Syracuse, 1997), tt. 11–12.

[6] Mooney, *Myths of the Cherokee*, tt. 229–30.

[7] William G. McLoughlin, *Cherokee Renascence in the New Republic* (Princeton, 1986), tt. 3–35.

[8] Idem, *Cherokees and Missionaries, 1789–1839* (New Haven, 1984), tt. 34–7.

[9] Ibid., tt. 54–5; Walter N. Wyeth, *Poor Lo! Early Indian Missions: A Memorial* (Philadelphia, 1896), tt. 16–25.

[10] Janine Scancarelli, 'Another look at a "primitive language"', *International Journal of American Linguistics*, 60/2, 1994, 149–60; gw. hefyd Kilpatrick, *The Night Has a Naked Soul*, t. 99.

[11] Durbin Feeling, William Pulte, Agnes Cowen, Charles Sanders, Sam Hair, Annie Meigs ac Anna Gritts Kilpatrick Smith, *Tsalagi-Yonega Didehlogwasdohdi* (Tahlequah, 1975), t. 81.

[12] McLoughlin, *Cherokees and Missionaries*, t. 152; Wyeth, *Poor Lo!*, tt. 20–1.

[13] Wyeth, *Poor Lo!*, t. 49. Yn ôl ffynonellau eraill, ganed ef ar 14 Mai 1789; gw. www.familysearch.org (#8/#430885).

[14] William G. McLoughlin, *Champions of the Cherokees: Evan and John B. Jones* (Princeton, 1990), t. 17; E. C. Routh, 'Early missionaries among the Cherokees', *Chronicles of Oklahoma*, 15 (December 1937), 449–65.

[15] McLoughlin, *Champions*, t. 17.

[16] Emrys Jones, 'The early nineteenth century', yn Emrys Jones (gol.), *The Welsh in London 1500–2000* (Cardiff, 2001), t. 93.

[17] Ibid., t. 94.

[18] McLoughlin, *Champions*, t. 17.

[19] William Williams, *Welsh Calvinistic Methodism* (Llundain, 1884), t. 227.

[20] E. G. Millward, 'Rhagymadrodd', *Cerddi Jac Glan-y-Gors* (Llandybïe, 2003), t. 14.
[21] McLoughlin, *Champions*, t. 208.
[22] Er enghraifft, gellir nodi nad yw enw Evan Jones yn ymddangos yn y 'List of Subscribers' a geir yn William Davies Leathart, *The Origin and Progress of the Gwyneddigion Society of London* (London, 1831), tt. ix–xii. Nid yw'n ymddangos ychwaith yn y rhestr o swyddogion, aelodau anrhydeddus ac ati a geir ar ddiwedd y gyfrol honno nac yn y cronicl o weithgareddau'r gymdeithas a geir yng nghorff y gyfrol (ibid., tt. 100–12).
[23] Ceir nodyn i'r perwyl gan William Morgan yn *Y Glorian*, Mawrth 1873, 91. Gw. hefyd McLoughlin, *Champions*, t. 18, troednodyn 19.
[24] Anne Kelley Knowles, *Calvinists Incorporated: Welsh Immigrants on Ohio's Industrial Frontier* (Chicago and London, 1997), t. 124.
[25] Dyma awgrym McLoughlin, *Champions*, tt. 17–18: 'He probably had some relatives among the many Welsh emigrants living in or near Philadelphia, for the family settled in the Welsh community of Berwyn just west of the city. Here he and his wife gave up Methodism and joined the Great Valley Baptist Church, led by the Reverend David Jones (perhaps a distant relative) and a young Welsh pastor, Thomas Roberts.'
[26] Horatio Gates Jones, *HISTORICAL SKETCH OF THE Lower Dublin (or PENNEPEK) BAPTIST CHURCH, Philadelphia, Pa., With Notices of the Pastors, &c.* (Morrisania [Efrog Newydd], 1869), tt. 28 a 29. Ond mae'r blynyddoedd a nodir mewn cofnod yn William Cathcart (gol.), *The Baptist Encyclopedia* (Philadelphia, 1883), t. 993, yn wahanol; dywed y gwyddoniadur hwn mai ym 1783 y ganed Thomas Roberts. Dywed hefyd iddo ymfudo ym 1803 a mynd yn weinidog cynorthwyol yn Eglwys y Dyffryn Mawr ym 1814.
[27] Hywel M. Davies, *Transatlantic Brethren: Rev. Samuel Jones (1735–1814) and His Friends: Baptists in Wales, Pennsylvania and Beyond* (London, 1995); gw. yn enwedig tt. 106–36.
[28] Cyhoeddwyd rhai o'r llythyrau hyn o dan yr enw Thomas Parry. Brawd y cenhadwr, Elisha Parry, a oedd ar fai, fel y cyfaddefodd mewn nodyn a gyhoeddwyd yn y *Goleuad* ym 1830: 'Y Llythyrau a gyhoeddwyd yn y Goleuad, o waith fy mrawd, o'r America, a anfonwyd i mi oddiwrtho ef gyda ei enw priodol ei hun, sef THOMAS ROBERTS. Myfi a gymmerais yr hyfdra, heb un caniatad, i newid yr enw fel y byddai iddo gyfatteb i fy enw i fy hun. Hyn a wnaethum yn hollol ddifeddwl, heb ystyried y canlyniadau. Yr oedd fy mrawd, er yn blentyn, yn hynod o hoff o bob peth a berthynai i ddull a ffordd yr hên Gymry: a phan ddaeth i oedran a synwyr, efe a wrthododd ei alw yn ol dull y Saeson, gan ddewis yn hytrach ddilyn symledd cyntefig yr hên Gymry; yr hyn y mae miloedd yn ei wneuthur hyd y dydd heddyw, trwy fyned ar ol enw bedydd eu tâd: felly gwnaeth yntau. – Yr eiddoch, Elisha Parry.' Gw. *Goleuad Cymru*, Gorffennaf 1830, 224.
[29] Am enghreifftiau cynnar o'r ffenomen hon, gw. y llythyrau Americanaidd a gyhoeddwyd yn *Y Cylch-grawn Cynmraeg* yn y 1790au (e.e., rhifyn Mai 1793, tt. 71, 87 a 114).
[30] *Goleuad Cymru*, Gorffennaf 1822, 477.
[31] Ibid.

[32] Gw., e.e., y modd y mynegodd Cyngor Cenedlaethol y Tsalagi undod y genedl mewn trafodaeth ag un o swyddogion byddin yr Unol Daleithiau ym mis Medi 1809: 'It has now been a long time that we have been much confused and divided in our opinions, but now we have settled our affairs to the satisfaction of both parties and become as one. You will now hear from us not from the lower towns nor the upper towns but from the whole Cherokee Nation.' Ceir enghraifft drawiadol arall mewn dogfen a ysgrifennwyd ym mis Mehefin 1818: 'We consider ourselves as a free and distinct nation and the Government of the United States have no police over us further than a friendly intercourse in trade.' Dyfynnir gan McLoughlin, *Cherokee Renascence*, tt. 146 a 228.
[33] *Goleuad Cymru*, Gorffennaf 1822, 477.
[34] Ibid.
[35] Ibid.
[36] McLoughlin, *Cherokees and Missionaries*, tt. 152–5; McLoughlin, *Champions*, tt. 19–23.
[37] *Goleuad Cymru*, Gorffennaf 1822, 477.
[38] Ibid., 477–8.
[39] Ibid., 478.
[40] Ibid.
[41] *Y Beibl Cymraeg Newydd* (1988), tt. 26 a 33.
[42] *Goleuad Cymru*, Gorffennaf 1822, 478.
[43] 'Setting apart of missionaries for the Indians of our country', *Later Day Luminary*, 2 (1821), 488–9.
[44] Ibid., 489.
[45] Ibid.
[46] Gwyddom fod pedwar unigolyn yn medru'r Gymraeg, sef Thomas Roberts, Elizabeth Roberts, Evan Jones ac Elizabeth Jones. Mae'n bosibl iawn fod plant y ddau deulu wedi'u magu'n siarad yr iaith ac mae hefyd yn bosibl fod yr athrawes Mary Lewis yn Gymraes. Nid yw'n amhosibl fod Isaac Cleaver, Rachel Cleaver a John Farrier yn Gymry, ond nid ydynt wedi'u cynnwys yn yr amcangyfrif ceidwadol hwn.
[47] *Goleuad Cymru*, Gorffennaf 1822, 478.
[48] Ibid., 478–9.
[49] Ibid., 478.
[50] Ibid.; McLoughlin, *Champions*, tt. 26–8.
[51] *Goleuad Cymru*, Gorffennaf 1822, 478.
[52] *Later Day Luminary*, 3 (1822), 91.
[53] Mooney, *Myths of the Cherokee*, tt. 242–9 a 431; Feeling, Pulte, Cowen ac eraill, *Tsalagi-Yonega Didehlogwasdohdi*, t. 152.
[54] Angie Debo, *A History of the Indians of the United States* (Llundain, 1970), t. 14.
[55] McLoughlin, *Cherokee Renascence*, tt. 66–8.
[56] Ibid., tt. 3–32.
[57] Un enghraifft yw'r rhyfel â'r Creek; ibid., tt. 186–205.
[58] Ibid., t. 284.
[59] Homi K. Bhabha, *The Location of Culture* (Llundain a Efrog Newydd, 1994 [adargraffiad: 2010]), tt. 121–31.

60 Gw., e.e., Daniel Heath Justice, *Our Fire Survives the Storm: A Cherokee Literary History* (Minneapolis, 2006), t. 13.
61 McLoughlin, *Cherokee Renascence*, t. 284.
62 Ibid. Gwahanol iawn yw dehongliad Paula Gun Allen o'r hyn y mae McLoughlin ac eraill wedi'i ddisgrifio fel 'dadeni': 'the Cherokees were broken on that particular wheel'. Awgryma hi mai camgymeriad oedd mabwysiadu llythrennedd a chyfreithiau ysgrifenedig o'r fath. Gw. Paula Gunn Allen, *Off the Reservation: Reflections on Boundary-Busting, Border-Crossing Loose Canons* (Boston, 1998), t. 21.
63 Gw. Circe Sturm, *Blood Politics: Race, Culture, and Identity in the Cherokee Nation of Oklahoma* (Berkeley, 2002), yn enwedig tt. 55–7; McLoughlin, *Champions*, tt. 6–7.
64 McLoughlin, *Cherokee Renascence*, t. 245.
65 Mae casgliadau'n amrywio; gw. ibid., t. 170.
66 Gw., e.e., McLoughlin, *Champions*, tt. 6–7.
67 Gw., e.e., ibid., t. 65. Defnyddir y term 'traditionalists' gan rai ysgolheigion wrth gyfeirio at ddiwylliant Tsalagi cyfoes hefyd; gw. hefyd Kilpatrick, *The Night Has a Naked Soul*, t. 25. Am drafodaeth ar 'draddodiad' mewn perthynas â llenyddiaeth Dsalagi a'r cysylltiad rhwng y traddodiad llenyddol a'r iaith frodorol, gw. Meredith a Meredith, *Reflections on Cherokee Literary Expression*, t. 1.
68 Robert S. Walker, *Torchlights to the Cherokees* (New York, 1931), tt. 297–9.
69 Am beryglon gorsymleiddio'r cwestiynau hyn, gw. Sturm, *Blood Politics*, yn enwedig tt. 54–64.
70 Gw. Fay A. Yarbrough, *Race and the Cherokee Nation: Sovereignty in the Nineteenth Century* (Philadelphia, 2008), yn enwedig y drafodaeth ar 'Racial Ideology in Transition', tt. 39–55.
71 McLoughlin, *Cherokee Renascence*, t. 170.
72 Jace Weaver, *That the People Might Live: Native American Literatures and Native American Community* (Oxford, 1997), t. 7.
73 Ceir llawer o enghreifftiau o'r math hwn o anghytuno rhwng cenhadwr a'i fwrdd yn hanes Evan Jones, fel y gwelir yn y bennod nesaf.
74 McLoughlin, *Cherokees and Missionaries*, t. 2.
75 Weaver, *That the People Might Live*, t. 65.
76 U.N. Draft Declaration on the Rights of Indigenous Peoples (1994), erthygl 7.1: 'Indigenous peoples have the collective and individual right not to be subjected to ethnocide and cultural genocide, including prevention of . . . [a]ny action which has the aim or effect of depriving them of their integrity as distinct peoples[.]'
77 *Goleuad Cymru*, Tachwedd 1822, 580–2.
78 McLoughlin, *Champions*, tt. 22–3.
79 Ibid., t. 23.
80 *Goleuad Cymru*, Chwefror 1824, 330. Ysgrifennwyd y llythyr ar 19 Hydref 1823.
81 McLoughlin, *Champions*, t. 23.
82 Ibid., t. 77.
83 *Later Day Luminary*, 3 (1822), 213. James Wafford yw un o'r ddau unigolyn dwyieithog y mae'n cyfeirio atynt yma. Fe'i cyflogid gan y Bedyddwyr fel cyfieithydd yn ystod y cyfnod cynnar hwn.
84 *Goleuad Cymru*, Gorffennaf 1822, 478.

⁸⁵ Ibid., 477. Cyhoeddwyd y llythyr yn rhifyn Gorffennaf 1822 o'r *Goleuad*, ond fe'i hysgrifennwyd ar 28 Chwefror 1822.
⁸⁶ Ibid., 479.
⁸⁷ *Later Day Luminary*, 3 (1822), 91. Ysgrifennodd Thomas Roberts y llythyr hwn ar 22 Ionawr 1822.
⁸⁸ Ar ôl i'r *Later Day Luminary* ddod i ben ym 1826 cyhoeddid llythyrau'r cenhadon yn y *Baptist Missionary Magazine*.
⁸⁹ *Goleuad Cymru*, Tachwedd 1822, 580.
⁹⁰ *Later Day Luminary*, 3 (1822), 91–2.
⁹¹ Yn dilyn adroddiadau'r Ewropeaid a ddaeth ar draws brodorion America yn yr unfed ganrif ar bymtheg, credai athronwyr a diwinyddion Ewropeaidd eu bod yn perthyn i'r un hil ond bod haul crasboeth yr Amerig wedi cochi croen 'gwyn' y brodorion. Ond erbyn diwedd yr ail ganrif ar bymtheg roedd Ewropeaid wedi dechrau synio am liw'r brodorion mewn modd gwahanol; daethpwyd i gredu bod brodorion America yn 'bobl gochion' a'u bod yn perthyn i hil a oedd yn sylfaenol wahanol i hil yr Ewropeaid gwynion. Gw. Alden T. Vaughan, 'From whiteman to redskin: changing Anglo-American perceptions of the American Indian', *American Historical Review*, 87 (October 1982), 917–53.
⁹² Cymuned ddehongliadol: rwyf yn trosi term Stanley Fish *'interpretive community'*. Gw. Stanley Fish, *Is There a Text in This Class? The Authority of Interpretive Communities* (Cambridge, Massachusetts and London, 1980).
⁹³ *Goleuad Cymru*, Tachwedd 1822, 581.
⁹⁴ Ibid., 580.
⁹⁵ Edward Said, *Orientalism: Culture and Imperialism* (London [adargraffiad], 1995), t. 58.
⁹⁶ Ibid.
⁹⁷ Ibid.: 'One tends to stop judging things either as completely novel or as completely well known; a new median category emerges, a category that allows one to see new things, things seen for the first time, as versions of a previously known thing.'
⁹⁸ Ibid., t. 59. Cymharer â'r modd y mae Angharad Price yn trafod y 'cyfarwyddo' a'r 'anghyfarwyddo' sy'n ganolog yn ei dadansoddiad hi i rai gweithiau ffuglennol diweddar. Gw. Angharad Price, *Rhwng Gwyn a Du: Agweddau Ar Ryddiaith Gymraeg y 1990au* (Caerdydd, 2002).
⁹⁹ *Later Day Luminary*, 3 (1822), 214.
¹⁰⁰ *Goleuad Cymru*, Tachwedd 1822, 582.
¹⁰¹ Ysgrifennodd Thomas Roberts y llythyr hwn ar *'Mai 25in,* 1822'; fe'i cyhoeddwyd yn *Goleuad Cymru* yn rhifyn Tachwedd 1822.
¹⁰² Ibid., 580–1.
¹⁰³ *Later Day Luminary*, 3 (1822), 213.
¹⁰⁴ McLoughlin, *Cherokees and Missionaries*, tt. 136–7; McLoughlin, *Champions*, t. 36. Ni fyddai Annibynnwr arall a fyddai'n ymroi i ddysgu'r iaith, Samuel A. Worcester, yn cyrraedd y genedl tan 1825; Althea Bass, *Cherokee Messenger* (Norman [Oklahoma], 1936), tt. 15–28.
¹⁰⁵ *Later Day Luminary*, 3 (1822), 311.
¹⁰⁶ McLoughlin, *Champions*, tt. 34 a 36.
¹⁰⁷ Idem, *Cherokees and Missionaries*, t. 137.

[108] *Goleuad Cymru*, Tachwedd 1822, 581.
[109] Ni ddaethpwyd o hyd i gopi na chyfeiriad at gopi cyhoeddedig ym mhapurau Evan Jones yn archifdy Cymdeithas Hanes Bedyddwyr yr Unol Daleithaiu. Yn yr un modd, nid oes cyfeiriad at y llyfr yn George E. Foster (gol.), *Bibliography of the Cherokees* (Ithaca [Efrog Newydd], 1889). Ni cheir cofnod ychwaith yng nghatalog Llyfrgell y Gyngres.
[110] Gw. y drafodaeth ym mhennod 6.
[111] *Goleuad Cymru*, Chwefror 1824, 331.
[112] *Later Day Luminary*, 3 (1822), 310–11.
[113] Ibid., 311.
[114] Ibid.
[115] Ibid., 312.
[116] Ibid.
[117] *Goleuad Cymru*, Chwefror 1824, 331. Mewn adroddiad swyddogol a ysgrifennodd ym mis Awst 1822 ar gyfer y bwrdd, dywedodd Thomas Roberts eu bod wrthi'n cyfieithu '*the Philadelphia Sunday-school spelling book*': *Later Day Luminary*, 3 (1822), 310.
[118] *Goleuad Cymru*, Chwefror 1824, 331.
[119] *Goleuad Cymru*, Gorffennaf 1822, 479.
[120] McLoughlin, *Champions*, t. 42.
[121] *Goleuad Cymru*, Chwefror 1824, 331.
[122] Ibid.: 'a bedyddiais un arall gwedi hyny'. Noder nad yw Thomas Roberts yn enwi na John Timson na'i wraig yn y llythyr hwn. Gw. hefyd McLoughlin, *Champions*, t. 43.
[123] *Goleuad Cymru*, Gorffennaf 1822, 479.
[124] McLoughlin, *Champions*, t. 44. Roedd tua 12 o unigolion wedi'u bedyddio gan Thomas Roberts yn ystod y cyfnod hwn, ond dim ond pedwar ohonynt a oedd yn Dsalagïaid; Americanwyr o dras Ewropeaidd oedd y gweddill. Cymharer â thrafodaeth Robert Allen Warrior ar fethiant cymharol Cristnogaeth ymhlith yr Osage. Robert Allen Warrior, *Tribal Secrets: Recovering American Indian Intellectual Traditions* (Minneapolis, 1995), tt. 98–9.
[125] Dywedodd Thomas Roberts yn y llythyr a ysgrifennodd ar 19 Hydref 1823 ei fod yn teimlo felly ond ni chyfeiriodd at ddiffyg llwyddiant ei eglwys fel rheswm: 'Fy marn i yw na cheir byth gan genedl y Cherokees yn gyffredinol ddysgu yr iaith Saesoneg, oddieithr ychydig o'r plant a fyddo yn preswylio yn gyfagos i'r bobl wynion. Heblaw hyn, y mae trigolion talaith Georgia yn sôn am yru y Cherokees fil o filltiroedd ymhellach i'r anialwch er mwyn cael ychwaneg o dir. Yngwyneb yr ystyriaethau hyn, y mae fy ngwraig a minnau yn lled ddigalon, ac yn barnu weithiau mai gwell fyddai i ni symud i ryw sefyllfa arall tua'r gwanwyn; gan hyderu y gallem wneuthur mwy o ddaioni mewn rhyw le arall.' *Goleuad Cymru*, Chwefror 1824, 331.
[126] *Goleuad Cymru*, Gorffennaf 1826, 441.
[127] McLoughlin, *Champions*, t. 31.
[128] Ibid., t. 46.
[129] Wyeth, *Poor Lo!*, tt. 52–3: '[Evan Jones] spared no pains to have his son John trained in the use of the Cherokee. It became to him a "mother tongue"[.]'

2

Ayvwi, *Llythrennedd a'r* Yonega *Cymreig: Cenhadaeth Evan Jones, 1825–39*

Fe adroddid stori am yr Ysbryd Mawr, *ayvwi* ac *yonega*.[1] Yn gyntaf, creodd yr Ysbryd Mawr *ayvwi*, y dyn go iawn, preswylydd gwreiddiol America. Yn ail y creodd *yonega*, y dyn gwyn. *Ayvwi* oedd yr hynaf ac iddo ef y rhoddodd y Crëwr anrhegion. Rhoddodd iddo fwa a saeth a'i ddysgu i hela. Anrhegodd yr Ysbryd Mawr ef â llyfr hefyd, gan ddweud y dylai ysgrifennu ynddo. Ond nid oedd *ayvwi* yn gallu ysgrifennu na darllen, ac felly cymerodd y Crëwr y llyfr yn ôl a'i roi i'r dyn gwyn. Yn ôl rhai Tsalagi, bu i'r dyn gwyn ddwyn y llyfr oddi wrth *ayvwi*.[2] Beth bynnag y rheswm, boed yn ewyllys y Crëwr ynteu lladrad y dyn gwyn, yr un oedd y canlyniad: i'r Ewropeaid ac nid i frodorion America y perthynai llythrennedd.

Nid oedd holl frodorion America wedi'u hamddifadu o'r rhodd arbennig hon. I'r gwrthwyneb, roedd rhai cenhedloedd brodorol ym Meso-America yn cofnodi'u hieithoedd mewn ysgrifen dros ddwy fil o flynyddoedd yn ôl – ganrifoedd lawer cyn i'r rhan fwyaf o ieithoedd Ewrop gael eu rhoi mewn ysgrifen am y tro cyntaf.[3] Ymdrechodd y Cristnogion a ddaeth o Ewrop i ddileu'r traddodiadau llenyddol brodorol hyn, ond er i genhadon Cristnogol losgi gwerth llyfrgelloedd cyfan o lenyddiaeth y Maya yn ystod yr unfed ganrif ar bymtheg, mae'r testunau prin sydd wedi goroesi o'r cyfnod hwnnw mewn ieithoedd Mayaidd fel Yucatec a Quiche yn tystio i gyfoeth y traddodiadau hynny ac yn awgrymu ehangder yr hyn a gollwyd.[4] Os ydym yn ehangu'n gorwelion y tu hwnt i'r hyn a olygir fel rheol wrth yr ymadrodd Cymraeg 'testun ysgrifenedig', gellid ystyried *Walam Olum* y Lenni Lenape (neu'r Delaware) hefyd, sef 'cofnod paentiedig' o epig y genedl honno.[5] Mewn trafodaeth ddiweddar, mae'r ysgolhaig Abenaki Lisa Brooks yn gofyn i ni ddisodli dulliau Ewropeaidd o synio am lythrennedd â phlethwaith o gysyniadau brodorol cysylltiedig yn ymwneud ag ysgrifennu, cofnodi, arlunio a mapio: 'The root word *awigha-* [yn yr iaith Abenaki] denotes "to draw," "to write," "to map." The word *awikhigan*, which originally described birchbark messages, maps, and scrolls, came to encompass books and letters.'⁶

Bid a fo am y ffeithiau hyn, roedd y stori Dsalagi honno am y Crëwr, *ayvwi* ac *yonega* yn mynegi gwirionedd o fath: yn debyg i'w arfau rhyfel, roedd llythrennedd y dyn gwyn ymysg yr adnoddau a oedd yn ei gynorthwyo wrth iddo oresgyn a gwladychu tiroedd y brodorion. Dywedir i rai o'i gyd-genedl daflu'r stori hon yn nannedd Sequoyah rywdro yn ystod blynyddoedd cynnar y bedwaredd ganrif ar bymtheg. Er bod un o'i deidiau yn *yonega* (a rhai'n ei alw'n George Guest ar ôl y taid gwyn hwnnw), Tsalagi uniaith oedd Sequoyah na allai ddarllen na siarad Saesneg.⁷ Cofnodwyd yr hanesyn hwn yn Saesneg rai blynyddoedd wedyn gan Elias Boudinot:

> It appears that he was led to think on the subject of writing the Cherokee language by a conversation which took place at a certain town called Sauta. Some young men were remarking on the wonderful and superior talents of the white people. One of the company said that white men could put a talk upon a piece of paper and send it at any distance, and it would be perfectly understood by those who would receive it. All admitted that this was indeed an art far beyond the reach of the Indian, and they were utterly at a loss to conceive in what way it was done. Sequoyah, after listening for a while in silence to the conversation . . . observed, 'You are all fools; why the thing is very easy; I can do it myself.'⁸

Yn eu hymdrechion i ddarbwyllo Sequoyah na fyddai'n bosibl ysgrifennu eu mamiaith hwy, cyfeiriodd y lleill at y stori honno a eglurai'r modd y bu i'r dyn gwyn yn hytrach na'r dyn brodorol fanteisio ar y llyfr a roddwyd gan yr Ysbryd Mawr. Fel y noda Boudinot: '[t]he narration of such a story was not, however, sufficient to convince Sequoyah, and to divert him from his great purpose.'⁹

Mae'n debyg i Sequoyah ddechrau dadansoddi'r iaith o ddifrif a cheisio dyfeisio ffordd o'i hysgrifennu tua 1813. Gwelodd fod un neu ragor o sillafau ym mhob gair yn yr iaith, ac aeth ati i ddosbarthu'r holl sillafau posibl. Gydag ychydig o addasu, diffiniodd 85 o sillafau (sef llafariaid unigol neu gyfuniadau o lafariaid a chytseiniaid). Y cam nesaf oedd dyfeisio arwydd ar gyfer pob un o'r sillafau hyn. Ac felly 'sillwyddor' – gwyddor sillafog – yw'r wyddor Dsalagi (*syllabary* yn Saesneg).¹⁰ Roedd sillwyddor Sequoyah yn barod erbyn 1821 ar ôl rhyw wyth mlynedd o waith. Un o'i phrif rinweddau yw'r ffaith ei bod hi'n hawdd iawn i siaradwyr Tsalagi ei meistroli; gellir dysgu'r hanfodion mewn diwrnod. Felly ymledodd y llythrennedd brodorol hwn yn gyflym, gyda'r rhai a ddysgodd y sillwyddor yn mynd ati i ddysgu eraill, ac felly ymlaen. Aeth y Tsalagi yn genedl lythrennog mewn ychydig o amser. Nid oes ystadegau pendant, ond awgrymwyd gan rai fod dros hanner poblogaeth y genedl yn llythrennog yn eu hiaith eu hunain lai na deng mlynedd ar ôl i Sequoyah ddyfeisio'r sillwyddor.[11]

Trwy hap a damwain, cyrhaeddodd sillwyddor Sequoyah y genedl yr un pryd â Thomas Roberts ac Evan Jones, ond os oedd y chwyldro diwylliannol hwn ac ymdrechion cynnar y Bedyddwyr Cymreig yn cydoesi, nid oedd y naill ddatblygiad yn gysylltiedig â'r llall yn ystod hanner cyntaf y 1820au. Fel y gwelwyd yn y bennod flaenorol, ni chafodd cenhadaeth Thomas Roberts, Evan Jones a'u cydweithwyr nemor ddim dylanwad ar ddiwylliant crefyddol y genedl yn ystod y cyfnod 1821–5. Yn yr un modd, er bod y ddau Gymro'n ymdrechu i ddysgu'r iaith frodorol a dyfeisio ffordd o'i hysgrifennu, ni wyddent am y sillwyddor yn ystod blynyddoedd cynnar eu cenhadaeth. Yn wir, dim ond ar ôl i Thomas Roberts ymadael y dysgodd Evan Jones am y datblygiad.

Cofir mai dim ond Evan Jones a'i deulu a oedd ar ôl o'r 25 cenhadwr gwreiddiol erbyn mis Ebrill 1825.[12] Mewn llythyr a ysgrifennodd Evan Jones at y Parchedig Bowles, ysgrifennydd mygedol y bwrdd cenhadol, awgrymodd arweinydd newydd y safle cenhadol y gellid llwyddo'n well gyda llai o wariant:

> You mention that the Indian stations have been too expensive, I can only say, that, at this station from the time Bro[ther] Roberts undertook the change, the utmost Economy has been observed: but I certainly do not think the plan of Missionary operations adopted by the Presbyterians and Baptists is the most economical or the best calculated to deseminate the light of the Gospel among the heathen. Smaller establishments would be much better[.][13]

Byddai 'smaller establishment' Evan Jones yn profi'n fwy llwyddiannus o lawer yn y tymor hir. Yn wir, byddai'r genhadaeth o dan ei arweiniad ef yn llwyddo mewn modd na allasai Thomas Roberts fod wedi'i ddychmygu. Ond mae'n debyg nad y modd y gweinyddai'r Cymro ei safle cenhadol fyddai'n gyfrifol am y tro hwn ar fyd cenhadaeth y Bedyddwyr, eithr y modd y byddai'n ymateb i sefyllfa wleidyddol a datblygiadau diwylliannol a oedd yn trawsffurfio Cenedl y Tsalagi ar y pryd. Fodd bynnag, ni ddeuai'r llwyddiant hwnnw i Evan Jones yn syth nac yn hawdd.

Hyd y gellir barnu yn ôl y ffynonellau cynradd sydd wedi goroesi, bu Evan Jones yn cofleidio cynllun Thomas Roberts yn ystod blynyddoedd cynnar y genhadaeth ac yn cefnogi pob rhan o agenda'i gyd-Gymro. Teithiasai Thomas Roberts i Washington DC, ym mis Ebrill 1824 er mwyn datgan ei benderfyniad i ymadael â'r genhadaeth, a hynny gerbron cyfarfod blynyddol y bwrdd cenhadol.[14] Cyflwynodd y Parchedig Roberts reolau ysgol Evan Jones yn yr un cyfarfod a chafodd y cynllun addysgol hwnnw gymeradwyaeth y bwrdd.[15] Mae'r rheolau cyntaf yn ymwneud â nifer y disgyblion, eu hoed, eu dilladu a disgwyliadau academaidd. Ond o safbwynt y berthynas rhwng y cenhadon Cymreig a diwylliant brodorol y Tsalagi, yr wythfed reol yw'r un fwyaf arwyddocaol: '8. That any pupil, who shall attend any ball play, or dance, or be guilty of getting drunk, shall be expelled from the school; and shall forfeit all clothes received from the mission, except a mere covering[.]'[16] Roedd llofnod Evan Jones ar y copi hwnnw o'r rheolau a gyflwynwyd i'r bwrdd yn Washington, ac mae'r dystiolaeth sydd wedi goroesi o gyfnod cynnar y genhadaeth yn dangos ei fod wedi ymgyrchu'n egnïol yn erbyn yr agweddau ar ddiwylliant y Tsalagi a grybwyllir yn y ddogfen hon.[17] Mae'r ffaith bod y rheol hon yn rhoi'r gemau pêl a'r dawnsfeydd traddodiadol yn yr un categori â meddwdod yn dweud cyfrolau. Roedd y Bedyddwyr Cymreig hyn yn ymosod ar agweddau cwbl greiddiol ar ddiwylliant brodorol y genedl, ac yn hynny o beth nid oeddynt yn wahanol i genhadon Cristnogol eraill y cyfnod.

Fel y tystia cywaith Frank Speck, Leonard Broom a Will West Long, *Cherokee Dance and Drama*, roedd (ac mae) gan y Tsalagi rychwant eang ac amrywiol o ddawnsfeydd a oedd (ac ysydd) yn fodd iddynt drafod, dehongli, dwysáu a dathlu agweddau niferus ar fywyd yr unigolyn a'i gymdeithas. Oherwydd y ffaith bod gan y 'systemau' diwylliannol hyn le mor ganolog ym mywydau'r Tsalagi traddodiadol, mae cenhadon Cristnogol yn wastadol wedi'u gweld fel rhwystrau:

> From the beginning of missionary contact early in the nineteenth century until the present, both native and white religious workers among the Cherokee have regarded the dances as competitive systems and treated them as curious practices of ignorant savages to be derided, as symptoms of idolatrous behaviour to be challenged, or as a system of decadent revelry and a focus of infection for the forces of sin[.][18]

Os yw cenhadon Cristnogol wedi gweld y dawnsfeydd hyn fel defodau paganaidd pechadurus, maent yn cynnig i'r traddodiadwyr sy'n eu harddel fodd i ganoli'u sylw ar iechyd a buddiannau'r gymuned. I'r gwrthwyneb i'r wedd 'bechadurus' a welid gan y Cristnogion, credai'r traddodiadwyr fod y dawnsfeydd a'r caneuon cysylltiedig wedi'u dysgu yn gynnar yn hanes y ddynoliaeth pan aberthwyd yr anghenfil Nunyunuwi ('dyn carreg' neu 'gôt gerrig') a bod eu perfformio yn y presennol yn dwyn i gof y modd yr achubwyd y ddynoliaeth o bechod trwy gyfrwng y weithred honno.[19]

Ni ellid dileu'r dawnsfeydd hyn heb ddatod holl wead cymdeithas. Fel y noda William McLoughlin, byddai unrhyw Dsalagi a ufuddhâi i ddymuniad y cenhadon yn cael ei dorri allan o brif ffrwd ei gymdeithas ei hun:

> dances tended to be community ceremonies that provided a sense of solidarity, harmony and good feeling. They were as much civic affairs as religious. Cherokee dances occurred at different seasons throughout the year and had many different functions. [. . .] No Christian Cherokee was to participate in any of them. This in effect cut them off from participating in most important tribal activities. Even town council meetings began with religious ceremonies. Those elements in Christianity that appealed to Cherokee needs were at war with other equally important needs provided by their own religion, especially the need for national unity.[20]

Wrth reswm, nid oedd rhieni'r plant a ddeuai i ysgol genhadol Evan Jones yn rhy hapus gyda'r rheol yn gwahardd dawnsio. Dyma reswm arall dros gasglu nad yw'n syndod bod cyn lleied o aelodau'r ysgol wedi'u trosi'n aelodau llawn o eglwys genhadol y Bedyddwyr.[21]

Roedd Evan Jones o blaid cymhathu'r Tsalagi yn ddiwylliannol mewn rhai ffyrdd. Yn wir, ar wahân i'w safiad radicalaidd o blaid yr iaith frodorol, roedd mewn bron popeth arall yn parhau i goleddu'r un agenda â chenhadon Cristnogol eraill yr oes. Mae llythyrau a dyddiaduron y cenhadwr Cymreig yn tystio i'r modd yr oedd yn atebol i'r adran ryfel yn Washington ac i Fwrdd Cenhadol y Bedyddwyr yn Philadelphia fel ei gilydd, fel yr awgryma dwy frawddeg mewn llythyr a ysgrifennodd ym mis Medi 1826:

> On the 1st of October I have to make a report to the War Department of the proceedings of the year. I have concluded that the best method to give the Board a full view of our situation will be to make up the accounts exactly to that time.[22]

Roedd 'rhaglen wareiddio' llywodraeth yr Unol Daleithiau yn cyd-fynd ag amcanion y bwrdd cenhadol, ac roedd Evan Jones, fel Thomas Roberts gynt, yn ymgeisio'n galed fel rheol i blesio'r ddau feistr. Nid mater o raid yn unig oedd hyn; dengys y dystiolaeth sydd wedi goroesi fod Evan Jones y 1820au'n credu bod y rhaglen wareiddio'n gydnaws â gofynion Cristnogol. Disgrifia William McLoughlin ef fel 'postmillennial optimist' a oedd yn credu bod hanes y ddynoliaeth yn symud yn ddiwyro i'r cyfeiriad hwn;

credai'n gryf fod 'the well-being of the Cherokees lay in adapting to the whiteman's ways.'[23] Mae dehongliad Hywel Teifi Edwards o gymhlethdodau Cymru Oes Fictoria yn pwysleisio'r duedd i weld llawer o agweddau ar ddiwylliant Cymraeg fel rhwystrau i 'gynnydd', allweddair yr oes.[24] Felly hefyd yr oedd y Cymro hwn yn gweld diwylliant traddodiadol y Tsalagi fel rhwystr i'r cynnydd Cristnogol yr oedd yn ceisio'i hyrwyddo.

Os oedd y dawnsfeydd a'r gemau pêl traddodiadol wedi'u gwahardd yn ysgol y safle cenhadol, teithiai Evan Jones yn bell y tu hwnt i ffiniau'r safle hwnnw er mwyn ymgyrchu yn erbyn y *dinadonisgi*. Ers o leiaf 1824 bu'r cenhadwr Cymreig yn teithio o gwmpas yr ardal fynyddig yn pregethu i'r Tsalagi uniaith; dibynnai'n drwm ar y cyfieithydd John Timson ar y dechrau, ond roedd ei afael ar yr iaith yn gwella'n gyflym a byddai'n pregethu ac yn areithio'n achlysurol heb gyfieithydd cyn diwedd y 1820au.[25] Rhydd yr ysgrifau a gyhoeddwyd ganddo yn y cyfnod hwn (ynghyd â'r llythyrau a'r dyddiaduron anghyhoeddedig sydd wedi goroesi) yr argraff fod Evan Jones yn mwynhau mynd benben â'r *dinadonisgi*. Roedd yn llwyr ddirmygus o gynheiliaid crefydd draddodiadol y Tsalagi a chyfeiriai atynt fel 'meibion Belial'.[26] Fel hyn y mae William McLoughlin yn disgrifio ymgyrch ymosodol y cenhadwr Cymreig:

> To him, the Cherokee adonisgi or conjurors were enemies of the true religion, leading their people into damnation. Jones relished the opportunities he found to confront and discredit these false prophets. The readers of his journals in the Baptist missionary magazines in these years saw his battles against heathenism in heroic terms, especially when he reported that his pagan opponents often threatened him with bodily harm.[27]

Fel yr awgryma McLoughlin, roedd darllenwyr y *Later Day Luminary* a'r *Baptist Missionary Magazine* wrth eu boddau â'r disgrifiadau hyn o frwydrau arwrol Evan Jones yn erbyn yr offeiriaid 'paganaidd'.

Mae'n bwysig oedi yma ac ystyried ymateb y Tsalagi hwythau i'r brwydrau crefyddol hyn. Bu llywodraeth Cenedl y Tsalagi wrthi'n ysgrifennu'i chyfansoddiad newydd ganol y 1820au, ac fe'i rhoed mewn grym yn y flwyddyn 1828. Ymysg yr hawliau a warantwyd ganddo yr oedd rhyddid crefyddol; ni allai neb a wadai 'fod Duw' a 'bod cyflwr o wobr neu gosb yn y dyfodol' ddal swydd etholedig, ond roedd pob unigolyn yn rhydd i ddiffinio Duw a'r cyflwr ysbrydol hwnnw mewn unrhyw dermau crefyddol a ddewisai.[28] Felly nid oedd arweinwyr gwleidyddol y genedl am weld Cristnogion yn ymrafael â'r *dinadonisgi* yn y modd hwn. Nid oes tystiolaeth allanol sy'n profi nac ychwaith yn gwrthbrofi honiadau Evan Jones fod rhai o'r *dinadonisgi* wedi'i 'fygwth gyda niwed corfforol', ond mae tystiolaeth sy'n awgrymu bod rhai ohonynt – yn wahanol i'r cenhadwr Cymreig ymosodol ac ymwthgar – wedi ceisio cymodi, cyfaddawdu a chyd-fyw'n heddychlon â'r grefydd newydd. Yn wir, nododd Evan Jones ei hun yn ei ddyddiaduron fod rhai o'r *dinadonisgi* wedi ceisio cymodi'n uniongyrchol ag ef: 'They said they would not object to the people's learning to read [the Bible] and sing [Christian hymns], if we did not prevent their attending the dances.'[29] Yn ysbryd y goddefgarwch crefyddol a gorfforwyd yng nghyfansoddiad newydd eu cenedl, y Tsalagi hyn oedd y rhai cyntaf i geisio pontio rhwng y ddwy grefydd. Ni wyddys pryd yn union y daeth y Cymro i liniaru'i safiad, ond byddai Evan Jones yntau'n dod yn y pen draw i goleddu'r cyfaddawdu hwn.[30]

Roedd Evan Jones a chenhadon Cristnogol eraill yn ceisio tanseilio dylanwad y *dinadonisgi* ar adeg pan oedd diwylliant traddodiadol y Tsalagi yn ymgryfhau. Profai'r genedl ddadeni yn y 1820au, diolch yn rhannol i ddyfodiad llythrennedd. Mae'n wir y byddai rhai cenhadon megis Evan Jones a'r Annibynwyr Daniel Butrick a Samuel Worcester yn manteisio ar sillwyddor Sequoyah wrth gyfieithu a chyhoeddi deunydd Cristnogol, ond nid dyna oedd bwriad Sequoyah. Dechreuodd llawer o'r Tsalagi ysgrifennu yn eu hiaith eu hunain cyn i'r un cenhadwr gwyn ddysgu'r sillwyddor. Dwysáu a chyfoethogi agweddau ar eu diwylliant traddodiadol, nid mewnforio diwylliant y dyn gwyn, oedd y rheswm dros goleddu llythrennedd; ceid cysylltiad o'r cychwyn cyntaf rhwng llythrennedd yn y sillwyddor a chrefydd frodorol y Tsalagi, a dechreuid llunio llawysgrifau yn yr iaith er mwyn cynorthwyo'r meddygon traddodiadol hefyd.

Gan ragweld dadleuon diweddar Lisa Brooks nad yw ysgolheigion wedi llawn ystyried holl hanes llythrennedd brodorol,[31] dros ddeugain mlynedd yn ôl y bu i'r ysgolhaig Tsalagi Jack F. Kilpatrick dynnu sylw at y rhagfarn gyffredin sydd wedi dallu cynifer o bobl i hanes llenyddol ei genedl:

> I read in the Encyclopedia Britannica that no [N]ative American society north of Mexico had produced a literature: yet during the past five years alone I have collected from attics, barns, caves, and jars buried in the ground some ten thousand poetical texts, many of which would excite the envy of a Hafiz or a Li Tai Po.[32]

Mae ei fab, Alan Kilpatrick, wedi treulio blynyddoedd lawer yn astudio cyfran o'r corff llenyddol sylweddol hwn. Wrth drafod y modd y traddodid dysg y *dinadonisgi* pwysleisia arwyddocâd dyfodiad llythrennedd: 'The invention of the Sequoyan script... greatly facilitated this learning process by creating a writing system that could effectively preserve this sacred information.'[33] Byddai Evan Jones yn cydio yn y cyfrwng newydd er mwyn ceisio hyrwyddo Cristnogaeth ymhlith y Tsalagi, ond yn bennaf oll yr hyn a wnâi'r sillwyddor ar y dechrau oedd helpu atgyfnerthu, dwysáu a datblygu elfennau ar ddiwylliant traddodiadol y Tsalagi – gan gynnwys eu crefydd draddodiadol hwy.

Fe âi'r datblygiadau ieithyddol a diwylliannol hyn lawlaw â datblygiadau gwleidyddol gan fod y genedl wrthi yn yr un cyfnod yn llunio cyfreithiau a chyfansoddiad ar batrwm cyfreithiau a chyfansoddiad yr Unol Daleithiau. Ond esgorai'r dadeni cenedlaethol hwn ar densiynau hefyd; dwysaodd y llythrennedd newydd y rhwyg rhwng y traddodiadwyr uniaith Dsalagi a'r cymathwyr a ffafriai'r Saesneg. Trwy gryfhau'r iaith frodorol roedd y sillwyddor hefyd yn cryfhau'r cysylltiad rhwng yr iaith honno a chenedlaetholdeb Tsalagi. Fel y casglodd William McLaughlin: 'Sequoyah's syllabary became a symbol of Cherokee national resistance to rapid change and assimilation. Those who did not speak and write in Cherokee, were not considered true Cherokees.'[34]

Ni ddysgodd Evan Jones am y sillwyddor tan 1826. A chyfran sylweddol o boblogaeth y genedl yn defnyddio dull Sequoyah o ysgrifennu'u hiaith er 1821, mae'n rhyfedd ar un olwg na ddaeth y datblygiad pwysfawr hwn i sylw'r cenhadwr ynghynt. Ar y llaw arall, o gofio'r cysylltiadau rhwng y sillwyddor a dysg y grefydd draddodiadol, ac o gofio bod y Cymro'n ymosod yn danbaid ar gynheiliaid y ddysg honno ar y pryd, mae'n rhesymol casglu bod ei anwybodaeth yn deillio o'i anallu yn y cyfnod cynnar hwnnw i ystyried bod gwerth yng nghrefydd y Tsalagi. Er gwaethaf y cysylltiadau rhwng y math hwn o lythrennedd a chrefydd y 'paganiaid', bu'n rhaid i Evan Jones gydnabod athrylith Sequoyah a llwyddiant ei sillwyddor:

> he immediately approved of it and abandoned his own system of utilizing roman letters for Sequoyah's syllabary. The Congregationalists did the same. By this stroke of genius, Sequoyah reversed the process of translation. Instead of the Cherokees having to learn the whiteman's way of writing Cherokee, the whiteman had to learn their way. While the missionaries still had to learn Cherokee, the Cherokees could now read and write without learning English. Sequoyah's aim was to perpetuate Cherokee culture; it was up to the missionaries to utilize his invention for their purposes.[35]

Er bod llywodraeth yr Unol Daleithiau a'r byrddau cenhadol eu hunain yn credu bod 'gwareiddio' cenhedloedd brodorol yn ganolog i agenda'r cenhadon Cristnogol, gellir awgrymu wrth graffu ar y bennod hon yn hanes ymwneud y cenhadwr Cymreig â'r Tsalagi mai'r brodorion a oedd yn 'gwareiddio' Evan Jones yn hytrach na'r gwrthwyneb.

Roedd eisoes wedi cefnu ar un o hanfodion y 'rhaglen wareiddio' trwy fynnu mai'r iaith frodorol ac nid y Saesneg fyddai cyfrwng ei genhadaeth. Bu'n rhaid iddo amddiffyn y safbwynt hwn dro ar ôl tro yn wyneb rhagfarn ieithyddol ei gyd-Fedyddwyr. Trafodwyd yn y bennod flaenorol y llythyr hwnnw a gyhoeddwyd yn y *Later Day Luminary* ym 1822 yn dadlau o blaid cyfieithu i ieithoedd brodorol yn hytrach na cheisio'u disodli â'r Saesneg ac yn awgrymu'i fod yn fodd i 'sancteiddio' ieithoedd y brodorion. Yn yr un modd, ysgrifennodd Evan Jones at y bwrdd ym mis Medi 1826 yn dadlau o blaid addysg cyfrwng Tsalagi. Ar ôl datgan yn gyntaf y byddai yn ei farn ef yn 'a great improvement in our own system of Education if those who do not understand English were taught to read first in Cherokee', aeth rhagddo i gefnogi'r pwynt: '[t]o condemn them to the hard fate of acquiring every idea of God and his salvation, as well as the arts of civilized life, through the medium of an unkown tongue . . . appears to be at variance with reason.'³⁶ Erbyn diwedd 1826, nid yn unig yr oedd yn dadlau o blaid addysgu'r brodorion yn eu hiaith hwy eu hunain a chyhoeddi deunydd yn yr iaith honno, roedd hefyd yn credu mai'r datblygiad brodorol hwnnw, y sillwyddor, oedd y ffordd orau o wneud hynny.

Bu Thomas Roberts yn llythyru'n gyson ag Evan Jones ar ôl ymadael â'r genhadaeth ac felly daeth pensaer gwreiddiol cynllun cenhadol y Bedyddwyr i wybod am y chwyldro diwylliannol a oedd yn trawsffurfio Cenedl y Tsalagi. Cyhoeddwyd llythyr ganddo yn *Goleuad Cymru* ym mis Mawrth 1829 sy'n disgrifio'r datblygiad:

> Yr wyf yn derbyn llythyrau bob ychydig o wythnosau o wlad Cherokee; y maent yn myned yn mlaen yn llwyddiannus yno; ac y mae un o honynt hwy eu hunain wedi ffurfio egwyddor i'w hiaith, yn cynnwys 84 o lythyrenau neu nodau, pob un yn sefyll am sill, fel nad oes ganddynt ddim i'w wneuthur wrth ddysgu darllen eu hiaith eu hunain, ond dysgu yr 84 arwydd-nod hyn, (yr hyn a wnant mewn ychydig o ddyddiau) ac yna gallant ddarllen yn llithrig, heb gymmeryd y drafferth o ddysgu sillebu[.]³⁷

Buasai'r Parchedig Roberts wrthi'n cydweithio ag Evan Jones, James Wafford a'r Annibynnwr Daniel Butrick mewn ymdrech i gynrychioli'r iaith Dsalagi gyda'r wyddor Rufeinig, ac mae'n amlwg ei fod yn credu –

neu o leiaf yn gobeithio – ar un adeg y byddai'r grŵp bychan hwn yn llwyddo i gyflwyno llythrennedd i'r genedl yn y modd hwnnw. Yn awr roedd yn rhaid iddo gydnabod bod y Tsalagi eu hunain wedi troi'u mamiaith yn iaith ysgrifenedig. Ni allai ond 'rhyfedd[u]' at y tro hwn yn hanes y genedl frodorol; roedd 'un o honynt hwy eu hunain' wedi dyfeisio'r sillwyddor heb gymorth y cenhadon, 'a pheth sydd ryfeddach etto, nid oedd . . . dyfeisiwr yr egwyddor hon, yn gwybod dim am lythyrenau.'[38]

Yn fuan iawn ar ôl i'r iaith groesi'r trothwy sy'n sefyll rhwng y gair llafar a'r gair ysgrifenedig, aeth dros drothwy arall ac i mewn i 'fydysawd Gutenburg'.[39] Dechreuwyd cyhoeddi papur newydd ym 1828, sef y ᏣᎳᎩ ᏧᎴᎯᏍᎠᏂ, y *Tsalagi Tsulehisanvhi* – neu, â defnyddio teitl Saesneg y papur dwyieithog hwn, y *Cherokee Phoenix* – gydag Elias Boudinot yn olygydd arno.[40] Daethai Samuel Worcester i helpu Daniel Butrick hyrwyddo achos yr Annibynwyr ymhlith y Tsalagi, a bu'n gweithio'n agos â Boudinot.[41] Nid oedd Evan Jones wedi llwyddo i ddarbwyllo Bwrdd Cenhadol y Bedyddwyr y dylid buddsoddi mewn gwasg argraffu, ond darbwyllwyd yr *American Mission Board* – sef Bwrdd Cenhadol yr Annibynwyr – gan y Parchedig Worcester, ac aethpwyd ati i gomisiynu crefftwyr i greu ffontiau yn y sillwyddor. Cywaith ydoedd, gyda'r Annibynwyr yn gwneud llawer o'r gwaith trefnu a llywodraeth Cenedl y Tsalagi yn talu am y cyfan.[42] Sefydlwyd y wasg yn Echota Newydd, lle'r oedd y genedl wedi codi adeilad pwrpasol ar ei chyfer ynghyd â nifer o adeiladau eraill – megis un ar gyfer uchel-lys y genedl – a wnâi'r dref honno yn ganolfan weinyddol bwysig.

Daeth rhifyn cyntaf y *Tsalagi Tsulehisanvhi* o'r wasg ar 21 Chwefror 1828. Disgrifiodd Thomas Roberts y datblygiad hanesyddol hwn ar dudalennau *Goleuad Cymru*:

> Ac yn awr y mae ganddynt nifer cyfr-do o argraff-lythyrenau wedi eu gwneyd at yr arwydd-nodau hyn; ac argraff-wasg mewn cyflawn weithrediad, yn Echota, sef prif ddinas eu gwlad. Y maent yn cyhoeddi papuryn wythnosol, rhan o ba un sydd Saesoneg, a'r rhan arall yn yr iaith Cherokee, yr hwn a drefnir yn fedrus gan un o honynt hwy eu hunain, tan arolygiad Cymdeithas o Gyfeisteddwyr perthynol i'w Llywodraeth eu hunain.[43]

Cyn cyhoeddi'r rhifyn cyntaf hwnnw o'r papur, cyhoeddasai llywodraeth y genedl daflen unigol ar y wasg newydd yn egluro hanfodion y sillwyddor. Derbyniodd Evan Jones rai copïau a'u defnyddio er mwyn hyrwyddo llythrennedd ymysg y traddodiadwyr a drigai yn ymyl ei safle cenhadol ef.[44] Aeth y Cymro ati'n fuan wedyn i greu deunyddiau dysgu uniaith Dsalagi newydd trwy godi erthyglau o'r *Cherokee Phoenix* a'u troi'n ganolbwynt i'w wersi. Yr iaith frodorol oedd prif gyfrwng addysg ei ysgol bellach, ac yn hyn o beth roedd methodoleg Evan Jones yn gwbl unigryw: ei sefydliad ef oedd yr unig ysgol genhadol yn y genedl a oedd yn addysgu disgyblion trwy gyfrwng eu mamiaith. Ei uchelgais oedd sefydlu cyfres o ysgolion yn y mynyddoedd gydag athrawon lleol (ac nid cenhadon gwynion) yn eu rhedeg: 'Jones was the only missionary of any denomination to try to organize schools among the Cherokees where they would be taught by their own people to read and write their own language.'[45] Cyflwynodd y syniad i'r bwrdd gan ddadlau y byddai'r cynllun hwn yn well na cheisio llusgo plant uniaith Dsalagi i ysgolion cyfrwng Saesneg: 'let them be at home till arrangements can be made for teaching them in their own language at their several villages.'[46] Ond ni chymerodd Bwrdd Cenhadol y Bedyddwyr lawer o ddiddordeb yn y cynllun arloesol hwn.

Ac yntau'n arloesi ym myd addysg cyfrwng Tsalagi, roedd y Cymro wedi gobeithio arloesi ym myd y wasg hefyd. Buasai'n fwriad ganddo sefydlu gwasg argraffu Tsalagi flynyddoedd cyn i Samuel Worcester a'r Annibynwyr helpu'r genedl i ddechrau argraffu deunydd yn Echota Newydd, ond nid oedd ei fwrdd yn cydsynio.[47] Er mwyn cydnabod y rôl yr oedd ei enwad wedi'i chwarae wrth helpu sefydlu gwasg Echota Newydd, rhoddai llywodraeth y genedl ganiatâd i Worcester ei defnyddio ar adegau pan nad oedd yn argraffu'r *Phoenix* neu ddeunyddiau eraill ar ran y llywodraeth. Er mwyn hwyluso ffordd yr Annibynnwr ymhellach, ei gyd-gyfieithydd Elias Boudinot oedd golygydd y papur a rheolwr *de facto*'r wasg. Ac felly'r llyfr cyntaf o'r Beibl a argraffwyd yn y sillwyddor oedd cyfieithiad Elias Boudinot a Samuel Worcester o Efengyl Matthew; fe'i cyhoeddwyd ar wasg y *Cherokee Phoenix* yn Echota Newydd ym 1829.[48] Er bod Evan Jones a'i gydweithwyr wedi bod wrthi ers blynyddoedd yn cyfieithu darnau o'r Beibl, bu'n rhaid i'r Bedyddwyr ddefnyddio cyhoeddiad yr Annibynwyr gan na fyddai'u gwaith hwythau'n ymddangos mewn print am flynyddoedd eto.[49]

Dywedasai Thomas Roberts mewn llythyr a ysgrifenasai'n ôl ym 1824 ei fod ef a'i wraig yn 'yn lled ddigalon' ynghylch dyfodol y safle cenhadol a'u bod 'yn hyderu y gallem wneuthur mwy o ddaioni mewn rhyw le arall.'[50] Ac yntau wedi cefnu ar y genhadaeth ers agos at bum mlynedd, roedd y llythyr a gyhoeddodd ym 1829 yn gwbl wahanol o ran y modd y trafoda ei dyfodol hi, diolch yn bennaf i'r hyn a glywai gan Evan Jones:

> Yr wyf yn meddwl fod yr efengyl wedi gwreiddio mor ddwfn gyda hwynt, fel y llwyddai crefydd yn eu plith, hyd yn nod pe na chaent hwy ddim cymhorth pellach oddi wrth y dynion gwynion. Y mae gwaith yr Yspryd Glan

wedi cael ei ddwyn yn mlaen mewn modd rhyfeddol yn ddiweddar mewn llawer parth o'r tir hwn[.][51]

Gwelwyd yn y bennod flaenorol fod llythyr cyntaf Thomas Roberts – a ysgrifenasai yn fuan ar ôl iddo dderbyn galwad y genhadaeth – yn disgrifio'r cenhadon gwynion fel cyfrwng y 'dyfroedd' yr oedd Duw am eu defnyddio i ddyfrhau 'tir sych a sychedig' y Tsalagi. Roedd wedi newid ei gân bellach ac yn cydnabod bod y 'modd rhyfeddol' yr oedd 'gwaith yr Ysbryd Glan' yn cael ei gyflawni yn golygu mai'r brodorion hwythau ac nid 'y dynion gwynion' oedd cyfrwng adnewyddu'r 'tir sych' hwnnw. Buasai'r cenhadon Cymreig yn gobeithio trawsffurfio gwlad y Tsalagi, ond ar lawer cyfrif trawsffurfio bydolwg Thomas Roberts ac Evan Jones fu canlyniad eu hymwneud â'r genedl frodorol. Ceir enghraifft amlwg o'r trawsffurfio hwn yn ymateb y Bedyddwyr Cymreig i dwf llythrennedd y Tsalagi.

Roedd yn gywir i weld y datblygiadau diweddar hyn fel tro 'rhyfeddol' yn hanes y genedl, ond roedd Thomas Roberts yn anghywir pan gasglodd fod twf llythrennedd a'r ffaith bod rhan o'r Beibl wedi'i hargraffu yn y sillwyddor yn golygu bod 'yr efengyl wedi gwreiddio [yn] ddwfn' ymhlith y Tsalagi. Ymwrthodai'r mwyafrif ohonynt â'r grefydd newydd trwy gydol y cyfnod dan sylw. Ceir enghraifft gofiadwy o amharodrwydd y traddodiadwyr i goleddu'r Beibl Cristnogol yn hanes Yonaguska, un o arweinwyr enwocaf y genedl. Enillasai'i fri fel 'pennaeth heddwch', un a weithiai'n ddiflino er mwyn cymodi â'r Unol Daleithiau a'u dinasyddion, a hynny er mwyn goroesi a chadw hunaniaeth y genedl, nid er mwyn ildio i'r grymoedd estron a chymhathu.[52] Gellid disgrifio'i strategaeth wleidyddol fel enghraifft o'r 'Llwybr Annwyl', y *Beloved Path* a ddehonglwyd yn ddiweddar gan Daniel Heath Justice. Yn ôl yr ysgolhaig Tsalagi hwn, mae strwythur syniadaethol sy'n waelodol i fydolwg ei bobl ef yn gosod y rhan 'wen' (neu 'heddychlon') yn erbyn y rhan 'goch' (neu 'ryfelgar'). Dywed fod y llwybr hwn yn perthyn i'r rhan wen hon: 'War chiefs and peace chiefs adopted different strategies in meeting their obligations, strategies that have remained firmly embedded in Cherokee national literature and relational principles of nationhood even today.'[53] Yn cydweithio â strategaethau rhyfelgar 'cochion' y mae strategaethau 'gwynion' y Llwybr Annwyl. 'Neither exists independently', meddai Justice, gan ychwanegu bod tyndra adeiladol ('a necessary tension') yn dod â'r ddau safbwynt ynghyd mewn modd deinamig.[54] Awgryma ymhellach fod y fath gydbwysedd syniadaethol yn ganolog i hunaniaeth genedlaethol y Tsalagi ('the idea of nationhood as a dynamic concept').[55]

Gwelir yn hanes arweinyddiaeth Yonaguska ymdrech i warchod buddiannau cenedlaethol y Tsalagi trwy gyd-fyw'n heddychlon â'r dynion gwynion a chynnal hunaniaeth draddodiadol y genedl ar yr un pryd. Byw'n heddychlon – ond nid cymhathu – oedd ei nod; gwrthodai'n gyson gyfres o genhadon Cristnogol a ddywedai y dylai dderbyn eu crefydd hwy.

Yn fuan ar ôl i'r cyfieithiad hwnnw o Efengyl Matthew ddod o wasg Echota Newydd ym 1829, daethpwyd â chopi i Yonaguska. Roedd yr arweinydd uniaith Dsalagi am asesu gwerth 'llyfr da' y Cristnogion cyn caniatáu i'r cenhadon ei gylchredeg ymysg ei bobl ef.[56] Ar ôl gwrando ar 'bennod neu ddwy' rhoddodd Yonaguska ymateb ffraeth a phwrpasol i'r Cristnogion: 'Yn wir, mae'n llyfr da iawn. Mae'n rhyfedd nad yw'r dynion gwynion yn well, a'r llyfr hwn yn eu meddiant cyhyd.'[57] Cofir i Thomas Roberts ddweud wrth ddisgrifio'r daith o Bensylfania i dir y Tsalagi ar dudalennau *Goleuad Cymru* ym 1822 fod cyfieithydd wedi cyhoeddi'u dyfodiad i'r brodorion lleol trwy 'fynegi iddynt fod mintai o Genadon yn dyfod o wlad bell i'w dysgu i wneuthur daioni.'[58] Erbyn 1829 roedd y Tsalagi wedi hen arfer â chlywed cenhadon Cristnogol yn dweud bod eu crefydd yn gyfystyr â 'daioni', ond fel y nododd Yonaguska yn ei ddull dihafal ei hun, roedd gweithredoedd y rhan fwyaf o'r dynion gwynion a ddeuai i gysylltiad â'r Tsalagi yn dangos yn eglur nad oedd eu crefydd wedi'u cynysgaeddu â daioni.

Mae llawer o dystiolaeth sy'n awgrymu mai gweithredoedd Evan Jones ac nid hanfodion ei grefydd a fyddai'n gyfrifol am lwyddiant ei genhadaeth yn y pen draw. Daeth yn gynyddol amlwg yn ystod y 1820au fod llywodraeth talaith Georgia yn cynllunio ac yn cynllwynio er mwyn glanhau'u tiroedd yn ethnig a symud y Tsalagi i'r gorllewin a bod yr Arlywydd Andrew Jackson a'i wasanaethwyr yn gefnogol iawn i'r cynllun.[59] Daeth 'adleoliad' (*removal*) yn un o allweddeiriau gwleidyddol mawr yr oes; yn wahanol i'r ymdrech i gymathu'r brodorion a'u derbyn yn ddinasyddion llawn a fuasai'n ganolog i'r 'rhaglen wareiddio' ers dyddiau George Washington, roedd llywodraeth Georgia a'i chefnogwyr yn Washington o blaid adleoli'r holl genhedloedd brodorol i'r tiroedd gorllewinol y tu hwnt i ffiniau'r Unol Daleithiau.

Nid oedd gan Fedyddwyr Cymraeg yr Unol Daleithiau eu cylchgrawn eu hunain ar y pryd, ond roedd chwarterolyn a gyhoeddid ar gyfer Bedyddwyr yr Hen Wlad, *Seren Gomer*, yn cydymdeimlo â'r Tsalagi:

> Derbyniasom, yn ystod y mis diweddar, araeth y Cadfridawg Jackson, Llywydd yr Unol Daleithiau, ar agoriad y Senedd. [. . .] Yna hysbysa fod yr Indiaid i gael eu gyru yn mhellach yn ol i'r anialwch, i wneyd lle i'w

gormeswyr cryfach, a dyweda na fydd un Indiad anymddibynol yn byw o fewn terfynau y Taleithiau yn mhen ychydig iawn o amser.⁶⁰

Tybed a oedd Evan Jones neu Thomas Roberts yn llythyru â golygydd *Seren Gomer*? Yn sicr, mae disgrifio'r dynion gwynion fel 'gormeswyr' y brodorion yn adleisio'r modd y trafodai Evan Jones argyfwng y Tsalagi ar dudalennau'r *Later Day Luminary* a'r *Baptist Missionary Magazine*.

Yn debyg i'r mwyafrif o'r Tsalagi hwythau, roedd Evan Jones yn erbyn yr adleoliad hwn, ond rhoddwyd ef mewn sefyllfa anodd gan ei enwad a'i fwrdd cenhadol ei hun. Cyhoeddodd y Parchedig Isaac McCoy, Bedyddiwr a oedd yn cenhadu ymhlith y Potawatomie, bamffled ym 1827 yn dadlau o blaid adleoliad: *The Practicability of Indian Reform, Embracing Their Colonization*.⁶¹ Pan glywodd Evan Jones fod Lucius Bowles, ysgrifennydd Bwrdd Cenhadol y Bedyddwyr, yn ystyried mabwysiadu safbwynt McCoy yn ffurfiol, ysgrifennodd ato'n ddi-oed er mwyn protestio a mynnu bod ei lythyr yn ymddangos yn y *Baptist Missionary Magazine*, olynydd y *Later Day Luminary*, er mwyn sicrhau bod ei ddadleuon yn cyrraedd cylch eang o Fedyddwyr Americanaidd:

> I very much question whether any benefit would result to the Cherokees by an application of the plan to them.The tone of the Cherokee Government and people is decidedly against removal or selling any more land. And the [new Cherokee] constitution is so framed as to pose every possible obstacle in the way of such an event.⁶²

Methodd â darbwyllo Bowles a'r bwrdd, ac felly dechreuodd y *Baptist Mission Board* lobïo Cyngres yr Unol Daleithiau a dadlau y dylid troi cynllun trefedigaethol McCoy yn sylfaen i bolisi swyddogol.⁶³ Gwrthwynebai llywodraeth Cenedl y Tsalagi yr adleoliad, ac yn yr un modd yr oedd y mwyafrif helaeth o boblogaeth y genedl yn ei erbyn. Dylai'r ffaith bod hoelion wyth yr enwad yn cefnogi'r fath bolisi atgas fod wedi rhoi ergyd farwol i genhadaeth y Bedyddwyr yn eu plith. Ond safai Evan Jones yn gyson yn erbyn dymuniadau'i fwrdd cenhadol ei hun gan greu agendor rhwng safiad swyddogol yr enwad a'i safiad gwleidyddol yntau.⁶⁴

Fe aeth y Cymro yn chwaraewr o bwys ym mywyd gwleidyddol y genedl frodorol flynyddoedd cyn y Llwybr Dagrau, ond mae'n anodd gwybod pryd yn union y dechreuodd weithredu yn y modd hwn. Dywed William McLoughlin nad oedd gan Evan Jones ond 'a mild interest in Cherokee politics prior to 1833', ond mae ffeithiau a drafodir ganddo ef mewn rhannau eraill o'r un astudiaeth yn gwrth-ddweud y gosodiad hwnnw.⁶⁵ Gwyddys iddo fynychu un o gyfarfodydd Cyngor Cenedlaethol

Cenedl y Tsalagi mor gynnar â 1827.[66] Etholwyd John Ross yn brif bennaeth y genedl ym mis Hydref 1828, a hynny'n rhannol ar sail ei wrthwynebiad i'r adleoliad. Dechreuodd Evan Jones ei gynorthwyo'n ddirgel; er enghraifft, pan glywodd y cenhadwr fod llywodraeth Georgia am dorri'r gyfraith trwy adeiladu camlas ar dir y Tsalagi – a chan wybod y byddai'r datblygiad hwnnw yn gynsail ar gyfer rheilffordd a allai danseilio sofraniaeth y genedl yn sylweddol – sianelodd y wybodaeth i'r Pennaeth John Ross.[67]

Mae'n bwysig nodi nad oedd sofraniaeth yn gysyniad a fewnforiwyd i America gyda'r gwladychwyr Ewropeaidd. Fel y noda Craig Womack, mae'n rhan o blethwaith o gysyniadau a ddefnyddid gan genhedloedd brodorol er mwyn trafod eu hunaniaeth genedlaethol hwy eu hunain ers canrifoedd: 'Sovereignty is inherent as an intellectual idea in Native cultures, a political practice, and a theme of oral traditions; and the concept, as well as the practice, predates European contact.'[68] Er bod rhai o'r termau a ddefnyddid gan y brodorion yn eu trafodaethau gyda llywodraeth yr Unol Daleithiau yn deillio o'r gyfundrefn wleidyddol a ddatblygid gan y wlad newydd honno, roedd yr hyn y ceisient ei amddiffyn yn perthyn i hunaniaeth genedlaethol frodorol a oedd yn hŷn o lawer. Yr adleoliad oedd y diweddaraf a'r mwyaf difrifol mewn cyfres hir o ymosodiadau ar sofraniaeth Cenedl y Tsalagi.

Buasai adleoliad ymysg polisïau canolog ymgyrch etholiadol Andrew Jackson, a phan etholwyd ef yn arlywydd yr Unol Daleithiau yn Nhachwedd 1828 roedd yn amlwg bod y gwynt yn chwythu yn erbyn y Tsalagi. Manteisiodd llywodraeth Georgia ar y sefyllfa trwy basio deddfau'n mabwysiadu polisi adleoliad yr arlywydd newydd.[69] Erbyn haf 1829 roedd Evan Jones ynghanol ymgyrch y blaid wrth-adleoliad. Cynorthwyai Gyngor Cenedlaethol y Genedl i ysgrifennu llythyrau at Gyngres yr Unol Daleithiau yn protestio yn erbyn yr adleoliad a chyfieithodd ysgrifau ar y pwnc i'r Saesneg a gyhoeddwyd yn y ddwy iaith yn y *Cherokee Phoenix*.[70]

Gyda gweithgareddau gwleidyddol Evan Jones yn ennill enw da iddo ymhlith y Tsalagi uniaith traddodiadol, roedd ei gydweithwyr brodorol wrthi hefyd yn ymestyn ffiniau cenhadaeth y Bedyddwyr. Fel y gwelwyd yn y bennod flaenorol, dim ond pedwar o'r brodorion lleol a oedd wedi profi tröedigaeth ac ymuno'n ffurfiol â'r eglwys yn ystod pedair blynedd gyntaf cenhadaeth y Bedyddwyr Cymreig. Un ohonynt oedd Wasadi, y trydydd Tsalagi a fedyddiwyd gan y Parchedig Roberts. Yn wahanol i'r ddau gyntaf a fedyddiwyd ganddo, Tsalagi o waed cyfan na allai siarad Saesneg oedd Wasadi. Ac roedd ganddo gryn ddylanwad gan ei fod ymysg arweinwyr y traddodiadwyr yn yr ardal ac yn aelod o'r cyngor cenedlaethol.[71] Dechreuodd bregethu mewn tref o'r enw Gatugidsee tua 25 milltir o safle cenhadol y Bedyddwyr yn Valley Towns. Erbyn 1828 roedd wedi gosod sylfeini eglwys Gristnogol hyfyw yn yr ardal ac roedd hefyd wedi sefydlu ysgol cyfrwng Tsalagi yn dilyn patrwm arloesol Evan Jones.[72] Yn Awst 1828 ysgrifennodd Evan Jones at y bwrdd yn disgrifio'r modd yr oedd Wasadi yn cryfhau gafael Cristnogaeth ac yn hybu llythrennedd yng nghyffiniau Gatugidsee:

> Our Brother Wasadi visited us yesterday. He is a very steady man, of a meek and quiet spirit, yet zealous in his master's cause. He speaks no English. When he joined the church, about three years ago, he considered himself as enlisting, under the banners of the Son of God, for the purpose of fighting his battles and promoting his interest. He has, ever since, laboured with patience to adorn his profession. He holds frequent meetings, with the people, of his neighbourhood, at which he sings and prays with them, and tells them, what he can, about his religion. [. . .] He is become well acquainted with the Cherokee character, and has taken much pains to teach his people.[73]

Byrhoedlog fu hanes ysgol Evan Jones a Wasadi yn Gatugisdee gan fod Bwrdd Cenhadol y Bedyddwyr yn gyndyn o wario ar gyflog ei hathrawon, ond llwyddodd i gyflwyno llythrennedd yn y sillwyddor i gyfran sylweddol o boblogaeth yr ardal cyn cau'i drysau.[74]

Roedd gan Evan Jones a'i gydweithwyr nifer o adnoddau printiedig yn y sillwyddor a oedd yn gymorth amhrisiadwy iddynt wrth efengylu ac wrth addysgu. Yn ogystal â chyfieithiad Worcester a Boudinot o Efengyl Matthew, roedd ganddynt gopïau o lyfr emynau Tsalagi a argraffwyd gan yr Annibynwyr yn Echota Newydd ym 1829. Caent ddeunyddiau eraill yn y *Cherokee Phoenix*. Ac er nad oedd y Bedyddwyr wedi sefydlu eu gwasg argraffu eu hunain eto, roeddynt wedi bod wrthi ers blynyddoedd yn cyfieithu'r Ysgrythur ac yn cynhyrchu ysgrifau crefyddol eraill yn yr iaith ac yn cylchredeg y testunau hyn mewn llawysgrif. Mae llythyr a ysgrifennodd Evan Jones at y bwrdd ym 1830 yn cyflwyno peth o'r cyffro hwn:

> The syllabic writing, which has frequently been learned in a day, is exerting an influence almost miraculous, and if this instrument were wisely and vigorously directed its effects in enlightening and expanding the mind, and elevating the character of the people would, under the Divine blessing, exceed all calculation. The disposition of the people too, is, at this time, entirely favourable to extended exertion for their benefit.[75]

Ac yntau'n hyrwyddo'r llythrennedd brodorol hwn ac yn gweithio'n agos â'r Pennaeth John Ross a'r blaid wrth-adleoliad, roedd Evan Jones yn closio'n ideolegol at y traddodiadwyr yn ystod y cyfnod hwn. Gwyddai y byddai'n haws hyrwyddo'i genhadaeth gyda chymorth Cristnogion brodorol, ond fel yr oedd Bwrdd Cenhadol y Bedyddwyr yn gwrthod talu am wasg iddo gael argraffu deunydd yn yr iaith, felly hefyd yr oedd yn gyndyn o wario ar y pregethwyr lleyg brodorol a gynorthwyai Evan Jones. Ar ôl mynych lobïo, llwyddodd y Cymro i sicrhau cyflog i un ohonynt, Kaneeda, ym mis Mehefin 1830, a daeth Dsulawee yn gydweithiwr cyflogedig ychydig ar ôl hynny.[76] Roedd y pregethwyr teithiol hyn yn cynorthwyo Evan Jones gyda'i agenda addysgiadol hefyd ac yn ei helpu gyda'i gyfieithu.

Rhwng gwaith y pregethwyr brodorol brwd hyn a'r statws cymdeithasol a enillai Evan Jones yn sgil ei weithredoedd gwleidyddol gwrth-adleoliad, cynyddodd aelodaeth eglwys genhadol y Bedyddwyr. Cofnododd Evan Jones fod 38 o droedigion wedi'u bedyddio ym 1830.[77] Ysgrifennodd lythyr at y bwrdd ym mis Ebrill y flwyddyn honno yn brolio'r cynnydd hwn: 'On Sabbath day last, I had the pleasure to bury in baptism, seven full Cherokees, four males and three females.'[78] Mae cyfuniad o hyder a gorfoledd yn nodweddu'r disgrifiad hwn o gyflwr presennol ei genhadaeth:

> The sun of righteousness is rising with healing in his wings, and the darkness vanishes at his approach. In the wilderness, the waters are breaking out, and streams in the desert. The parched ground is becoming a pool and the thirsty land springs of water.[79]

Dyma amlygiad arall o'r trosiad cenhadol poblogaidd hwnnw yr oedd Thomas Roberts wedi'i ddefnyddio yn ei lythyrau Cymraeg ef. Mewn llythyr a ysgrifennodd Evan Jones dri mis yn ddiweddarach, nid dŵr trosiadol a geir ond naratif sy'n disgrifio pwll go iawn fel safle un o fuddugoliaethau mwyaf y cenhadwr. Broliodd Evan Jones ei fod wedi bedyddio un o'r troedigion diweddar mewn pwll a ddefnyddid gan y *dinadonisigi* ar gyfer yr *amohi atsvsdi* (neu'r 'mynd i mewn i ddŵr'):

> I feel great pleasure to be able to tell of the continued victories of conquering Grace. On Friday last we had the satisfaction to witness the pool in which the heathen priests . . . perform their ablutions with their benighted votaries, wrested from the usurped occupancy of the prince of darkness and employed in the service of its legitimate sovereign, for the purpose of Baptizing Gastaya, a full Indian, who had previously given a satisfactory account of his conversion to God, by the power of Divine grace.[80]

Ceir yn y llythyr cynharach sylw hynod ddiddorol sy'n dangos bod Cristnogaeth yn cyflyru'n drylwyr y modd y syniai'r cenhadwr Cymreig am hunaniaeth genedlaethol: 'The poor dispised Cherokees, who were not a people, are becoming the people of God.'[81] Yn y cyd-destun hwn mae'r enw Saesneg *people* gyda'r fannod amhendant *a* yn ei ragflaenu yn awgrymu 'cenedl': ni roddodd Evan Jones ei resymau dros gredu nad oedd y Tsalagi yn 'bobl' neu'n 'genedl' cyn (dechrau) cofleidio Cristnogaeth, ond awgryma'r frawddeg hon mai dim ond pobl Gristnogol a allai hawlio statws cenedlaethol llawn.

Mae'r ebychiad hwn yn gwrth-ddweud y mynych sôn am *'the Cherokee Nation'* a geir yn ysgrifau eraill Evan Jones. Fel rheol, mae'n amlwg ei fod yn defnyddio'r ymadrodd hwn er mwyn cyfeirio at y genedl gyfan (ac nid y lleiafrif Cristnogol yn unig). Yn wir, er gwaethaf y 'victories of conquering Grace' ac eithafion rhethregol eraill y llythyrau a ysgrifennai at y bwrdd, rhaid bod Evan Jones ei hun yn gwybod erbyn dechrau'r 1830au na fyddai'n llwyddo i droi'r genedl gyfan yn 'a people of God'. Fel y casglodd William McLoughlin:

> Jones never succeeded in overthrowing the old religion. The [din]adonisgi, after 1830, avoided confrontations with him and other missionaries, but continued their activities, leaving the people to make their own choices. Jones's day-by-day accounts of conversions in his reports to the Board seemed to portray a steady march toward total victory for the forces of Christianity, but the statistics did not bear him out. Out of the 5,000 to 6,000 Cherokees in the mountain region in 1832, Jones could count no more than two hundred adherents to his denomination[.][82]

Yn ogystal, er ei fod yn collfarnu'r *dinadonisgi* ac yn eu disgrifio fel 'offeiriaid tywysog tywyllwch', gwyddai wrth gefnogi'r blaid wrth-adleoliad ei fod yn cydweithio'n agos â dilynwyr yr union offeiriaid 'paganaidd' hyn.

Nid Evan Jones oedd yr unig genhadwr Cristnogol a oedd yn ennill parch y traddodiadwyr gwrth-adleoliad. Fel yr oedd yn rhannu'i ddiddordeb yn yr iaith frodorol, felly hefyd yr oedd y Parchedig Samuel Worcester wedi arddel yr un safiad â'r Cymro yn erbyn ymdrechion Georgia a'r llywodraeth ffederal i adleoli'r genedl. Daeth holl genhadon y pedwar enwad Cristnogol a oedd yn gweithio ymhlith y Tsalagi ynghyd yng nghartref Worcester ddiwedd Rhagfyr 1830 i drafod yr argyfwng. Llunio ac arwyddo datganiad yn gwrthwynebu'r adleoliad oedd y nod, ac arwyddwyd y ddogfen gan 13 o'r 14 cenhadwr a ddaeth i'r cyfarfod. Roedd Evan Jones yntau'n awyddus iawn i arwyddo ('cordially ready to join', yn ei eiriau ef ei hun), er ei fod yn gwybod yn iawn fod y safiad hwnnw'n mynd yn erbyn dymuniadau'i fwrdd cenhadol. Cyhoeddwyd y datganiad Saesneg hwn ynghyd ag enwau'r rhai a'i harwyddasai yn y *Cherokee Phoenix* a chodwyd y stori gan nifer o bapurau Saesneg yr Unol Daleithiau yn fuan wedyn.[83]

Ymateb llywodraeth Georgia oedd pasio deddf yn gorfodi pob dyn gwyn a oedd yn byw yn y dalaith i arwyddo dogfen yn datgan teyrngarwch i'r dalaith gan wybod y byddai'r strategaeth hon yn rhoi pwysau ar y cenhadon gwynion a oedd yn byw yno.[84] Nid oedd Evan Jones yn byw yn y rhan honno o'r genedl ac felly nid oedd yn fygythiad uniongyrchol iddo ef. Ymateb y rhan fwyaf o'r cenhadon a oedd yn byw yn yr ardaloedd yr oedd Georgia yn eu hawlio oedd symud i diroedd y Tsalagi mewn taleithiau eraill. Dyna a wnaeth cyfaill Evan Jones, yr Annibynnwr Daniel Butrick. Ond penderfynodd dau Annibynnwr arall, Samuel Worcester ac Elizur Butler, aros ac fe'u harestiwyd hwy gan luoedd arfog Georgia a'u carcharu. Gallai'r ddau gymryd cysur yn y ffaith bod eu bwrdd cenhadol hwy y tu cefn iddynt ac am iddynt wneud y fath safiad er mwyn dwyn 'achos prawf' yn erbyn adleoliad y Tsalagi yn uchel-lys yr Unol Daleithiau.[85]

Dyfarnwyd yn erbyn Georgia, ac roedd yr achos – *Worcester v. Georgia* (1832) – yn fuddugoliaeth foesol bwysig i lywodraeth y Tsalagi a'r mwyafrif o'r genedl a wrthwynebai adleoliad. Gellid meddwl y byddai'r datblygiad cyfreithiol hwn yn trosi'n fuddugoliaeth wleidyddol hefyd gan fod uchel-farnwr y wlad, John Marshall, wedi datgan yn glir iawn fod rhwymiadau cyfreithiol ar dalaith Georgia a llywodraeth yr Unol Daleithiau i barchu'r cytundebau a wnaethpwyd â Chenedl y Tsalagi yn y gorffennol a pheidio â'u symud o'u tiroedd. Ond anwybyddodd yr Arlywydd Jackson y dyfarniad – gan wawdio'r cyfreithiau a'r Cyfansoddiad yr oedd wedi ymrwymo i'w cefnogi a'u cynnal – a pharhau yn ei gefnogaeth i ymdrechion Georgia i adleoli'r brodorion.[86]

Erbyn mis Ionawr 1833 roedd Samuel Worcester a'r dynion eraill a garcharwyd wedi bod dan glo am flwyddyn a phedwar mis. Roedd yn amlwg nad oedd Georgia na'r Arlywydd Jackson am ufuddhau i ddyfarniad yr uchel-lys, ac felly penderfynasant fod eu brwydr yn anobeithiol ac ildiasant i lywodraeth Georgia. Ar ôl gofyn i lywodraethwr y dalaith am faddeuant, fe'u rhyddhawyd o'u carchar ac ysgrifennodd Bwrdd Cenhadol yr Annibynwyr at yr Uwch-bennaeth John Ross er mwyn dweud bod yr enwad yn credu bellach nad oedd gan y Tsalagi ddewis ond ufuddhau a symud i'r gorllewin.

Collodd Worcester barch y traddodiadwyr gwrth-adleoliad dros nos, ac i ddwysáu'r argraff fod y cyn-arwr wedi troi'n gynffonnwr, symudodd ei safle cenhadol i'r gorllewin ym 1835 er mwyn gweithio gyda'r gymuned fechan o Dsalagi a oedd wedi dewis adleoli yno o'u gwirfodd cyn cael eu gorfodi.[87] Bu cyfaill a chydweithiwr Worcester, Elias Boudinot, yntau yn gwrthwynebu adleoliad yn danbaid ar dudalennau'r *Cherokee Phoenix*, ond newidiodd ef ei gân yntau hefyd gan groesi'r llawr gwleidyddol ac ymuno â'r grŵp bychan o Dsalagi a oedd o blaid adleoliad. Câi'r datblygiadau gwleidyddol hyn effaith ar hanes llenyddol y genedl: diswyddwyd Boudinot gan y cyngor cenedlaethol ac felly roedd papur newydd swyddogol y genedl heb olygydd.[88] O'r holl Gristnogion gwynion a oedd yn cenhadu ymhlith y Tsalagi, ni fu neb yn fwy llafar eu gwrthwynebiad i'r adleoliad nag Evan Jones a Samuel Worcester. Yn sgil cwymp gwleidyddol yr Annibynnwr, y Bedyddiwr Cymreig oedd yr unig genhadwr gwyn ar ôl a safai ysgwydd-wrth-ysgwydd â llywodraeth y genedl a mwyafrif ei phoblogaeth yn erbyn y glanhau ethnig hwn. Yng ngeiriau William McLoughlin: 'the other mission agencies were becoming persona non grata among the Cherokees while Jones was growing in popularity[.]'[89] Eto, er bod aelodaeth eglwys Evan Jones yn fwy o lawer na'r hyn y gallasai Thomas Roberts fod wedi'i ddychmygu ddeng mlynedd ynghynt, nid oedd ond rhan fechan iawn o boblogaeth y genedl o'i chymharu â'r mwyafrif a lynai wrth eu crefydd draddodiadol hwy, fel y nodir uchod.

Daeth y flwyddyn 1833 â datblygiad arall a fyddai'n cadarnhau safle gwleidyddol Evan Jones ac yn chwyddo ymhellach aelodaeth ei eglwys: darbwyllodd y Cymro ei fwrdd i gyflogi pregethwr brodorol arall, Tastheghetehee. Gelwid y Tsalagi dwyieithog, cymysg ei waed hwn yn Jessy Bushyhead yn Saesneg. Roedd wedi'i addysgu gyda phlant gwyn yn nhalaith Tennessee ac wedi troi'n Gristion flynyddoedd cyn cyfarfod ag Evan Jones. Dychwelodd i'w ardal enedigol – rhyw 65 milltir i ffwrdd o safle cenhadol y Bedyddwyr yn Valley Towns – a dechrau pregethu ym 1829. Fe'i hurddwyd yn weinidog ym 1832 gyda chymorth gweinidog o un o eglwysi'r Bedyddwyr y tu allan i ffiniau'r genedl; ef oedd arweinydd 'the first native Christian church formed in the Cherokee Nation'.[90] Yn fuan y clywodd Evan Jones am ddoniau'r Bedyddiwr huawdl hwn a allai bregethu'n danbaid trwy gyfrwng ei famiaith a chyfieithu'n rhwydd o'r Saesneg. Daeth y ddau yn gyfeillion agos a daeth y Parchedig Bushyhead yn aelod creiddiol bwysig o'r tîm o gyfieithwyr yr oedd y Cymro yn ei arwain.[91] Roedd yn weithgar iawn yn wleidyddol hefyd ac yn defnyddio'i ddoniau i gefnogi John Ross a'r blaid wrth-adleoliad; yn wir, etholwyd Jessy Bushyhead yn aelod o Gyngor Cenedlaethol y Genedl ym 1835.[92] Er bod Ross yntau wedi dewis ymuno ag eglwys y Methodistiaid, roedd y cysylltiad rhwng uwch-bennaeth etholedig y genedl a'r Bedyddwyr hyn yn dwysáu o hyd, gydag Evan Jones yn treulio mwy a mwy o amser yn cynorthwyo John Ross ac arweinwyr gwrth-adleoliad eraill y genedl.[93]

Arwyddwyd Cytundeb Echota Newydd ym mis Rhagfyr 1835. Fel y nodwyd yn y rhagymadrodd, nid oedd gan y grŵp bychan o ddynion a lofnododd y cytundeb ffug hwn yr hawl i siarad ar ran mwyafrif poblogaeth eu cenedl nac ychwaith yr hawl i siarad ar ran ei llywodraeth hi. Un ohonynt oedd Elias Boudinot, cyn-olygydd y *Cherokee Phoenix* a chyn-gydweithiwr yr Annibynnwr Samuel Worcester. Fel hyn y disgrifia'r ysgolhaig Tsalagi Daniel Heath Justice y trobwynt hwn yn hanes ei genedl:

> By 1835, the political leadership of the Nation, and indeed the citizens themselves, were split into two very distinct groups: the majority of Cherokees, including most of the remaining traditionalists, led by Ross, and what would come to be known as the Treaty Party, the most public of whom were Major Ridge and his son John, and half-brothers Elias Boudinot (Buck Watie) and Stand Watie. This latter group, in violation of the will of the vast majority of Cherokees but with the assertion that their actions were in the People's best interests, was the one to which the U.S. government's ambitious agents . . . went to gain nominal Cherokee approval of the Removal. Although vastly outnumbered by anti-Removal Cherokees, the Ridges, Boudinot, and Watie were among the names signed to the Treaty of New Echota on 29 December 1835, and it would be this document that would be recognized by the U.S. Senate – not the signatures of nearly fifteen thousand Cherokees who opposed the Treaty.[94]

Roedd Evan Jones ymysg y rhai a gasglai enwau ar y ddeiseb a bostiwyd i Senedd yr Unol Daleithiau er mwyn protestio yn erbyn y cytundeb ffug. Bu'n ddiwyd iawn yn y gwaith hwn a bu trigolion yr ardal yn unfryd eu cefnogaeth: '[the] petition . . . was signed by every man, woman, and child in the mountain region stating their opposition to the treaty.'[95]

Anwybyddodd llywodraeth yr Unol Daleithiau y protestiadau hyn, a chan fod mwyafrif helaeth y Tsalagi yn erbyn yr adleoliad ac yn gwrthod symud o'u tiroedd daeth y Cadfridog Wool ym mis Gorffennaf 1836 er mwyn ceisio'u gorfodi i ymrwymo i delerau Cytundeb Echota Newydd. Cyrchodd gadarnle'r traddodiadwyr yn yr ardal fynyddig, a disgrifiodd Evan Jones y modd y daeth benben â grym milwrol yr Unol Daleithiau: 'General Wool entered the Cherokee Country with an army of two thousand strong. On his arrival, he was informed by some persons that my influence among the Cherokees was very extensive[.]'[96] Cyfarfu'r ddau a gofynnodd y Cadfridog i'r Cymro ei gynorthwyo. Gwrthododd Evan Jones gan fynegi'i gefnogaeth i'r blaid wrth-adleoliad. Cofir bod adran ryfel llywodraeth yr Unol Daleithiau'n trwyddedu cenhadon Cristnogol ac felly'n eu hystyried yn asiantau a weithredai ar ei rhan hi; roedd y Parchedig Jones bellach yn torri cyfreithiau'r Unol Daleithiau ac ymhen ychydig rhoddodd y Cadfridog Wool orchymyn i'w arestio.[97] Yn ogystal â ffoi rhag lluoedd arfog yr Unol Daleithiau, bu'n rhaid iddo guddio'r gwir rhag ei fwrdd cenhadol ei hun. Gallai'r cenhadwr Cymreig hwn fod yn ddichellgar pan fo angen:

> Jones was reluctant to tell his Board that he had been expelled from the Cherokee Nation in August 1836. He wanted the Board to think that he had left of his own free will to avoid political difficulties and that his absence from his post would be brief. Not until February 1837 did he provide the whole story, and only after the Board had threatened to cut him off for leaving his post.[98]

Roedd Samuel Worcester a nifer o genhadon eraill wedi ochri â'r blaid wrth-adleoliad yn y gorffennol, ond erbyn hyn Evan Jones oedd yr unig genhadwr gwyn a oedd yn fodlon mentro'i ryddid a pheryglu statws cyfreithiol ei genhadaeth yn y modd hwn.

Mae gweithgareddau gwleidyddol Evan Jones yn gwrthgyferbynnu'n drawiadol â hanes cynifer o genhadon Cristnogol eraill y bedwaredd ganrif ar bymtheg, gan gynnwys llawer iawn o Fedyddwyr eraill. Dyna, er enghraifft, Issachar J. Roberts a ddisgrifiodd reolaeth yr Ymerodraeth Brydeinig ar Hong Kong fel 'a substantial foundation, in the providence of God, on which to establish, under the auspices of the flag which now waves upon its sumits, the true principles of commerce, JUSTICE, THE CHRISTIAN RELIGION [. . .] until this nation be englightened and saved.'[99] Fel y casglodd Kate Lowe: 'according to this view government by Britain of Hong Kong island would lead inexorably to Chinese salvation.'[100] Yn nes o lawer at gartref o safbwynt y Tsalagi, roedd pamffled y Bedyddiwr Isaac McCoy, *The Practicability of Indian Reform, Embracing Their Colonization*, yn dylanwadu ar y trafodaethau yn Washington DC. Roedd prif elynion gwleidyddol y genedl – gwleidyddion o'r taleithiau deheuol cyfagos – wrth eu boddau â chynllun y Bedyddiwr hwn: 'McCoy found himself very popular with the southern politicians and Jacksonians[.]'[101] Yn wir, cyfarfu'r Arlywydd Andrew Jackson ei hun â McCoy er mwyn trafod adleoli cenhedloedd brodorol i'r gorllewin.[102]

Roedd Evan Jones a'i deulu wedi gadael tiroedd y genedl a ffoi dros y ffin i swydd Monroe, Tennessee, er mwyn osgoi'r milwyr a oedd wedi'u gorchymyn i arestio'r cenhadwr Cymreig.[103] Dychwelodd ym mis Mehefin 1837. Fel y nododd mewn llythyr a ysgrifennodd at y bwrdd, roedd wedi penderfynu mentro'i ryddid er mwyn mynd ar daith bregethu ymysg y

Tsalagi ('to preach among the Cherokees the unsearchable riches of Christ').[104] Mae pryder yn hydreiddio'r llythyr hwn; dywed ei fod yn ysgrifennu 'under an oppressive sense of unworthiness' a'i fod yn wynebu rhwystrau sylweddol:

> I would earnestly and affectionately solicit an interest in the prayers of our Christian friends, that our faith fail not; but that, putting on the whole armor of God, we may be able to stand against the wiles of the devil, and successfully to wrestle against the rulers of darkness of this world, which are combined to oppose the progress of the gospel.[105]

Os oedd pwerau'r Fall wedi'u cyfuno i rwystro cynnydd yr Efengyl, cyfeiriodd yn uniongyrchol at ddau fath o rym hollol wahanol a oedd yn ei rwystro ef. Yn gyntaf, hysbysodd ei gyd-Fedyddwyr am orchymyn y Cadfridog Wool: 'Just before we started on this tour, the commander of the troops issued an order for my arrest[.]'[106]

Ni charcharwyd Evan Jones gan luoedd yr Unol Daleithiau, ond roedd grym o fath arall wedi'i symud gan 'the rulers of darkness of this world' i rwystro'i daith bregethu. Fe ymddengys fod *dinadonisgi*'r ardal yn ymwybodol o natur ei ymweliad: 'A priest or conjuror, an old man of some influence among the advocates of the Indian paganism, had been along part of our route, and had sent messages through the country, warning the people against us, and ordering them not to attend our meetings[.]'[107] Casglodd William McLoughlin nad oedd yr offeiriaid traddodiadol yn gwrthdaro'n uniongyrchol ag Evan Jones yn y cyfnod hwn ('The [din]adonisgi, after 1830, avoided confrontations with him'), ond dengys y dystiolaeth hon fod o leiaf un ohonynt – a hwnnw'n *adonisgi* 'tra dylanwadol' – yn ei wrthwynebu mor ddiweddar â 1837.[108] Bu'r gwrthwynebiad hwnnw'n effeithiol hefyd, fel y cyfaddefodd y cenhadwr Cymreig ei hun: 'this had considerable effect; consequently the congregations were small.'[109]

Er eu bod yn elynion crefyddol, roedd Evan Jones yn rhannu'r un safiad gwleidyddol â'r arweinwyr ysbrydol traddodiadol hyn. Yn y cyfnod pan oedd awdurdodau'r Unol Daleithiau yn ceisio arestio'r Cymro, bu rhai o'r dynion a arwyddasai gytundeb ffug Echota Newydd wrthi'n annog yr un awdurdodau i arestio'r *dinadonisgi*. Ysgrifennodd un ohonynt, John Ridge, at Andrew Jackson ei hun gan awgrymu y dylai milwyr yr Unol Daleithiau erlid yr offeiriaid traddodiadol yn ddidrugaredd: 'scour and range the fastnesses & . . . search for them in their caves, and . . . suppress their secret meetings close to [the] all-night dances.'[110] Gwelir felly fod perthynas drionglog gymhleth rhwng y *dinadonisgi*, Evan Jones a grymoedd trefedigaethol yr Unol Daleithiau. Ar y naill law, roedd y cenhadwr a'r llywodraeth yn Washington yn gytûn y dylid Cristioneiddio'r brodorion a thorri gafael yr offeiriaid traddodiadol ar eneidiau'r Tsalagi. Ar y llaw arall, roedd y Cymro a'r *dinadonisgi* yn gytûn yn eu gwrthwynebiad i'r adleoliad.[111]

Peth arall a bontiai rhyngddynt oedd eu cefnogaeth i'r iaith frodorol a llythrennedd ynddi. Er i'w weithgareddau gwleidyddol a'i efengylu fynd â llawer iawn o'i amser, parhâi Evan Jones i gyfieithu hyd yn oed yn ystod helyntion 1837–8. Ysgrifennodd lythyr at y bwrdd rai misoedd ar ôl iddo ddychwelyd o'r daith bregethu anghyfreithlon honno i'w alltudiaeth yn swydd Monroe, Tennessee, er mwyn trafod ei fwriad i gyhoeddi cyfieithiad o'r Beibl. Buasai'r Bedyddwyr yn gyndyn o wario ar wasg argraffu yn y sillwyddor (gan adael felly i'r Annibynwyr Daniel Butrick a Samuel Worcester achub y blaen arnynt), ond roedd safiad y bwrdd wedi newid erbyn hyn ac roedd Evan Jones wrth ei fodd: 'The instructions of the Board, on the subject of printing, are exceedingly encouraging and will be received, by the Cherokee Christians, with sincere joy.'[112]

Yn ogystal, roedd y bwrdd wedi cynnig prynu llyfrau a fyddai'n helpu'r cenhadwr gyda'r cyfieithu. Atebodd Evan Jones trwy ddisgrifio'i gyraeddiadau academaidd ei hun:

> In answer to your inquiry, as to what books I could use to advantage in the work of translating, I reply, that I have a small acquaintance with the Hebrew, Greek, Latin and French; but have not, had much opportunity to cultivate my knowledge of either of them, for many years. I presume however, that any help in these languages would be of great advantage. The Welch is my vernacular language.[113]

Mae'r ffaith iddo ddweud mai'r Gymraeg oedd ei 'iaith frodorol' yn y cyddestun hwn yn awgrymu'i fod yn defnyddio adnoddau Cymraeg wrth gyfieithu testunau Beiblaidd i'r iaith Dsalagi. Rhestrodd yn yr un llythyr gynnwys ei lyfrgell bersonol. Yn ogystal â gweithiau megis *Bloomfield's Greek Testament*, *Newcome's Greek Harmony of the Gospels* a *Parkhurst's Greek and Hebrew Lexicon*, nododd fod ganddo Feibl Cymraeg wrth law: 'Welch Bible British [and] F[oreign] B[ible] S[ociety] Edition 1808.'[114]

Ymwelai Evan Jones yn achlysurol â'i hen braidd gan deithio'n ôl ac ymlaen dros y ffin a safai rhwng y genedl a thalaith Tennessee. Daeth y Cadfridog Winfield Scott â 7,000 o filwyr ym mis Mai 1838 i wireddu amcanion Cytundeb Echota Newydd. Bu'n rhaid i'r Cymro gyfaddef na fyddai'n bosibl i'r Tsalagi wrthsefyll grymoedd yr Unol Daleithiau lawer yn hwy, fel y nododd mewn llythyr: 'It is now almost certain that the Cherokees will be obliged to move.'[115] Câi Cymry America ddarllen yn *Y*

Cyfaill o'r Hen Wlad y mis canlynol fod y 'Cadb[en] Scott wedi ei anfon i wlad y Cherokeeaid ... yn nghydâ byddin o 7000 o wyr' a bod lluoedd yr Unol Daleithiau'n gweinyddu'r adleoliad 'gydâ thiriondeb a phwyll'.[116] Fel y gwelwyd yn y rhagymadrodd i'r astudiaeth hon, roedd yr adroddiadau a gyhoeddwyd gan Evan Jones yn y *Baptist Missionary Magazine* yn wahanol iawn i'r modd y mabwysiadodd William Rowlands, golygydd y *Cyfaill*, safbwynt llywodraeth yr Unol Daleithiau. Cwynodd Rowlands fod 'rhai o'r Cherokeeaid wedi cynhyrfu yspryd rhyfelgar trwy ymosod ar a llofruddio un neu ddau o amaethwyr Americanaidd yn Georgia.'[117] Darlun cwbl wrthwynebus a gafwyd gan Evan Jones: 'The forbearance and magnanimity of the Indians ... are worthy of commendation.'[118]

Erbyn canol yr haf roedd y rhan fwyaf o'r Tsalagi wedi'u symud i wersyllfaoedd carchar gan y milwyr. Dywedodd Evan Jones mewn llythyr a ysgrifennodd ym mis Awst fod 'the whole nation [in a] state of captivity'.[119] Bu'n rhaid i Gyngor Cenedlaethol y Tsalagi ildio o'r diwedd, a disgrifiodd y Cymro yr eiliad dyngedfennol honno ar dudalennau'r cylchgrawn:

> The result was, a reiteration of their protest against the Treaty of New Echota, and the oppressions growing out if it – but, inasmuch as their determination was steadfastly to assert their rights, and respectfully to remonstrate against the violations of them, but not to oppose the physical force of the United States; and inasmuch as the executive of the United States had, by his forces, actually made prisoners of the whole nation; it was judged to be no compromise of their principles, under articles of capitulation with the commanding general, to make arrangements with him, to remove themselves, rather than to be guarded by the forces of the United States to the place of their exile.[120]

Gorfodwyd y genedl ar y Llwybr Dagrau ym 1838, ond nid oedd y Tsalagi yn dioddef mewn modd goddefol-ddiymadferth. Fel y dengys y frawddeg olaf uchod, roedd telerau'r ildio ('articles of capitulation') yn cynnwys cytundeb mai llywodraeth y Tsalagi – ac nid llywodraeth yr Unol Daleithiau – a fyddai'n goruchwylio'r daith hir i'r gorllewin. Hyd yn oed yn awr eu darostyngiad, roedd llywodraeth y genedl yn rheoli'r sefyllfa gymaint â phosibl ac yn ceisio gwarchod buddiannau'i phobl. Llwyddodd rhai miloedd i wrthsefyll y glanhau ethnig hwn trwy gilio a chuddio yn y mynyddoedd; eu disgynyddion hwy yw'r Tsalagi sy'n byw ym mynyddoedd Gogledd Carolina heddiw.

Penderfynodd yr Uwch-bennaeth John Ross a'r cyngor y byddai'n haws rhannu'r boblogaeth mewn sawl mintai a phenodi arweinydd a fyddai'n gyfrifol am dywys y fintai honno o'r dwyrain i'r cartref gorllewinol newydd. Gadawodd y gyntaf ar 1 Hydref 1838. Yn arwydd o'i statws gwleidyddol, dewiswyd cyfaill a chydweithiwr Evan Jones, Jessy Bushyhead, yn arweinydd mintai arall, y drydedd i ymadael, a hynny lai nag wythnos ar ôl i'r fintai gyntaf gychwyn.[121] Evan Jones oedd yr unig genhadwr gwyn i fynd ar y daith. Bu'r Cymro yng nghanol y trefniadau; fe'i penodwyd yn ddirprwy i Situagi, arweinydd y pedwerydd grŵp.[122] Dyma ddangos eto y modd y bu i Evan Jones ymdreiddio i ganol diwylliant gwleidyddol y traddodiadwyr yn ystod y 1830au. Un o hoelion wyth y blaid wrth-adleoliad oedd Situagi; roedd yn bennaeth ac yn un o farnwyr llys y genedl. Fel y rhan fwyaf o ddraddodiadwyr yr ardal fynyddig, ni allai siarad Saesneg. Fe ymddengys mai Evan Jones a gyflwynasai lythrennedd i deulu'r pennaeth dylanwadol hwn; dysgasai fab Situagi sut i ddarllen ac ysgrifennu yn null Sequoyah yn ôl ym 1828. Daeth y pennaeth i holi'r cenhadwr Cymreig ynglŷn â'r sillwyddor a chofnododd Evan Jones y sgwrs yn un o'i ddyddiaduron: '[Situagi] asked . . . if I thought highly of the invention. I told him it would be more beneficial to his people than a gift of ten thousand dollars.'[123] Nid ymaelododd y pennaeth traddodiadol ag eglwys y cenhadwr, ond bu'r ddau yn gyfeillion agos er 1828 ac felly nid yw'n syndod bod Situagi wedi gofyn i Evan Jones weithredu fel rhaglaw yn ystod y daith i'r gorllewin. Roedd 1,250 o bobl yn eu mintai hwy. Fe gychwynasant ar 16 Hydref 1838.[124]

Erbyn diwedd Rhagfyr 1838 roeddynt wedi cyrraedd Little Prairy, Missouri. Ysgrifennodd Evan Jones lythyr o'r wersyllfa hon at ysgrifennodd y bwrdd cenhadol.

> Camp of the Fourth Detachment
> of Emigrating Cherokees
> Little Prairy Missouri,
> Dec. 30 1838
>
> My Dear + Honored Brother,
>
> We have now been on our road, to Arkansas, seventy five days, and have travelled five hundred + twenty nine miles. We are still, nearly three Hundred miles short of our destination. We have been greatly favored, by the kind providence of our heavenly father. We have met with no serious accident, and have been detained, only two days, by bad weather. It has, however, been exceedingly cold, for some time past, which renders the condition of those who are but thinly clad, very uncomfortable. In order, however, to counteract the effects of the severity of the weather in some degree, we have [. . .] sent on a company, every morning, to make fires along the road, at short intervals. This we have found a great aleviation to the sufferings of the people.[125]

Fel y gwnaethai'n fynych yn ei lythyrau at y bwrdd cyn y Llwybr Dagrau, achubodd y cyfle unwaith eto i ganmol gwaith y pregethwyr brodorol a gyflogid gan yr enwad: 'Our native preachers are assiduous in their labors, seizing all favorable opportunities, to cherish a devotional spirit among the brethren. Their influence is very salutary.'[126] Yn ogystal â rhoi peth o hanes y daith a thalu teyrnged i'r Bedyddwyr brodorol, nid oedd Evan Jones yn gallu ymatal rhag taranu yn erbyn y grymoedd a orfodasai'r Tsalagi ar y daith honno:

> I am afraid that, with all the care that can be exercised with the various detachments, there will be an immese amount of suffering and loss of life attending the removal. Great numbers of the old, the young and the infirm, will inevitably be sacrificed. And the fact that the removal is effected by coertion makes it the more galling to the feelings of the survivors.[127]

Cyrhaeddodd y fintai eu cartref newydd ddechrau Chwefror 1839. Buasai Evan Jones yn gywir i ragweld marwolaethau: bu farw 71 ohonynt yn ystod y daith, ac roedd colledion y rhan fwyaf o'r minteioedd eraill yn uwch o lawer. Credir bod cymaint â 4,000 o'r Tsalagi – sef tua chwarter holl boblogaeth y genedl – wedi marw yn ystod y Llwybr Dagrau.[128]

Nodiadau

1. George E. Foster, *Literature of the Cherokees[,] Also[:] Bibliography and the Story of Their Genesis* (Ithaca [Efrog Newydd], 1889), tt. 9–10 (yn 'Literature') a tt. 7–8 (yn 'Story of Their Genesis'). Gw. hefyd William G. McLoughlin, *Cherokee Ghost Dance* (Macon, 1984), tt. 253–61.
2. Dyma'r fersiwn a gofnodwyd gan Elias Boudinot ym 1832; Theda Perdue (gol.), *Cherokee Editor: The Writings of Elias Boudinot* (Athens [Georgia], 1983), t. 52.
3. Shirley Silver a Wick R. Miller, *American Indian Languages: Cultural and Social Contexts* (Tucson, 1997), t. 188:'[Writing in Meso-America] first evolved in what is today southern Mexico, Belize, and Guatemala, where inscriptions have been found that can be dated to the fifth century B.C. Full writing (words forming sentences) dates from the first or second century B.C.'
4. *Codex* yw'r term a ddefnyddir gan amlaf mewn trafodaethau Saesneg ar y llawysgrifau hyn. Michael D. Coe, *The Maya* (New York, 1966), tt. 173–4; Michael D. Coe, *Breaking the Maya Code* (New York, 1992), tt. 72 a 99–100; Dennis Tedlock, *Popol Vuh: The Definitive Edition of the Mayan Book of the Dawn of Life and the Glories of Gods and Kings* (New York, 1985), tt. 22–7; am ddisgrifiad o rychwant o destunau o gyfnod y goresgyniad mewn nifer o ieithoedd Mayaidd, gw. Matthew Restall, *Maya Conquistador* (Boston, 1998), tt. 53–178.

5   Alan R. Velie, *American Indian Literature* (Norman, 1979), t. 92: 'The Walam Olum is the Bible and Aeneid of the Delawares, the story of their creation and the poetic record of their history. [. . .] The name "Walam Olum" means "painted record." The work has two parts: the narrative and the pictographs. The pictographs, symbolic illustrations largely based on sign language, were usually inscribed on wood or birchbark.'
6   Lisa Brooks, *The Common Pot: The Recovery of Native Space in the Northeast* (Minneapolis, 2008), t. xxi.
7   Gw., e.e., Grant Foreman, *Sequoyah* (Norman [Oklahoma], 1938).
8   Elias Boudinot, 'Invention of a new alphabet', *American Annals of Education*, 1 April 1832; gw. hefyd Perdue, *Cherokee Editor*, tt. 51–2.
9   Ibid., t. 52.
10 Silver a Miller, *American Indian Languages*, tt. 195–6.
11 Mae'n werth cyfeirio at waith Elias Boudinot eto gan ei fod yn llygad-dyst craff i'r chwyldro diwylliannol hwn. Fel hyn yr asesodd y sefyllfa ym 1832: 'It is perhaps difficult to say what proportion of the Cherokee may be called a reading people. At a convention of gentlemen, well capable of forming a correct judgment, held at New Echota . . . it was calculated that upwards of one half of the adult males could read and write in their own language. I am convinced there is nothing exaggerated in this calculation. And if they are suffered to go on as they have done, it will be but a few years before reading and writing will be universal among them.' Perdue, *Cherokee Editor*, t. 58.
12 William G. McLoughlin, *Champions of the Cherokee: Evan and John B. Jones* (Princeton, 1990), tt. 31 a 46.
13 Cymdeithas Hanes Bedyddwyr yr UD, Atlanta, Georgia (Archived Collection of Board of International Missionaries, American Baptist Historical Societies), Grŵp 1, bocs 55. Llythyr Evan Jones: 8 Tachwedd 1826.
14 Cyhoeddwyd cofnodion y cyfarfod yn *Later Day Luminary*, 5 (1824), 166–9, fel rhan o 'Substance of the Proceedings of the Board, at the Annual Meeting, appointed to be held . . . April, 1824, at the Meeting-House of the First Baptist Church in Washington.'
15 Ibid., 167: 'Brother Roberts stated that the prosperity of that station had been much advanced by the adoption of several new regulations, copy of which he furnished for the consideration of the Board'; ibid., 168: '*Resolved*, That the Board fully approves these regulations'.
16 Ibid., 168.
17 Ibid., 169. Gw. McLoughlin, *Champions*, tt. 77 a 82.
18 Frank G. Speck, Leonard Broom a Will West Long, *Cherokee Dance and Drama* (Norman, 1951), t. 6.
19 Ibid., t. 11: 'The dances and songs are regarded as a bequest of the sacrificed Stone Coat monster to assuage the ills of humanity.' Am fersiynau o'r stori honno, gw. ibid., tt. 13–16; James Mooney, *Myths of the Cherokee* (Washington DC, 1900), tt. 319–20; Jack F. Kilpatrick ac Anna G. Kilpatrick, *Friends of Thunder: Folktales of the Oklahoma Cherokees* (Norman, 1964), tt. 59–61.
20 McLoughlin, *Champions*, t. 75.
21 William G. McLoughlin, *Cherokees and Missionaries, 1789–1839* (New Haven, 1984), t. 63.

22 Cymdeithas Hanes Bedyddwyr yr UD, llythyr Evan Jones: 23 Medi 1826.
23 McLoughlin, *Champions*, t. 66.
24 Gw., e.e., Hywel Teifi Edwards, *Gŵyl Gwalia: Yr Eisteddfod yn Oes Aur Victoria 1858/1868* (Llandysul, 1980), t. 61.
25 McLoughlin, *Champions*, t. 71. Cyhoeddwyd llythyr gan John Timson yn *Later Day Luminary*, 5 (1824), 145–6, sy'n tystio i'r datblygiad hwn ac sy'n disgrifio'r modd y ceisiwyd rhwystro'r Cymro trwy roi taw ar ei gyfieithydd: 'Mr. Jones has undertaken to go all about to preach to the people. Some are glad to hear preaching. I have been with him. At one place there was a man who offered two gallons of whiskey to any man who would put the interpreter out of the house.'
26 McLoughlin, *Champions*, t. 72.
27 Ibid., t. 71. Yn hytrach na defnyddio'r ffurf luosog, *dinadonisgi*, mae McLoughlin yn defnyddio'r unigol *adonisgi* wrth gyfeirio at y lluosog ('conjurors').
28 William G. McLoughlin, *Cherokee Renascence in the New Republic* (Princeton, 1986), t. 400.
29 Cymdeithas Hanes Bedyddwyr yr UD, dyddiadur Evan Jones: 28 Mawrth 1830.
30 Erbyn diwedd y 1850au byddai Evan Jones a'i fab John B. Jones yn weithgar iawn gyda Chymdeithas y Kituwah, mudiad cenedlaetholgar newydd y nodweddid ei gyfarfodydd gan ddefodau crefyddol traddodiadol yn ogystal â chan weddi ac emynau'r Bedyddwyr. Gw. y drafodaeth yn epilog yr astudiaeth hon.
31 Gw. nodyn 6 uchod.
32 Dyfynnir J. F. Kilpatrick gan ei fab, Alan Kilpatrick, yn 'The Buckskin Curtain', *Southwest Review* 52, 1, 85.
33 Alan Kilpatrick, *The Night Has a Naked Soul: Witchcraft and Sorcery Among the Western Cherokee* (Syracuse, 1997), t. 13.
34 McLoughlin, *Champions*, t. 40.
35 Ibid., t. 39.
36 Cymdeithas Hanes Bedyddwyr yr UD, llythyr Evan Jones: 23 Medi 1826, 1v.
37 *Goleuad Cymru*, Mawrth 1829, 80. Ysgrifennodd Thomas Roberts y llythyr hwn ar 15 Medi 1828 yn Middleton, Jersey Newydd.
38 Ibid., 80.
39 Marshall McLuhan, *The Gutenberg Galaxy: The Making of Typopraphic Man* (Toronto, 1962). Am drafodaeth ar effeithiau llythrennedd a dyfodiad print, gw. Walter J. Ong, *Orality and Literacy: The Technologizing of the Word* (New York, 1988), yn enwedig tt. 78–136.
40 Daniel F. Littlefield, Jr., a James W. Parins, *American Indian and Alaska Native Newspapers and Periodicals, 1826–1924* (Westport, 1984), tt. 84–92.
41 Althea Bass, *Cherokee Messenger* (Norman, 1936), tt. 31–89.
42 Ibid., tt. 75–87; McLoughlin, *Champions*, t. 78.
43 *Goleuad Cymru*, Mawrth 1829, 80.
44 McLoughlin, *Champions*, tt. 78–9.
45 Ibid., t. 81.
46 Cymdeithas Hanes Bedyddwyr yr UD, llythyr Evan Jones: 27 Mawrth 1827.
47 Mae gohebiaeth Evan Jones â'r bwrdd yn tystio i'w fynych erfyn am fuddsoddiad mewn gwasg argraffu. Gw. e.e., y llythyr a ysgrifennodd ar 1 Mai 1828 [tudalen 2r]: 'The spirit of enquiry is gaining ground among the full

Indians, but here we want the aid of books. They are eager to read, any thing they can get hold of, but there is nothing printed besides the news-paper[.]'
48. Foster, *Literature of the Cherokees*, t. 2.
49. Roedd Evan Jones wedi cyfieithu ail bennod Matthew yn ôl ym 1822; McLoughlin, *Champions*, t. 37.
50. *Goleuad Cymru*, Chwefror 1824, 331.
51. *Goleuad Cymru*, Mawrth 1829, 80.
52. Mooney, *Myths*, t. 162: 'Yonaguska ... is the most prominent chief in the history of the East Cherokee, although ... his name does not occur in connection with any of the ... wars .... This is due partly to the fact that he was a peace chief and counselor rather than a war leader[.]'
53. Daniel Heath Justice, *Our Fire Survives the Storm: A Cherokee Literary History* (Minneapolis, 2006), t. 30.
54. Ibid.
55. Ibid.
56. McLoughlin, *Cherokees and Missionaries*, tt. 35–7.
57. Mooney, *Myths*, t. 163; Bass, *Cherokee Messenger*, t. 38.
58. *Goleuad Cymru*, Gorffennaf 1822, 479.
59. Gw., e.e., Ronald N. Satz, *American Indian Policy in the Jacksonian Era* (Lincoln [Nebraska], 1974), yn enwedig tt. 39–122.
60. 'Yr Unol Daleithiau', *Seren Gomer*, Chwefror 1832, 63.
61. McLoughlin, *Cherokees and Missionaries*, tt. 267–71.
62. *Baptist Missionary Magazine*, 10, 174.
63. McLoughlin, *Champions*, t. 119.
64. Ibid.
65. Ibid., 118.
66. Ibid., 119.
67. Ibid., 120.
68. Craig S. Womack, *Red on Red: Native American Literary Separatism* (Minneapolis, 1999), t. 51.
69. Satz, *American Indian Policy*, tt. 103–18.
70. McLoughlin, *Champions*, t. 123. Ceir enghraifft yn y *Cherokee Phoenix*, 5 Awst 1829, 2.
71. McLoughlin, *Champions*, t. 43.
72. Ibid., t. 82.
73. Cymdeithas Hanes Bedyddwyr yr UD, llythyr Evan Jones: 6 Awst 1828.
74. McLoughlin, *Champions*, t. 83.
75. Cymdeithas Hanes Bedyddwyr yr UD, llythyr Evan Jones: 3 Mawrth 1830.
76. McLoughlin, *Champions*, t. 91. Dewisodd Kaneeda yr enw 'John Wycliffe' adeg ei fedyddio. Yn yr un modd, gelwid Dsulawee yn 'Andrew Fuller'.
77. Ibid., t. 93.
78. Cymdeithas Hanes Bedyddwyr yr UD, llythyr Evan Jones: 14 Ebrill 1830.
79. Ibid.
80. Cymdeithas Hanes Bedyddwyr yr UD, llythyr Evan Jones: 28 Gorffennaf 1830.
81. Cymdeithas Hanes Bedyddwyr yr UD, llythyr Evan Jones: 14 Ebrill 1830.
82. McLoughlin, *Champions*, t. 77.
83. Ibid., tt. 125–8.

84 Bass, *Cherokee Messenger*, tt. 129–35. William McLoughlin, *Champions*, t. 129.
85 Bass, *Cherokee Messenger*, tt. 136–8. Carcharwyd 11 o ddynion gwynion y pryd hynny, gan gynnwys yr argraffydd a weithiai gyda Worcester. Gw. hefyd William McLoughlin, *Champions*, t. 129.
86 McLoughlin, *Champions*, t. 131.
87 Bass, *Cherokee Messenger*, tt. 176–7.
88 McLoughlin, *Champions*, t. 132.
89 Ibid.
90 McLoughlin, *Cherokees and Missionaries*, t. 162.
91 McLoughlin, *Champions*, t. 91.
92 Ibid., t. 92.
93 Ibid., t. 132. Gw. hefyd: E. C. Routh, 'Early missionaries to the Cherokees', *Chronicles of Oklahoma*, 15/4 (December 1937), 450–9.
94 Justice, *Our Fire Survives the Storm*, t. 80.
95 McLoughlin, *Champions*, t. 136.
96 Cymdeithas Hanes Bedyddwyr yr UD, llythyr Evan Jones: 26 Gorffennaf 1836.
97 McLoughlin, *Champions*, t. 140.
98 Ibid., t. 143.
99 Wedi'i ddyfynnu gan Kate Lowe, 'The Beliefs, Aspirations and Methods of the First Missionaries in British Hong Kong, 1841–5', yn Pieter N. Holtrop a Hugh McLeod (goln), *Missions and Missionaries* (Woodbridge and Rochester, 2000), tt. 52–3.
100 Ibid., t. 53. Awgryma Lowe mai'r gwrthwyneb fu'r canlyniad: 'This refusal on the part of the European and American missionaries to acknowledge Chinese cultural values and identities led directly to the failure of the missions to secure significant numbers of converts'; ibid., t. 55.
101 McLoughlin, *Cherokees and Missionaries*, t. 271.
102 Ibid., t. 270.
103 McLoughlin, *Champions*, tt. 141–2.
104 Mae'r llythyr wedi'i ddyddio 28 Mehefin 1837. Fe'i cyhoeddwyd yn y *Baptist Missionary Magazine*, 18 (1838), 17–18.
105 Ibid., 17.
106 Ibid. Fe ymddengys fod gorchymyn arall i'r perwyl hwn wedi'i roi ym mis Mehefin 1837 ar drothwy'r daith bregethu hon. Rhoddasai'r Cadfridog Wool y gorchymyn gwreiddiol i arestio Evan Jones yn ystod yr haf blaenorol. McLoughlin, *Champions*, t. 140.
107 Ibid., 17.
108 McLoughlin, *Champions*, t. 77.
109 *Baptist Missionary Magazine*, 18 (1838), 17.
110 John Ridge at Andrew Jackson, wedi'i ddyfynnu yn Thurman Wilkins, *Cherokee Tragedy* (New York, 1970), tt 271–2.
111 Mae Theda Perdue yn tanlinellu'r cysylltiad rhwng tiroedd traddodiadol y Tsalagi a'u crefydd draddodiadol: 'Cherokee traditionalists opposed the exchange of their ancestral homeland, which according to their belief system was located at the center of the earth, for territory to the west, the direction associated with death. For them, migration meant leaving the landforms that their mythology incorporated, the rivers and caves that were sacred, and the

herbs and minerals that were essential to healing and divination.' Perdue, *Cherokee Editor*, tt. 28–9.
[112] Cymdeithas Hanes Bedyddwyr yr UD, llythyr Evan Jones: 31 Mawrth 1838.
[113] Ibid., 1a.
[114] Ibid., 1a–1b. Dyma'r argraffiad y cyfeiria Evan Jones ato: *Y Bibl Cyssegr-lan: sef yr Hen Destament a'r Newydd* (Caergrawnt, 1808). 'Ysbrydebwyd ac argraffwyd gan Richard Watts argraffydd i'r Brifathrofa tros Gymdeithas Biblau Saesoneg ac Ieithoedd Eraill' yw'r nodyn a geir ar ei flaen-ddalen.
[115] Cymdeithas Hanes Bedyddwyr yr UD, llythyr Evan Jones: 1 Mai 1838.
[116] *Y Cyfaill o'r Hen Wlad*, Mehefin 1838, 187.
[117] Ibid.
[118] *Baptist Missionary Magazine*, 19 (1839), 39. Ysgrifennwyd y llythyr ar 13 Awst 1838 ond nis cyhoeddwyd am rai misoedd.
[119] Ibid.
[120] Ibid.
[121] McLoughlin, *Champions*, t. 182.
[122] Ibid.
[123] Cymdeithas Hanes Bedyddwyr yr UD, dyddiadur Evan Jones: 29 Chwefror 1828.
[124] McLoughlin, *Champions*, t. 182.
[125] Cymdeithas Hanes Bedyddwyr yr UD, llythyr Evan Jones: 30 Rhagfyr 1838.
[126] Ibid.
[127] Ibid., 1 rectio – 1 verso.
[128] Angie Debo, *A History of the Indians of the United States* (London, 1970), t. 124. Mae Debo'n pwyso'n drwm ar Grant Foreman, *Indian Removal* (Norman, 1932).

Rhan II

GWASG GYMRAEG AMERICA A BRODORION Y CYFANDIR, 1838–42

3

O Gigyddion Fflorida i Ymerodraeth y Gorllewin Pell: Y Cyfaill o'r Hen Wlad *a Brodorion America, 1838–42*

Nid argyfwng y Tsalagi oedd yr unig wrthdrawiad rhwng cenedl frodorol a llywodraeth yr Unol Daleithiau i gael sylw ar dudalennau *Y Cyfaill o'r Hen Wlad* ym 1838. Cyhoeddwyd erthygl fer yn rhifyn Chwefror y flwyddyn honno yn trafod hanes Rhyfel y Seminole yn Fflorida.[1] Yn debyg i'r erthygl arall honno o'r un flwyddyn a ddatganai fod milwyr yr Unol Daleithiau yn trin y Tsalagi 'gydâ thiriondeb a phwyll', mae'r adroddiad hwn yn adleisio fersiwn swyddogol llywodraeth yr Unol Daleithiau; ni cheir ymdrech i gyflwyno safbwynt y brodorion a'u rhesymau dros wrthsefyll awydd yr Americanwyr gwynion i'w symud o'u tiroedd: 'Mae yn hysbys . . . bod yr Unol Daleithiau wedi anfon milwyr i ddarostwng yr Indiaid yn Florida'.[2] Roedd gan y Seminole resymau da dros ryfela; roedd 'cytundeb' wedi'i ffugio er mwyn eu hamddifadu o'u tiroedd a'u symud i'r gorllewin, yn debyg i'r modd y defnyddid Cytundeb Echota Newydd fel esgus i adleoli'r Tsalagi.[3] Yn hytrach na manylu ar y cyd-destun gwleidyddol hwn, mae'r cylchgrawn Cymraeg yn disgrifio ymdrechion y brodorion i wrthsefyll yr adleoliad fel trosedd yn erbyn llywodraeth yr Unol Daleithiau. Tywyswyd darllenwyr Cymraeg America i weld y Seminole fel llofruddion anwaraidd yn unig, fel y dengys erthygl arall am yr un rhyfel a gyhoeddwyd yn y *Cyfaill* y flwyddyn ganlynol: 'y mae cynddrwg yno yn awr ag a fu erioed – yr Indiaid yn parhau i gigyddio y preswylwyr, ac i ddiangc o afael y milwyr.'[4]

Mae'r ymadrodd 'y preswylwyr' yn fynegbost sy'n ein harwain at safbwynt ideolegol y testun hwn. Nid yw ystyr sylfaenol 'preswyliwr'/ 'preswylydd' wedi newid ers canrifoedd; fe'i defnyddid, er enghraifft, gan William Morgan wrth gyfieithu Genesis 4:20 ar gyfer Beibl 1588: 'Ac Adah a esgorodd ar Jabal; hwn ydoedd dâd pob presswylydd pabell, a pherchen anifail.'⁵ Mae'r ystyr hon yn niwtral yn ideolegol: mae 'preswylwyr' yn golygu 'pobl sy'n preswylio', a hynny heb unrhyw oslef foesol parthed yr hawl i breswylio. Ond mae cymharu'r hyn a geir mewn dau eiriadur o'r ail ganrif ar bymtheg yn fodd inni ystyried y gwahanol ystyron y gall y gair hwn eu magu a goblygiadau moesol yr ystyron hynny. Tra mae geiriadur Thomas Wiliems yn diffinio'r gair Lladin *aborigines* fel 'y preswylwyr cyntaf mewn gwlat', mae *Dictionarium Duplex* John Davies yn cyplysu'r gair 'preswyliwr' â'r geiriau Lladin *colonus* ac *incola*.⁶ Yn ôl yr *Oxford Latin Dictionary*, yn ogystal â chyfateb i ystyr niwtral 'preswyliwr' ('un sy'n preswylio'), gall *incola* olygu '*resident alien*'.⁷ Ystyr wreiddiol yr enw Lladin *colonus* oedd 'amaethwr','un sy'n trin y tir', gan felly awgrymu 'un sy'n byw ar y tir y mae'n ei drin', ond defnyddid y gair hefyd wrth gyfeirio at 'unigolyn sy'n byw yn un o'r trefedigaethau Rhufeinig'; gall olygu 'trefedigaethwr'/ '*colonist*'.⁸ Er nad yw'n debygol i John Davies geisio amlygu'r ystyr hon, mae taith yr enw Lladin *colonus* i'r enw Saesneg *colonist* – a thaith y ferf Lladin gysylltiedig, *colere*, i'r Saesneg *colonize* (ac, yn ddiweddarach o lawer, y ferf Gymraeg 'coloneiddio') – yn cynnwys yr ystyron 'trefedigaethol' hefyd. Gall olygu un sy'n preswylio tir nad oedd yn eiddo iddo yn wreiddiol: gwladychwr; *colonist*; trefedigaethwr.

Roedd y Seminole ymysg 'preswylwyr' Fflorida yn y 1830au, ac o ran eu tras roeddynt yn ddisgynyddion i 'breswylwyr cyntaf' neu *aborigines* y cyfandir (pobl y byddai Thomas Roberts yn eu galw'n 'brif-drigolion', fel y gwelwyd yn y bennod gyntaf). Ond pan ddywed golygydd *Y Cyfaill o'r Hen Wlad* fod 'yr Indiaid yn parhau i gigyddio y preswylwyr', mae'n amlwg iawn ei fod yn defnyddio'r gair hwn i olygu 'preswylwyr o dras Ewropeaidd'. Os yw'r brodorion yn troseddu trwy 'ddiangc o afael y milwyr' sy'n ceisio'u dal a'u hadleoli, maent hefyd yn troseddu trwy ymosod ar y trefedigaethwyr gwynion sy'n preswylio'r tiroedd hyn. Byddai Cymry cenedlaetholgar yr unfed ganrif ar hugain yn disgwyl i awdur Cymraeg gydymdeimlo â'r brodorion a'u hawydd i wrthsefyll gormes y trefedigaethwyr, ond mae'r ideoleg sy'n hydreiddio'r testun hwn yn gwbl gydnaws â holl hanfod y Gymru Americanaidd newydd yr oedd y cylchgrawn hwn yn helpu i'w chreu a'i chynnal yn y bedwaredd ganrif ar bymtheg.

Dyfeisiodd William Rowlands deitl a oedd yn pwysleisio'r wedd hon ar ei agenda olygyddol: roedd y *Cyfaill* hwn *o'r Hen Wlad* yno i gynorthwyo newydd-ddyfodiaid o Gymru a oedd yn ceisio ymsefydlu yn America. Ceid engrafiad ar wyneb-ddalen y cylchgrawn yn darlunio mewnfudwr yn cyrraedd ei gartref newydd ar ddiwedd ei fordaith gyda dyn – ei 'gyfaill' newydd – yn estyn llaw iddo i'w helpu wrth iddo gamu i'r tir.⁹

Mae'n debyg iawn nad oedd y rhan fwyaf ohonynt yn ystyried eu gweithredoedd yn y modd hwn, ond roedd y Cymry a ymfudodd i America wedi mynd yno i 'breswylio' neu wladychu tiroedd a oedd – neu a fuasai – yn eiddo i frodorion y cyfandir. Amlygir y cysylltiad mewn ysgrif gan Edward Jones a gyhoeddwyd yn *Y Cyfaill o'r Hen Wlad* ym 1840. Wrth annerch 'Ymfudwyr Cymreig' a oedd newydd gyrraedd yr Unol Daleithiau, mae'n eu rhybuddio 'nad oes yma ddim i'w gael yn rhad'. Cyfeiria at yr 'Indiaid' fel un o'r peryglon a wynebwyd gan yr hen wladychwyr Cymreig: 'taenasant eu gwelyau ar frigau y coed, ar y ddaear, ynghanol yr anialwch, yr Indiaid a chreaduriaid gwylltion'.[10] Er nad oedd Fflorida yn gyrchfan i fewnfudwyr Cymreig fel y cyfryw, roedd statws y Cymry fel mewnfudwyr a threfedigaethwyr o dras Ewropeaidd yn eu cymell i uniaethu â 'phreswylwyr' gwynion Fflorida. Buddiannau'r trefedigaethwyr sydd o bwys yn yr erthyglau am Ryfel y Seminole a gyhoeddwyd yn y *Cyfaill*.

Sylwer ar y modd y gall rhywbeth mor syml â'r fannod gryfhau ergyd ideolegol testun; trwy ddisgrifio'r gwladychwyr gwynion fel 'y preswylwyr' mae golygydd *Y Cyfaill o'r Hen Wlad* yn cyfleu'r awdurdod eithaf iddynt. Gallem edrych ar y sefyllfa hanesyddol yn wrthrychol a nodi bod y Seminole hwythau yn *preswylio* (yn) Fflorida, ond fel yr oedd milwyr yr Unol Daleithiau yn ceisio alltudio'r brodorion hyn o'u cartrefi felly hefyd mae golygydd y cylchgrawn Cymraeg wedi'u halltudio o'r categori hwnnw o bobl – y rhai a oedd â'r hawl i breswylio yno; *y* preswylwyr. Mae'n cyfyngu ar ystyr y gair gan ein rhwystro rhag dychmygu bod gwahanol fathau o breswylwyr yn bod. Dyma destun sy'n gwrthod caniatáu i ni ddehongli'r gair hwn mewn mwy nag un ffordd gan wrthod hefyd y posibiliad y gallai preswylwyr o dras Ewropeaidd gyd-fyw â phreswylwyr o dras frodorol.

Os yw'r testun hwn yn tywys y darllenydd i gasglu mai'r trefedigaethwyr gwynion yw 'y preswylwyr' (dilys), mae hefyd yn sefydlu deuoliaeth wrthgyferbyniol rhwng y categori hwn o bobl a chategori arall wrth ddiffinio'r Seminole fel 'cigyddio[n]'. Cawn yma un o nodweddion disgwrs drefedigaethol, sef y modd y crëir gwrthgyferbyniadau deuol er mwyn gosod nodweddion negyddol honedig y brodorion yn erbyn nodweddion cadarnhaol honedig y trefedigaethwyr. Mae'r *Cyfaill* yn darlunio'r brodorion fel anwariaid treisgar nad ydynt ond bygythiad i'r preswylwyr gwynion. Noda Gethin Matthews fod tuedd i ddarlunio'r 'Indiaid' fel '[p]obl ymosodol' yn nodweddu adroddiadau a gyhoeddwyd mewn nifer o gyfnodolion Cymru yn y 1850au a'r 1860au: 'byddai darllenwyr y papurau newydd [Cymreig] wedi gweld llawer o adroddiadau a oedd yn portreadu'r brodorion fel pobl anwaraidd, ffyrnig, annibynadwy[.]'[11] Gwelir wrth graffu ar *Y Cyfaill o'r Hen Wlad* fod yr ystrydeb honno wedi'i sefydlu ar dudalennau'r cyfnodolyn Cymraeg Americanaidd hwn ddiwedd y 1830au. Cyhoeddodd William Rowlands nifer o destunau yn ystod blynyddoedd cynnar ei gylchgrawn sy'n canolbwyntio ar ymddygiad treisgar gwahanol genhedloedd brodorol. Fel yr oedd rhifyn Mehefin 1838 wedi cwyno am y 'Cherokeaid' hynny a ddangosasai 'yspryd rhyfelgar trwy ymosod ar a llofruddio un neu ddau o amaethwyr Americanaidd yn Georgia', un o'r erthyglau y gallai Cymry America eu darllen yn rhifyn Rhagfyr 1839 oedd darn byr am y 'Blackfeet' a'r 'Flatheads' a gyflwynwyd iddynt o dan y pennawd 'Creulonderau Indiaidd'.[12]

Nid y gwrthdaro â llywodraeth yr Unol Daleithiau a'r trefedigaethwyr gwynion oedd yr unig ddatblygiad yn hanes y cenhedloedd brodorol a drafodwyd ar dudalennau'r *Cyfaill*. Cyhoeddodd William Rowlands ddwy erthygl am effeithiau pla ar bobloedd brodorol ym 1838, y gyntaf o dan y pennawd 'Y frech wen yn mhlith yr Indiaid'.[13] Mae'r ail yn dwyn y teitl 'Y Gorllewin Pell', ond yr un afiechyd sydd dan sylw; wedi datgan bod 'y frech wen wedi peidio ymysg y Sioux, ond ei bod yn parhau i ddifrodi yn uwch i fyny ar afon y Garreg Felen', â'r erthygl rhagddi i nodi bod y pla'n bygwth tiroedd yr 'Assineboines [a'r] Blackfeet' hefyd.[14]

Lladdwyd dros hanner holl boblogaeth frodorol America gan yr afiechydon a ddaethai i'r cyfandir gyda'r Ewropeaid, ac mae'n bosibl bod cymaint â 80 y cant o frodorion y cyfandir wedi marw oherwydd yr heintiau hyn.[15] Roedd y frech wen yn neilltuol o farwol; diflannodd cymunedau brodorol cyfan yn ei sgil, a chred rhai haneswyr fod ymlediad yr afiechyd hwn ym 1837–8 wedi arwain at dranc cenedl y Mandan.[16] Ond nid yw'r *Cyfaill* yn darlunio'r dioddefaint dynol hwn. Yn wahanol i'r galar a fynegir mewn erthyglau am drallodion Americanwyr gwynion, ac yn wahanol i'r cydymdeimlad sy'n hydreiddio ysgrifau am y caethweision duon gorthrymedig a gyhoeddid yn fynych ar dudalennau gwasg Gymraeg America rhwng 1838 a 1865, erys yr adroddiadau hyn yn ffeithiol oer. Mae'n amlwg mai er mwyn rhybuddio ymfudwyr Cymreig a oedd ar eu ffordd i'r 'Gorllewin Pell' ac nid er mwyn cymell cydymdeimlad â'r brodorion y cyhoeddwyd yr erthyglau byrion hyn. Ni cheir ynddynt awgrym bod golygydd y misolyn Cymraeg yn poeni am y bygythiad hwn i barhad rhai cenhedloedd brodorol; yr oedd yn hytrach yn hysbysu'i ddarllenwyr y dylent ailfeddwl cyn teithio i'r ardaloedd dan sylw.

Ar y darlleniad cyntaf, mae erthygl a gyhoeddwyd yn y *Cyfaill* ym mis Mehefin 1839 yn wahanol iawn gan ei bod yn dangos mwy o ddiddordeb yn sefyllfa'r brodorion eu hunain. Ceir o dan y pennawd 'Ymherodraeth

Indiaidd Newydd' ddisgrifiad o ddatblygiadau a oedd o'r pwys mwyaf i nifer o genhedloedd brodorol:

> Mae yn debygol nad oes un amgylchiad wedi cymeryd lle, yn hanesyddiaeth y wlad hon, mwy dyddorol ynddo ei hun, na mwy pwysig yn ei ganlyniadau, na sefydliad y llwythi brodorawl y tu draw i derfynau yr Unol Daleithau. Y mae yn awr yn y diriogaeth a ranwyd gan yr [sic] Gydgynghorfa i fod yn gartref parhaus iddynt, tua 95,000 o Indiaid, yn perthyn i ddau-ar-hugain o wahanol lwythi, ac yn siarad nifer o wahanol ieithoedd. [. . .] Mae ychydig o'r Indiaid dywededig, y Choctawiaid, Chickasawiaid, a'r Cherokeeaid, wedi ysgrifenu cyfreithiau er eu llywodraethiad gwladawl, ac y mae y Delawereaid ar ganlyn eu hesiampl. – Ond am y lleill, y maent yn lled anwaraidd, ac yn meithrin y tueddiadau mwyaf gelyniaethol at eu gilydd. Dysgwylir y bydd i'r Gydgynghorfa eu cynnorthwyo yn eu trefniadau, a'u harolygu; ac hwyrach ganiatau Cynnrychiolwyr Indiaidd o'r Diriogaeth hon. – Dyma faes anwyl i ryw un yn teimlo ysbryd cenhadol.[17]

Mae William Rowlands yn canmol y 'llwyth[au] brodorawl' hynny a aeth ati i efelychu 'llywodraethiad gwladawl' yr Unol Daleithiau ac 'ysgrifenu cyfreithiau'. Gan adleisio'r ymadrodd Saesneg cyffredin, 'the [five] civilized tribes', mae'n cyfrif y Tsalagi ymysg y cenhedloedd hynny a oedd wedi ymbellhau oddi wrth eu gwreiddiau 'anwaraidd' yn y modd hwn.[18]

Yn ogystal â chysylltu gwareidd-dra â llythrennedd, mae'r testun hwn yn sefydlu deuoliaeth rhwng y 'llwyth[au]' sy'n ymddwyn yn y modd derbyniol hwn a'r brodorion hynny sy'n 'anwaraidd'. Cyflwyna ddadansoddiad cryno o gyfuniad o brosesau hanesyddol, diwylliannol a gwleidyddol, ac mae'r dadansoddiad hwnnw wedi'i gyflyru gan y farn y dylai'r cenhedloedd brodorol gymhathu. Mae'r agwedd a fynegir yma yn wahanol iawn i'r modd y trafodwyd argyfwng y Tsalagi a Rhyfel y Seminole ar dudalennau'r un cylchgrawn; mae'r golygydd fel pe bai'n gobeithio y caiff 'Cynnrychiolwyr Indiaidd' eu croesawu gan lywodraeth yr Unol Daleithiau. Ond cymhathu – derbyn diffiniad y dyn gwyn o wareidd-dra – yw pris y croeso hwnnw, a'r gwahaniaeth rhwng cymhathu a gwrthod cymhathu yw sylfaen y ddeuoliaeth y mae'r testun hwn yn ei sefydlu rhwng brodorion derbyniol a rhai annerbyniol. Mae'n werth oedi ac ystyried yn fanylach y frawddeg olaf ond un yn y dyfyniad hwn. Er ei bod ar un olwg yn disgrifio'r berthynas rhwng llywodraeth yr Unol Daleithiau a'r Tsalagi (a'r brodorion 'gwaraidd' eraill) mewn modd cadarnhaol iawn, mae craffu'n ofalus ar ferfau'r frawddeg yn esgor ar ddarlleniad pur wahanol. Dywed William Rowlands y bydd y 'Gydgynghorfa' yn Washington DC, yn 'cynnorthwyo' y brodorion hyn ar eu taith o anwareidd-dra i wareidd-dra gan eu 'harolygu'. Rheolir y broses hon – y cymhathu hwn – gan lywodraeth y dyn gwyn.

Mae nifer o ysgolheigion brodorol cyfoes yn gweld y modd yr aeth rhai cenhedloedd ati i fabwysiadu agweddau ar ddiwylliant Americanwyr gwynion fel ffordd o ail-greu'u hunaniaeth eu hunain a gwrthsefyll rheolaeth lwyr a difodiant.[19] Gellid ystyried hefyd y cysyniad 'dynwarediad trefedigaethol' (*colonial mimicry*) fel y'i diffiniwyd gan Homi K. Bhabha. Awgryma fod grymoedd trefedigaethol yn gorfodi brodorion i ddynwared y trefedigaethwyr a chreu fersiwn o'r 'arall' brodorol y gall y gwladychwyr ei adnabod a'i reoli, ond mae Bhabha hefyd yn pwysleisio nad yw'n bosibl i neb lwyr reoli'r broses hon, gan nodi bod y dynwarediad yn gallu troi'n 'fygythiad' (*menace*) ac yn fodd i wawdio a gwrthsefyll y trefedigaethwyr.[20] Bid a fo am berthnasedd y theori ôl-drefedigaethol hon, ysgrifennu o safbwynt y grymoedd sy'n ceisio gorfodi'r efelychu a'r cymhathu a wna golygydd *Y Cyfaill o'r Hen Wlad*, nid o safbwynt y brodorion sy'n amlygu'r wedd fygythiol hon ar eu dynwarediad. Dywed fod gwareiddio'n gyfystyr â chymhathu ar delerau llywodraeth yr Unol Daleithiau, a hynny'n unig.

Cofier y cyd-destun hanesyddol. Roedd y cenhedloedd 'gwaraidd' a enwir yma wedi'u symud yn erbyn eu hewyllys o'u tiroedd traddodiadol yn y dwyrain i'r diriogaeth orllewinol hon, a hynny'n ddiweddar iawn. Yn wir, buasai'r 'Cherokeeaid' yn teithio ar hyd y Llwybr Dagrau lai na blwyddyn cyn i'r erthygl Gymraeg hon ymddangos. Dylem ddarllen y testun hwn ochr yn ochr â'r erthygl arall honno am y Tsalagi a ymddangosai ar dudalennau'r *Cyfaill* flwyddyn yn gynharach. Dyma ddwy erthygl a gyhoeddwyd yn yr un misolyn Cymraeg Americanaidd sy'n fframio'r profiad hanesyddol hwnnw na ellir ei ddiffinio ond fel glanhau ethnig; ymddangosodd y naill ddeg mis cyn i'r Tsalagi ddechrau ar y Llwybr Dagrau a chyhoeddwyd y llall ryw bedwar mis ar ôl i'r rhan fwyaf ohonynt gyrraedd eu cartrefi newydd yn y gorllewin. Gellid awgrymu bod William Rowlands yn cyflwyno darllenwyr *Y Cyfaill o'r Hen Wlad* â diweddglo hapus i'r stori a gyflwynasai iddynt yn ôl ym mis Mehefin 1838. Os oedd 'rhai o'r Cherokeeaid wedi cynhyrfu ysbryd rhyfelgar' pan aeth y llywodraeth ati i'w symud o'u tiroedd yn y dwyrain, roedd y genedl bellach wedi'i hadleoli'n llwyddiannus yn y gorllewin pell ac yn derbyn arweiniad llywodraeth y dyn gwyn wrth iddi ymroi i ddilyn ei lwybr 'gwaraidd' ef.[21]

Gan fod yr ail erthygl yn canolbwyntio ar agweddau ar hanes diweddar y Tsalagi y tybid eu bod yn gadarnhaol, mae'n wahanol ar un wedd i'r modd y mae'r erthygl gynharach yn tynnu sylw at ymddygiad treisgar (honedig) rhai aelodau o'r genedl frodorol hon. Ond mae'r ddau destun yn debyg iawn mewn un peth: nid yw'r naill na'r llall yn cyfeirio at yr holl ddioddefaint a ddaeth i ran y Tsalagi yn ystod yr adleoliad a'r Llwybr Dagrau. Yn ogystal, nid yw'r un o'r ddwy erthygl yn dweud bod Cenedl y Tsalagi wedi 'ysgrifenu cyfreithiau er eu llywodraethiad gwladawl' cyn iddi gael ei hadleoli i'r gorllewin a bod yr adleoliad hwnnw yn anghyfreithlon yn ôl y cyfreithiau hynny fel yr oedd hefyd yn anghyfreithlon yn ôl uchel-lys yr Unol Daleithiau.

Er bod gwedd gadarnhaol ar y modd y disgrifiwyd 'Ymherodraeth Indiaidd Newydd' ar dudalennau'r *Cyfaill*, gellid awgrymu bod y llith hon yn perthyn yn fras i'r un dosbarth o lenyddiaeth drefedigaethol â'r ysgrifau sy'n trafod ymweliad y frech wen â gwahanol genhedloedd brodorol. Mae'r testunau hyn yn trafod hynt a helynt y brodorion o safbwynt diddordebau a buddiannau'r trefedigaethwyr gwynion. Roedd yn gyffredin i fewnfudwyr Cymreig symud yn bellach i'r gorllewin ar ôl iddynt ymsefydlu gyntaf yn un o'r hen gymunedau Cymreig yn nwyrain yr Unol Daleithiau.[22] Fel y byddai Cymry a oedd yn ystyried mudo i'r 'gorllewin pell' yn daer am newyddion ynglŷn ag ymlediad y frech wen yn y parthau hynny, byddent hefyd yn awyddus i ddysgu bod llywodraeth yr Unol Daleithiau wedi llwyddo i 'wareiddio' a rheoli'r cenhedloedd brodorol yno.

Mae William Rowlands yn dirwyn ei erthygl i ben â brawddeg sy'n plethu disgwrs arall â'r ddisgwrs drefedigaethol hon: 'Dyma faes anwyl i ryw un yn teimlo ysbryd cenhadol.'[23] Perthyn y testun hwn felly i ffrwd lenyddol a lifai'n gyson dros dudalennau cylchgronau Cymraeg ar ddwy ochr yr Iwerydd, un y gellir ei diffinio fel llên genhadol. 'Maes' yw'r gair sy'n cyflwyno'r ddisgwrs genhadol, ac mae'n cymell delwedd sy'n cryfhau prif thema'r testun – y berthynas rhwng y brodorion a'u tiroedd. Disgrifir y berthynas honno yn y teitl gyda'r gair 'Ymherodraeth', ond mae corff yr ysgrif yn cyfeirio at yr ardal dan sylw fel '[t]iriogaeth', a hynny yng nghyd-destun ymwneud y brodorion hyn â llywodraeth yr Unol Daleithiau; dywedir y byddai'r llywodraeth o bosibl yn croesawu 'cynrychiolwyr o'r diriogaeth hon'. Mae darllen y naill ran o'r testun yn erbyn y llall yn creu amwysedd ynglŷn â'r berthynas rhwng y cenhedloedd brodorol hyn a'u tiroedd. Ar y naill law, mae'r gair mawreddog 'ymherodraeth' yn awgrymu endid gwleidyddol pwerus. Ar y llaw arall, mae'r gair 'tiriogaeth' – yn enwedig pan fo'n ymddangos mewn perthynas â llywodraeth ffederal yr Unol Daleithiau – yn awgrymu statws gwleidyddol sy'n wahanol iawn i statws ymerodrol. Yn wir, roedd 'tiriogaeth' yn sylweddol israddol i statws cenedl annibynnol ac yn israddol hyd yn oed o ran pwerau gwleidyddol i'r taleithiau unigol hynny a ffurfiai'r

Unol Daleithiau. Fel rheol, rhoddwyd y term 'tiriogaeth' (*territory*) ar ranbarth neu ardal a oedd ar fin cael ei derbyn yn dalaith newydd a'i gwneud yn rhan o'r Unol Daleithiau. Yn ogystal, defnyddid (a defnyddir) y term er mwyn cyfeirio at diriogaeth y mae gan yr Unol Daleithiau rym a chyfrifoldeb drosti, fel y gwelir yn yr ymadrodd cyffredin 'the United States and its territories'.[24]

Mae'r gair 'ymerodraeth' yn gallu disgrifio gwlad sydd wedi symud y tu hwnt i hunanlywodraeth ac sydd bellach yn llywodraethu dros diroedd eraill y tu hwnt i'w ffiniau hanesyddol gwreiddiol. I'r gwrthwyneb, mae 'tiriogaeth' yn arwyddo diffyg hunanlywodraeth; mae'n awgrymu bod gan yr Unol Daleithiau hawl o fath ar y tiroedd hyn a bod yr hawl honno yn golygu y gall gyfeddiannu a thraflyncu'r 'diriogaeth' yn gyfan gwbl. (Ac wrth gwrs, dyna fyddai'n digwydd yn y pen draw i'r rhan hon o Ogledd America; byddai'r cyfan yn cael ei wneud yn rhan o'r Unol Daleithiau erbyn dechrau'r ugeinfed ganrif.) Amlygir yr amwysedd hwn ynghylch statws cenedlaethol y brodorion yn y gair 'llwyth[au]' hefyd; er bod y Tsalagi yn arddel y term *Ayeli* ('Cenedl') yn eu mamiaith yn ogystal â'r label Saesneg '*the Cherokee Nation*', ac er bod y cenhedloedd brodorol eraill a drafodir yn yr ysgrif yn hawlio statws cenedlaethol hefyd, cyfeirir atynt un ac oll fel 'llwyth[au]' yn hytrach na fel 'cenhedloedd'.[25] Mae holl amwysedd y testun hwn yn ein gorfodi i ailystyried y buddiannau y mae'r gair 'ymherodraeth' yn cyfeirio atynt yn y teitl; er bod y teitl ar ei ben ei hun yn ein gwahodd i ddychmygu ymerodraeth frodorol annibynnol, mae corff yr ysgrif yn awgrymu mai ymerodraeth yr Unol Daleithiau sydd o bwys mewn gwirionedd.

Wedi trafod y berthynas drionglog rhwng y brodorion, eu tiroedd a llywodraeth yr Unol Daleithiau yn y fath fodd, mae'r testun yn cyflwyno'r tro cenhadol gyda delwedd sy'n gydnaws â'r diddordeb trefedigaethol hwn; fe'i disgrifir fel *maes* (cae, gofod daearyddol, rhan o'r dirwedd). Pe bai darllenydd wedi'i ddrysu gan yr amwysedd ynghylch statws gwleidyddol y cenhedloedd brodorol hyn a grëir gan y tyndra rhwng y label 'ymerodraeth' a'r gair 'tiriogaeth', mae'r diweddglo hwn yn ail-ysgrifennu'r berthynas honno rhwng pobloedd a'u tiroedd mewn modd sy'n troi sylw'r darllenydd o'r gwleidyddol i'r ysbrydol. Bid a fo am awydd yr Unol Daleithiau i ymestyn eu hymerodraeth dros diriogaethau newydd ac ennill tir y gellid ei droi'n daleithiau newydd, mae'r diriogaeth hon hefyd yn *faes* ffrwythlon ar gyfer cenhadon Cristnogol a fyn ennill eneidiau.

Bu diwylliant crefyddol Methodistiaid Calfinaidd Cymru'n cydblethu â'r mudiad cenhadol ers y cychwyn cyntaf. Mae John Hughes Morris – ac, yn ddiweddarach, E. Wyn James – wedi dehongli agweddau ar waith

Williams Pantycelyn a rhai o emynwyr Cymraeg eraill y ddeunawfed ganrif mewn modd sy'n dangos eu bod wedi rhagweld y mudiad cenhadol a fyddai'n ymddangos ddiwedd y ganrif honno.[26] Daeth ffrwydrad o weithgareddau'r adeg honno sy'n tystio i ddechreuadau ffurfiol y mudiad cenhadol Protestannaidd; sefydlwyd nifer o gymdeithasau cenhadol yn ystod blynyddoedd olaf y ganrif, gyda thair yn cael eu ffurfio ym Mhrydain – y Baptist Missionary Society (1792), y London Missionary Society (1795), a'r Church Missionary Society (1799) – ac un yn yr Iseldiroedd (1797).[27] Bu nifer o arweinwyr yr Hen Gorff yn gefnogol iawn i Gymdeithas Genhadol Llundain o adeg ei sefydlu hyd at ddechrau'r 1840au (pan ffurfiwyd Cymdeithas Genhadol y Methodistiaid Calfinaidd).[28] Ac yntau'n fisolyn a wasanaethai Fethodistiaid Calfinaidd Cymraeg yr Unol Daleithiau, ac o gofio bod ei olygydd, William Rowlands, wedi'i urddo'n weinidog gyda'r enwad hwnnw, nid yw'n syndod bod llawer o lenyddiaeth genhadol wedi'i chyhoeddi yn *Y Cyfaill o'r Hen Wlad*. Er enghraifft, dyna gerdd yn dwyn y teitl 'Penillion ar Lwyddiant yr Efengyl' a gyhoeddwyd yn rhifyn Mawrth 1838. Er bod y bardd a gyfansoddodd y 'Penillion' hyn, William Morgan, yn un o Gymry Pottsville, Pensylfania, mae'i gerdd yn cymell darllenwyr, cantorion a gwrandawyr i gofio gwaith emynydd enwocaf yr Hen Wlad:

> EFENGYL hedd, heb gledd nag arfau dur,
> A weithia'i ffordd trwy'r dyrys anial dir;
> Cyn hir bydd hon o'r bron yn fawr ei bri,
> A llwythau'r llawr, yn eiddo'n Harglwydd ni.
>
> Y gareg fach a dorwyd, nid â llaw,
> A dreigl ar led, hi red drwy'r India draw;
> A'n fynydd mawr – a phlant y llawr yn llu
> Dros fryn a phant ddylifant ati hi.
>
> Pryd hyn diau bydd Babel gau er cy'd,
> I syrthio'i lawr trwy ddirfawr barthau'r byd –
> A enw'r Oen a'i boen ar ben y bryn,
> Yn destyn cân gan fawr a man am hyn.[29]

Fel y mae emyn poblogaidd Williams Pantycelyn yn disgrifio taith 'Pererin' trwy 'anial dir' y byd hwn, felly hefyd mae William Morgan yn disgrifio 'Llwyddiant yr Efengyl' yn nhermau '[g]weithi[o'i] ffordd trwy'r dyrys anial dir'.[30] Mae'n beth cyffredin i awduron Cristnogol ddisgrifio llwyddiant ysbrydol yn nhermau goresgyniad milwrol, ac mae'r trosiad hwnnw'n llechu rhwng llinellau emyn Pantycelyn; mae'i bererin ef yn clywed 'sŵn/Nefolaidd rai o'm blaen,/Wedi *concwero*, a mynd trwy/Dymhestloedd dŵr a thân[.]'[31] Mae'r gerdd Americanaidd hon yn amlygu'r traddodiad testunol hwnnw trwy'i negyddu; mae'r bardd o Bensylfania yn dweud yn blwmp ac yn blaen fod yr Efengyl yn trechu 'heb gledd nag arfau dur'. Gwelir ar yr un pryd nad oedd yn bosibl iddo osgoi apêl y trosiad milwrol yn gyfan gwbl; mae'r gerdd yn darlunio llwyddiant Cristnogaeth mewn modd sy'n gofyn inni ddychmygu gorchfygwyr yn goresgyn tiroedd, ac mae'n awgrymu y bydd 'Babel gau' yn 'syrthio' fel y bydd caerfa neu ddinas yn syrthio i warchae milwrol. Nid yw'r un cyfieithiad Cymraeg o'r Hen Destament yn defnyddio'r ferf 'syrthio' wrth gyfeirio at y modd y rhwystrodd Duw y dynion a fuasai'n adeiladu Tŵr Babel, ac felly rhaid casglu nad yn y Beibl eithr mewn traddodiad Cristnogol diweddarach y cafodd y bardd hwn seiliau'i ddelweddaeth. Erbyn ei llinellau olaf mae'r gerdd hon yn coleddu'r union drosiad milwrol y mae'n ceisio'i negyddu yn ei phennill cyntaf.

Os yw'n adeilad sy'n gallu 'syrthio' i warchae, mae 'Babel' hefyd yn gyfeiriad at luosogrwydd ieithoedd a phobloedd y ddaear, fel y gwelir yn yr adnod wreiddiol (Genesis 11: 9): 'Am hynny y gelwir ei henw Babel, oherwydd yno y cymysgodd yr Arglwydd iaith yr holl fyd, a gwasgarodd yr Arglwydd hwy oddi yno dros wyneb yr holl ddaear.'[32] Mae'r dyfyniad Beiblaidd sy'n sylfaen i drosiad y bardd o Bensylfania yn cydweithio â'r modd y disgrifia drigolion y ddaear ('plant y llawr yn llu'; 'dirfawr barthau'r byd') er mwyn pwysleisio lluosogrwydd, amrywiaeth a natur wasgaredig y bobloedd hyn. Awgryma'r emyn hwn felly y bydd 'llwyddiant yr Efengyl' yn cynnwys holl bobloedd y byd mewn 'cân' o fawl i'r 'Oen', a bod y cynnwys hwnnw hefyd yn gwastatáu'r gwahaniaethau rhyngddynt. Rhydd y bardd y label 'gau' – sef 'ffug', 'anghywir', ac, yn y cyd-destun hwn, 'anghristnogol' – ar 'Fabel' – sef, amrywiaeth o ran iaith a chenedligrwydd – a hynny wrth fynegi'i ddyhead am fuddugoliaeth Gristnogol a fydd yn disodli'r gymysgfa Fabelaidd ag unffurfiaeth Gristnogol. Er mai 'India' – ac nid 'Indiaid' America – yw'r unig gyfeiriad at bobl, gwlad neu diriogaeth benodol a geir yn y gerdd, mae'n sicr y byddai'r bardd Cymraeg Americanaidd hwn a'i gynulleidfa'n cynnwys brodorion y cyfandir ymysg 'llwythau'r llawr'.

Afraid dweud bod cyfeiriadaeth Feiblaidd o'r fath ymysg nodweddion amlycaf llenyddiaeth genhadol. Ceir yng ngherdd William Morgan enghraifft o strategaeth awdurol gyffredin; gallai awduron Cristnogol ddefnyddio cysyniadau, cymariaethau a throsiadau Beiblaidd wrth gyflwyno'r 'arall' anghristnogol i'w darllenwyr. Ystyrier eto ddehongliad

Edward Said o'r gwahanol ffyrdd y mae awduron gorllewinol wedi darlunio pobloedd a diwylliannau dwyreiniol gan hoelio sylw ar y pendilio (*vacillation*) rhwng y cyfarwydd a'r anghyfarwydd.[33] Dywed y gall rhywbeth 'patently foreign and distant' fagu yn y modd hwn 'a status more rather than less familiar'.[34] Crëir categori syniadaethol newydd sy'n cyflwyno'r newydd, yr arall neu'r anghyfarwydd fel fersiwn neu ffurf ar y cyfarwydd: 'a new median category emerges, a category that allows one to see new things, things seen for the first time, as versions of a previously known thing.'[35]

Gellir addasu theori Edward Said wrth drafod yr emyn Cymraeg Americanaidd hwn a chasglu'i fod yn creu categori newydd sy'n cyflwyno lluosogrwydd yr arall anghristnogol estron fel 'Babel gau', sef ffurf ar gategori Cristnogol cyfarwydd. Nid yw'n annhebyg i'r modd y mae William Rowlands yn darlunio'r Seminole a'r Tsalagi hynny a oedd yn gwrthsefyll y grymoedd trefedigaethol fel anwariaid treisgar; dyma ystrydeb sy'n anwybyddu holl gymhlethdod hawliau, sefyllfa ac ymddygiad yr arall brodorol – neu'r eraill brodorol – gan yn hytrach eu gwthio i gategori syniadaethol a oedd yn gyfarwydd i ddarllenwyr y cylchgrawn.

Mae testunau fel y rhai a drafodwyd uchod yn gorfodi'r arall i fersiwn o'r cyfarwydd y gellir ei ddirmygu. Ond o droi at rai ysgrifau eraill am y brodorion a gyhoeddwyd gan William Rowlands yn ystod blynyddoedd cynnar y misolyn, gwelir nad pendilio rhwng y newydd a'r cyfarwydd dirmygedig yn unig a geir; mae rhai testunau yn pendilio rhwng y newydd a chategori cyfarwydd nad yw'n ddirmygedig. Mewn erthygl fer a gyhoeddwyd dan y pennawd 'Y Baradwys Indiaidd' yn rhifyn Gorffennaf 1842 y câi Cymry America ddarllen fod '[y]r athrawiaeth ardderchog o fywyd tragwyddol y tu draw i'r bedd, a goleddir ac a gredid yn y modd mwyaf diysgog, gan y gwahanol lwythau o Indiaid ar gyfandir America.'[36] Wrth gyflwyno gwybodaeth newydd ynglŷn â daliadau crefyddol yr 'Indiaid', mae'r testun hwn yn darlunio'r arall anghristnogol yn nhermau cysyniad ysbrydol cyfarwydd, a hynny nid er mwyn dirmygu'r arall brodorol ond er mwyn pontio'r agendor rhwng yr arall hwnnw a'r darllenwyr. Eto, gellid dadlau yn null Said fod y categori newydd a leolir rhwng y cyfarwydd a'r anghyfarwydd yn fodd i reoli'r arall brodorol yr un fath; mae'n cynnig dolen gyswllt y gall cenhadon ei defnyddio wrth Gristioneiddio brodorion y cyfandir.

Gwelir pontio tebyg rhwng y cyfarwydd a'r anghyfarwydd mewn nifer o ysgrifau eraill a gyhoeddwyd yn y *Cyfaill* yn yr un cyfnod. Câi darllenwyr gyfle i fwynhau gwefr y newydd mewn ysgrif sy'n cyflwyno'r ecsotigiaeth honno mewn termau cyfarwydd, sef gweddwon yn gwisgo arwyddion allanol o'u galar:

> Galar-Nodau Indiaidd.
> Dywed Mr. Catlin ei fod yn arferiad ar dymhor o alar, gan fenywod Indiaidd, yn mhlith amrywiol lwythau, dori eu gwallt yn fyr, ac fel y byddo eu gwallt yn tyfu yn raddol i'w hyd blaenorol, y byddant hwythau yn rhoddi heibio eu galar-wisgoedd.[37]

Hyd yn oed os nad ydym am addasu fframwaith damcaniaethol Said, gellid casglu bod yr holl destunau Cymraeg hyn yn cyflwyno pobloedd a oedd yn estron i wahanol raddau i Gymry America – yr 'arall' – mewn modd a oedd yn helpu darllenwyr Cymraeg i ymgyfarwyddo â'r arall anghyfarwydd tra oedd ar yr un pryd yn gadael iddynt fwynhau ecsotigiaeth yr arall hwnnw.

Fel y byddai rhai hynafiaethwyr yn ysgrifennu am henebion archeolegol Cymru, felly hefyd yr hysbyswyd Cymry America am 'Y Twmpath Mawr' a adeiladasid gan frodorion Virginia yn y cyfnod cyn dyfodiad yr Ewropeaid i'r cyfandir.[38] Ac mewn ysgrif arall y câi darllenwyr y *Cyfaill* ddysgu bod 'Yr Indiaid Creekaidd' a drigai yn ne'r Unol Daleithiau yn euog o'r un pechod â rhai o'u cymdogion gwyn. Trwy nodi bod 'rhai o'r Indiaid hyn yn gaeth-feistri cyfoethog', roedd William Rowlands yn pecynnu'r genedl frodorol hon gyda thermau a oedd yn dra chyfarwydd i'w ddarllenwyr gan fod caethwasanaeth yn bwnc llosg a godai'n gyson ar dudalennau'i gylchgrawn.[39] Fel yr emyn hwnnw sy'n cwmpasu estroniaid anghristnogol anghyfarwydd mewn termau Cristnogol cyfarwydd ('Babel gau'), felly hefyd yr aeth y *Cyfaill* ati dro ar ôl tro i gyflwyno gwybodaeth am genhedloedd brodorol i ddarllenwyr Cymraeg America trwy ddosbarthu'r brodorion hyn mewn categorïau syniadaethol cyfarwydd: anwariaid treisgar; pobl sy'n credu mewn bywyd ar ôl marwolaeth; gweddwon sy'n gwisgo arwydd o'u galar; adeiladwyr henebion; caethfeistri.

Nid yw'r ysgrifau Cymraeg a drafodwyd uchod yn sylfaenol wahanol i'r modd y trafodai llenyddiaeth Saesneg y cyfnod frodorion America. Fe ailgylchid nifer gyfyngedig o ystrydebau dro ar ôl tro ar hyd y canrifoedd a theithiai'r ystrydebau llenyddol hyn yn ôl ac ymlaen dros y môr, gan chwarae rhan yn niwylliant trawsatlantig llenorion Saesneg y ddeunawfed ganrif a'r bedwaredd ganrif ar bymtheg. Mae Tim Fulford yn goleuo enghraifft o'r ffenomen hon trwy gymharu barddoniaeth yr Albanwr Thomas Campbell â ffuglen yr Americanwr James Fenimore Cooper a chanfod bod y ddau yn categoreiddio brodorion America mewn modd tebyg; nodweddir eu gwaith gan '[t]he division of Indians into good (who help menaced white women) and bad (addicted to violence), [and] the assumption that even good Indians will make way, by dying, for the white settlers'.[40] Er gwaethaf y gwahaniaethau ieithyddol a diwylliannol rhwng Cymry America ac Americanwyr gwynion Saesneg eu hiaith, rhannent lawer o dir cyffredin, a'r tir hwnnw wedi'i ddiffinio'n bennaf gan eu Cristnogaeth, eu hymwybyddiaeth o'u tras Ewropeaidd, a'u statws fel trefedigaethwyr a gâi freintiau na châi'r brodorion hwythau fel rheol. Fel cynifer o awduron Saesneg y cyfnod, roedd y rhan fwyaf o'r hyn a gyhoeddwyd yn *Y Cyfaill o'r Hen Wlad* yn disgrifio'r brodorion o safbwynt buddiannau'r trefedigaethwyr gwynion.[41] Ni ddylem synnu ychwaith o gofio mai cynorthwyo mewnfudwyr o'r Hen Wlad oedd prif genhadaeth y 'cyfaill' llenyddol hwn. Fodd bynnag, mae un eithriad amlwg. Ceir math o lenyddiaeth am y brodorion yn y cylchgrawn Cymraeg Americanaidd hwn nas trafodwyd hyd yn hyn. Cyhoeddwyd nifer o ysgrifau a llythyrau am 'hanes' Madog ab Owain Gwynedd a'i ddisgynyddion Americanaidd yn *Y Cyfaill o'r Hen Wlad*, a bydd y bennod nesaf yn cyd-destunoli'r testunau hyn trwy ystyried hanes llên y 'Madogwys' a'i pherthynas â'r meddwl a'r dychymyg Cymreig.

Nodiadau

[1] Bu cyfnod hir o ryfela ysbeidiol rhwng y Seminole a'r Unol Daleithiau rhwng 1817 a 1858; mae'r ymladd a drafodir gan olygydd y *Cyfaill* yn yr erthygl hon yn perthyn i'r gwrthdaro y mae haneswyr yn cyfeirio ato fel '*the Second Seminole War*'. Gw. Joe Knetsch, *Florida's Seminole Wars, 1817–1858* (Charleston, 2003), tt. 70–141.
[2] 'Y Rhyfel yn Florida', *Y Cyfaill o'r Hen Wlad*, Chwefror 1838, 60.
[3] Angie Debo, *A History of the Indians of the United States* (London, 1970), t. 125.
[4] *Y Cyfaill o'r Hen Wlad*, Gorffennaf 1839, 210.
[5] *Geiriadur Prifysgol Cymru* (Caerdydd, 1950–2002), t. 2880.
[6] Ibid.
[7] *Oxford Latin Dictionary* (Oxford, 1968), t. 871.
[8] Ibid., tt. 355–7.
[9] Gw. hefyd Anne Kelly Knowles, *Calvinists Incorporated: Welsh Immigrants on Ohio's Industrial Frontier* (Chicago, 1997), t. 11. Roedd y cyfaill trosiadol hwn hefyd yn ganolog i ddarnau llenyddol a gyhoeddwyd yn rhifynnau cynnar y cylchgrawn; gw. Jerry Hunter, *Sons of Arthur, Children of Lincoln: Welsh Writing from the American Civil War* (Cardiff, 2007), tt. 17–18.
[10] Edward Jones, 'Ymfudwyr Cymreig', *Y Cyfaill o'r Hen Wlad*, Hydref 1840.
[11] Gethin Matthews, '"Y Dynion Mwyaf Diniwed ar Wyneb y Greadigaeth": Y Cymry a brodorion Columbia Brydeinig', *Y Traethodydd* (Gorffennaf, 2009), 148. Dywed hefyd fod 'y wasg Gymreig yn gyffredinol . . . [yn p]ortreadu'r

brodorion fel pobl anwaraidd'; ibid., 155.
12. *Y Cyfaill o'r Hen Wlad*, Mehefin 1838 ('Y Cherokeeaid') a Rhagfyr 1839 ('Creulonderau Indiaidd').
13. 'Y frech wen yn mhlith yr Indiaid', *Y Cyfaill o'r Hen Wlad*, Mai 1838.
14. 'Y Gorllewin Pell', *Y Cyfaill o'r Hen Wlad*, Medi 1838.
15. Yn ôl Helen Jaskoski: 'Contagious disease decimated the Western Hemisphere's indigenous populations on a scale that far outweighed military conquest. Of all the plagues carried with the conquest, smallpox was the most devastating[.]'. Gw. Helen Jaskoski, '"A Terrible Sickness Among them": Smallpox and stories of the frontier', yn Helen Jaskoski (gol.), *Early Native American Writing: New Critical Essays* (Cambridge, 1996), t. 137. Gw. hefyd Roger Nichols, *The American Indian: Past and Present* (New York, 1986), tt. 15 a 20–1; Noble David Cook, *Born to Die: Disease and New World Conquest* (New York, 1980), tt. 1–11 a 201–10.
16. Debo, *A History of the Indians of the United States*, t. 103.
17. 'Ymherodraeth Indiaidd Newydd', *Y Cyfaill o'r Hen Wlad*, Mehefin 1839, 181.
18. Y Tsalagi, y Chickasaw, y Choctaw, y Creek a'r Seminole. Fel hyn y disgrifia Geary Hobson hanes yr ymadrodd: 'Several emigrant tribes from the Southern states had made such great strides in the white man's way that they . . . were patted on their collective heads by paternalistic white Americans and called the "Five Civilized Tribes". The label persists even today, though now it is generally accorded that this says more about its users than about the people so designated.' Geary Hobson, 'The Literature of Indian Oklahoma: A Brief History', yn Joseph Bruchac (gol.), *Aniyunwiya/Real Human Beings: An Anthology of Contemporary Cherokee Prose* (Greenfield, 1995), t. 174. Am ddadansoddiad arall o hanes yr ymadrodd Saesneg hwn, gw. Jace Weaver, *That the People Might Live: Native American Literatures and Native American Community* (New York, 1997), tt. 73, 87 a 91.
19. Gw. Daniel Heath Justice, *Our Fire Survives the Storm: A Cherokee Literary History* (Minneapolis, 2006), tt. 7–12, am drafodaeth ar y cysyniad hwn mewn perthynas â llenyddiaeth Dsalagi yn Saesneg.
20. Homi K. Bhabha, *The Location of Culture* (London, 2010 [argraffiad gwreiddiol: 1994]), tt. 121–31.
21. *Y Cyfaill o'r Hen Wlad*, Mehefin 1838.
22. E.e., ymsefydlodd llawer o ymfudwyr Cymreig yn Utica, Efrog Newydd, dros dro cyn symud yn bellach i'r gorllewin, fel y noda Knowles: 'By the mid-1830's Utica was . . . the first stop on many immigrants' journeys to settlements further west.' Knowles, *Calvinists Incorporated*, tt. 25–7.
23. *Y Cyfaill o'r Hen Wlad*, Mehefin 1839.
24. John R. Vile, *A Companion to the United States Constitution and its Amendments* (Greenwood, 2010), t. 98: 'Section 3 grants Congress the power to govern territories'. Dywed fod llywodraeth yr UD wedi hawlio'r pwerau hyn '[a]s early as the Northwest Ordinance . . . enacted in 1787[.]'
25. Gw., e.e., Nancy Shoemaker, *American Indians* (Oxford, 2001), t. 4: ' "tribe," a word that has derogatory connotations in some contexts.'
26. John Hughes Morris, *The History of the Welsh Calvinistic Methodists' Foreign Mission, To the End of the Year 1904* (New Delhi, 1910 [adargraffiad 1996]), tt. 13–14: 'The dawn of the great missionary revival was heralded by the immortal sweet

singer of Wales, William Williams of Pantycelyn[.]' Cyfeiria hefyd at David Jones, Morgan Rhys, John Williams ac Ann Griffiths (tt. 14–15). Gw. hefyd E. Wyn James, 'Williams Pantycelyn a gwawr y mudiad cenhadol', yn Geraint H. Jenkins (gol.), *Cof Cenedl XVII* (Llandysul, 2002).

[27] Joris Van Einatten, 'Civilizing the kingdom: missionary objectives and the Dutch public sphere around 1800', yn Pieter N. Holtrop a Hugh McLeod (goln), *Missions and Missionaries* (Woodbridge and Rochester, 2000), t. 65. 'The Missionary Society' oedd enw gwreiddiol y London Missionary Society.

[28] Morris, *The History of the Welsh Calvinistic Methodists' Foreign Mission*, tt. 15–35.

[29] *Y Cyfaill o'r Hen Wlad*, Mawrth 1838.

[30] Emyn Pantycelyn: gw., e.e., E. G. Millward (gol.), *Blodeugerdd Barddas o Gerddi Rhydd y Ddeunawfed Ganrif* (Llandybïe, 1991), t. 134.

[31] Ibid. Fi biau'r italig.

[32] *Y Beibl Cymraeg Newydd* (1988), t. 8.

[33] Edward Said, *Orientalism: Culture and Imperialism* (London [adargraffiad], 1995), t. 58.

[34] Ibid.

[35] Ibid.

[36] 'Y Baradwys Indiaidd', *Y Cyfaill o'r Hen Wlad*, Gorffennaf 1842, 205.

[37] 'Galar-Nodau Indiaidd', *Y Cyfaill o'r Hen Wlad*, Chwefror 1839, 53.

[38] 'Y Twmpath Mawr', *Y Cyfaill o'r Hen Wlad*, Awst 1839, 244.

[39] 'Yr Indiaid Creekaidd', *Y Cyfaill o'r Hen Wlad*, Mai 1842, 150. O ran y modd y collfarnwyd caethwasanaeth gan *Y Cyfaill o'r Hen Wlad*, gw. Hunter, *Sons of Arthur, Children of Lincoln*, t. 56.

[40] Tim Fulford, *Romantic Indians: Native Americans, British Literature, & Transatlantic Culture 175–1830* (Oxford, 2006), t. 194.

[41] Cymharer y modd y mae Gethin Matthews yn dadansoddi agweddau a fynegwyd gan Gymry'r Cariboo yn y 1860au: 'Mae nifer o lythyrau Cymry'r Cariboo o gyfnod cynnar y rhuthr aur yn cyfeirio at yr Indiaid, ond gan amlaf nid oedd llawer o ddiddordeb gan yr ysgrifenwyr yn y brodorion – yn eu diwylliant na'u hawliau. Yn hytrach, maent yn eu defnyddio i'w dibenion eu hunain'. Gethin Matthews, 'Y Dynion Mwyaf Diniwed ar Wyneb y Greadigaeth', 147.

4

Yr Indiaid Cymreig: Y Cyfaill o'r Hen Wlad *a Llên y Madogwys*

Nid Evan Jones a William Rowlands oedd y Cymry cyntaf i ysgrifennu am y Tsalagi. Daethai'r genedl frodorol Americanaidd honno i sylw rhai Cymry yn y ddeunawfed ganrif, a hynny oherwydd eu diddordeb mewn cenedl arall y credent ei bod yn byw yng Ngogledd America. Yn enedigol o Lanbedr Pont Steffan, bu Dr John Williams yn gweinidogaethu yn Syndenham, Caint, rhwng 1767 a 1795.[1] Roedd yn ysgolhaig Beiblaidd adnabyddus, ac un o'r gweithiau a enillasai enw da iddo yn y maes hwnnw oedd yr astudiaeth a gyhoeddasai ym 1771, *A free enquiry into the authenticity of the first and second chapters of St. Matthew's Gospel.*[2] Ond fe'i cofir heddiw yn bennaf am *Enquiry* arall a gyhoeddodd ugain mlynedd yn ddiweddarach, sef ymdrech i ddefnyddio'r galluoedd deallusol yr oedd wedi'u hogi wrth drin yr Ysgrythur i brofi gwirionedd 'hanes' y tywysog Madog a'i ddisgynyddion Americanaidd, y Madogwys. Gwyddom heddiw mai ffrwyth dychymyg yw'r chwedl honno, ond roedd nifer o ddysgedigion y ddeunawfed ganrif yn credu'i bod hi'n stori wir. Ac felly pan gyhoeddodd Dr Williams *An Enquiry into the Truth of the Tradition, Concerning the Discovery of America, By Prince MADOG ab Owen Gwynedd, About the Year 1170*[3] ym 1791, cafodd dderbyniad hynod wresog. Fel y nododd Gwyn A. Williams, taniodd y cyhoeddiad hwn ddychymyg y Cymry mewn modd a gâi effaith hirbarhaol ar eu hanes a'u diwylliant gwleidyddol: 'the response was nothing less than an outbreak of America fever in Wales, particularly among its Dissenters and radicals.'[4] Disgrifiodd y modd y bu i Madog ennill ei le 'in a new and *revolutionary* pantheon', gan bwysleisio effaith hyn oll ar ddiwylliant gwleidyddol Cymru.[5] Fe gâi twymyn Madog effaith nid ansylweddol ar lenyddiaeth Cymru hefyd.

Daeth cymdeithas y Gwyneddigion yn fagwrfa ar gyfer y dwymyn Fadogaidd hon. Gyda chymeriadau megis William Owen (Pughe), Iolo Morganwg a David Samwell yn mynychu'u cyfarfodydd, nid oedd gan y

Gwyneddigion brinder dysg ac egni. Pan ddaeth William Bowles i Lundain yn dweud y gallai dystio i wirionedd y sïon am y Madogwys, trydaneiddiwyd Cymry llengar y ddinas. Ac yntau'n honni'i fod yn '*Indian Chief*' ac yn ei alw'i hun yn '*General*', roedd Bowles yn gymeriad tra lliwgar ac nid Cymry llengar Llundain oedd yr unig bobl i fopio'u pennau'n lân â'r anturiaethwr:

> Bowles, in full Indian regalia, had caused a sensation in London, exhibiting his Indians at Vauxhall, and appearing all charm, good looks and splendour at all the right places. He bedded a distinguished lady and fathered a new dish: 'fricassée des Cherokys – qui fit beaucoup de bruit, alors!' according to the French traveller Milfort. Armed with Dr Williams's evidence, William Owen and David Samwell approached him on behalf of the Gwyneddigion and the Madocians. They could hardly have done better. The sceptical David Samwell was so excited after the second 'audience' with the General that he wrote off a report to the Gwyneddigion immediately.[6]

Os oedd yn honni'i fod yn gwybod am y genedl Americanaidd ddychmygol honno, roedd gan Bowles gysylltiad â dwy o genhedloedd go iawn America. Fel y tystia enw Ffrangeg y saig newydd y dywedir iddo ei gyflwyno i gylchoedd ffasiynol Llundain, *fricassée des Cherokys*, y Tsalagi oedd un ohonynt.

Mewn llythyr a ysgrifennodd at Iolo Morganwg tynnodd William Owen sylw at y cysylltiad hwnnw:

> there are now here six chiefs of the Creek and Cherokee Indians, and the principal of them is a Mr Bowles, a native of the United States, a man of extraordinary abilities and enterprize who has conformed to the manners of those people and by marriage and also, more through merit, is acknowledged as the leader and adviser of those two extensive tribes.[7]

Fe ymddengys fod y cymeriad lliwgar hwn wedi mynd i eithafion celwyddog wrth frolio'i bwysigrwydd a'i statws yn ystod ei ymweliad â Llundain. Nid ef oedd 'the leader . . . of those two extensive tribes', er ei fod wedi gweithredu fel 'adviser' iddynt ar adegau yn eu hymwneud â llywodraethau'r Unol Daleithiau, Prydain, Ffrainc a Sbaen. Ac er gwaethaf ei or-ddweud, roedd sail i'w hunaniaeth Dsalagi gan iddo briodi i mewn i'r genedl honno. Wedi'i ysbrydoli gan gyfweliadau'r Gwyneddigion â '*General*' Bowles, ac er nad oedd ond blwyddyn ers iddo gyhoeddi'i *Enquiry*, aeth Dr John Williams ati'n syth i gyhoeddi adargraffiad er mwyn cynnwys y 'dystiolaeth' newydd hon: '*Farther Observations on the Discovery of America by Prince Madog Ab Owen Gwynedd, about the Year, 1170: Containing the Account Given by General Bowles, the Creek or Cherokee Indian, Lately in London . . .'*[8] Pwysleisiodd y Cymro gysylltiad Bowles â'r Tsalagi mewn rhan arall o'r cyhoeddiad: 'His coming to England, indeed, in any public Character, shews that he holds some honourable situation among the Cherokees[.]'[9] Yn ei ymdrech i brofi gwirionedd chwedl Madog, roedd yr awdur Cymreig hwn yn cyfeirio at y genedl frodorol er mwyn cyfreithloni ac awdurdodi'r dystiolaeth newydd yr oedd yn ei chyflwyno i'w ddarllenwyr.

Roedd sawl *'Cherokee Chief'* wedi teithio i Lundain gyda dirprwyaeth Bowles, a honnai un ohonynt gysylltiad â Chymru: 'Mr. Owen had two interviews with General Bowles, and a Mr. Price, the Cherokee Chiefs, who lately left London; an account of which he obligingly communicated to me'.[10] Manylodd Dr Williams ar hanes y 'Mr. Price' hwn gan egluro arwyddocâd ei enw: 'he understood the Welsh Tongue . . . his Father . . . was a Welshman[.]'[11] Dywedasai'r Tsalagi Cymreig hwn wrth y Gwyneddigion ei fod wedi siarad Cymraeg â rhai o'r Padoucas: '[Mr Price] had frequent Interviews, and conversed with the Padoucas, in his native Language'.[12] Ac yn ôl crynodeb John Williams o'r cyfweliadau â Bowles a'i ddirprwyaeth, roedd Cymro arall wedi cyfrannu at y 'dystiolaeth' a 'brofai' mai'r Madogwys oedd y brodorion a adweinid fel y Padoucas:

> When he [h.y., Bowles] was asked the reason, why he thought them to be Welsh, he replied, 'a Welshman was with me at home for some time, who had been a Prisoner among the Spaniards, and worked in the Mines of Mexico; and by some means, he contrived to escape, got into the wilds, and made his way across the Continent, and eventually passed through the midst of the Padoucas, and at once found himself with a people with whom he could converse, and he staid there some time.' Amongst other particulars he told me 'that they had several Books, which were most religiously preserved in skins, and were considered by them as mysteries. These they believed gave an account from whence they came. These people told the Welshman that they had not seen a White Man like themselves, who was a Stranger, for a long time:' This was the substance of General Bowle's information.[13]

Ni wyddys dim y tu allan i'r hyn a geir yn llyfryn John Williams am Price a'r Cymro arall hwn, ac felly mae'n amhosibl gwybod i ba raddau y mae'r straeon hyn wedi'u seilio ar ffeithiau ac i ba raddau y maent yn ffrwyth dychymyg.

Mewn cyfrol Saesneg a gyhoeddwyd yn yr Unol Daleithiau ym 1812 ceir 'hanesyn' o'r 1790au sydd hefyd yn amlygu'r cysylltiad rhwng y Tsalagi a sïon am y Madogwys a welir yn 'hanes' Bowles a'i gymdeithion.

Yn ei *Sketches, Historical and Descriptive, of Louisiana*, mae Amos Stoddard yn dyfynnu stori a glywsai gan Americanwr gwyn arall o'r enw John Sevier a fuasai'n ymladd yn erbyn y Tsalagi yn ystod degawd olaf y ddeunawfed ganrif. Ar ôl i'r rhyfela ostegu, cafodd gyfle i siarad â Conostota, un o benaethiaid y Tsalagi, a ddywedodd ei fod yn gwybod am genedl frodorol o dras Ewropeaidd: 'they are no more White people; they are now all become Indians, and look like other red people of the country'.[14] Gofynnodd Sevier i Conostota (neu Oconostota) i ba genedl Ewropeaidd y perthynai cyndeidiau'r brodorion hyn, ac yn ôl Stoddard roedd wedi'i ateb gan y Tsalagi yn y modd hwn:

> he had heard his grandfather and father say they were a people called Welsh, and that they had crossed the Great Water and landed first near the mouth of the Alabama River near Mobile and had been driven up to the heads of the waters until they arrived at Highwassee River.[15]

Os ydym yn derbyn adroddiad Stoddard, rhaid nodi bod sawl dolen yn y gadwyn o gysylltiadau a draddodai'r stori hon o'i ffynonellau anuniongyrchol eithaf i'w ddarllenwyr ei hun: (i) stori lafar 'taid a thad' Conostota; (ii) stori lafar Conostota; (iii) llythyr a ysgrifennodd John Sevier at Amos Stoddard; (iv) *Enquiry* Amos Stoddard. Ac yn debyg i straeon Bowles, Price a'r Tsalagi Cymreig arall a grybwyllir gan Dr John Williams, nid oes gennym dystiolaeth sy'n cefnogi un o'r camau hyn ar wahân i'r olaf (sef *Sketckes* Stoddard ac *Enquiry* Williams). Mae'n gwbl amhosibl gwybod pryd yn union ac ar ba drobwynt yn hanes y traddodiad y bu i ddychymyg, ffantasi neu gelwydd ddechrau trawsffurfio ffaith, hanes a realiti.

Er bod rhai selogion heddiw yn credu o hyd fod chwedl Madog yn ffaith, gwyddys i sicrwydd erbyn hyn mai creadigaeth y dychymyg ydyw. Fel y dangosodd Gwyn A. Williams yn eglur, propaganda imperialaidd Tuduraidd oedd y stori bod Madog ab Owain Gwynedd wedi 'darganfod' America yn y flwyddyn 1170.[16] O safbwynt datblygiad y traddodiad llenyddol Madogaidd, y cyhoeddiad mwyaf dylanwadol oedd gwaith Sir Thomas Herbert, *Some Yeares Travels into divers parts of Asia and Afrique*, a gyhoeddwyd gyntaf ym 1634. Ceid yn adargraffiad 1638 bennod estynedig newydd am Fadog a'i fordaith: 'it was this chapter of Herbert's, more than the learned and particular Tudor texts, which became the classic popular exposition of the Madoc myth. For nearly two hundred years all other Madoc celebrants built on him.'[17] Byddai'n rhaid disgwyl am ganrif gyfan cyn i'r stori ymddangos mewn print yn yr iaith Gymraeg, ond gydag ailargraffiad campwaith Theophilus Evans, *Drych y Prif Oesoedd*, ym 1740 cafwyd ymdriniaeth gofiadwy mewn cyfrol a fyddai'n profi'n glasur, gan sicrhau bod stori Madog yn ennill ei lle yn chwedloniaeth y Cymry.

Fe'i ceir ym mhennod gyntaf y *Drych*, 'Cyff-genedl y Cymru a'i dyfodiad cyntaf i'r ynys hon', ac mae'r pwyslais hwn ar darddiad *cenedl* y Cymry'n egluro diddordeb Theophilus Evans yn natur y genedl Gymreig Americanaidd. Ceisio cysoni'r (ffug-)hanes am Frutus a ffoaduriaid Caer Droea â 'hanesion' am bobloedd eraill a fuasai'n byw ym Mhrydain cyn i'r ynys gael ei henwi ar ei ôl yntau (Brut-ain) yr oedd Theophilus Evans, a chafodd yn chwedl Madog gymhariaeth fuddiol:

> Canys Brutus a'i bobl a ymgymmyscodd a'r hen drigolion yr un ffunyd ac y darfu Madoc ap Owen Gwynedd ymgymmyscu a phobl America. Canys y Madoc hwnnw yn y flwyddyn o oedran Christ 1170, pan oedd ei frodyr yn mwrddro eu gilydd fel bleiddiau ffyrnig ynghylch eu treftadaeth yng Hymru, a gymmerth long ac a hwyliodd tua'r gorllewin, heibio i'r Iwerddon, nes dyfod o'r diwedd i'r deyrnas fawr ac ehang honno a elwir ynawr America. Yna y gadawodd efe rai oi wyr i gadw gorescyn a meddiant o'r wlad, ac a fordwyodd adref i Gymru drachefn[.][18]

Gyda'r manylder blodeuog sy'n nodweddiadol o'i (ffug)hanesyddiaeth, mae'n disgrifio'r modd y trefedigaethwyd – neu, a defnyddio'i air ef ei hun, y gwladychwyd – America gan y Cymry hyn. Dywed fod dwy ran i'r broses 'hanesyddol' hon, gyda Madog yn dychwelyd i Gymru ar ôl 'tirio' gyntaf yn America er mwyn codi 'llu mawr o wyr a gwragedd gydag ef, yn enwedig o'r rhei'ny ag oedd yn caru byw yn llonydd'. Sicrhaodd yr ail don hon o wladychwyr lwyddiant y fenter drefedigaethol:

> [t]iriasont yn mhen 8 mis a deng niwrnod yn y porthladd y bu'sei efe o'r blaen ynddo. Tra y parhaodd y tô hwnnw, hwy a gadwasant gyda'i gilydd, o'r un iaith, o'r un grefydd a'r un gyfraith. Ond ym mhen talm o amser (ar ôl dwy genhedlaeth neu dair) fe ymgyfathrachodd y tô nesaf a thrigolion y wlad, ac a aethont yn un genedl a hwy; fel y gwelwch chwi ddwfr a llaeth yn ymgymmyscu.[19]

Mae gwrthddywediad yn y modd y mae'n darlunio anian Madog a'i ddilynwyr Cymreig. Dywed Theophilus Evans eu bod yn 'caru byw yn llonydd' ac wedi gadael Cymru oherwydd yr holl drais yno. Eto, mae'n disgrifio 'gwŷr' Madog fel milwyr sy'n '[c]adw gorescyn a meddiant o'r wlad'. Cawn awgrym fod gwladychfa Madog yn rhyw fath o gymuned Gymreig Wtopaidd, trefedigaeth heddychlon a sefydlwyd yn bell o'r terfysg a oedd yn aflonyddu arno yn yr Hen Wlad. Ond er mwyn sefydlu'r drefedigaeth honno yn y lle cyntaf rhaid wrth 'oresgyn' a 'meddian[nu]'; daw'r wedd baradocsaidd ar ymdriniaeth Theophilus Evans o'i anallu i gysoni'r ddwy thema hyn, sef dianc rhag trais a 'gwladychu' trwy drais.

Fe ymddengys nad oedd hyn yn poeni'r cenedlaethau o ddarllenwyr Cymraeg a lyncodd ei fersiwn ef o stori Madog; rhoddodd Theophilus i'r Cymry – ac i Gymry America yn enwedig – reswm i ymfalchïo: 'mae gennym y siccrwydd mwya' sydd bossibl i fod, mai y Cymru oeddent y cyntaf o holl drigolion Europ, a gawsant y ffordd allan i America[.]'[20] Fel yr 'ymgymysgodd' dilynwyr Brutus â chyn-drigolion Ynys Brydain gan greu cenedl yr Hen Frytaniaid, felly hefyd yr 'ymgyfathrachodd' dilynwyr Madog â brodorion America er mwyn creu cenedl newydd y byddai awduron Cymraeg eraill a ddeuai ar ôl Theophilus Evans yn ei disgrifio fel 'Y Madogwys', 'Y Madogiaid' a hefyd 'Yr Indiaid Cymreig'. Hoeliodd sylw hefyd ar iaith (neu ieithoedd) brodorion America fel dolen gyswllt fyw rhwng eu diwylliant hwy a Chymraeg Madog: '[mae] amryw eiriau Cymraeg gan bobl y parthau hynny hyd y dydd heddiw, lle y gwladychodd y Cymru gyntaf.'[21]

Cynyddodd y cyfeiriadau llenyddol Cymraeg at Fadog a'r Madogwys tua diwedd y ddeunawfed ganrif, yr un adeg ag yr oedd y mudo o Gymru i'r Unol Daleithiau yn cynyddu.[22] Yn yr 'Awdl ar Wirionedd' a enillodd 'yr Ariandlws' i Ddafydd Ddu Eryri yn Eisteddfod Llanrwst, 1791, ceir cyfeiriad at y genedl hon. Wrth ddyheu am lwyddiant 'y *Gwir*', sef 'y gre' Efengyl', dywed ei fod yn gobeithio gweld 'goleu' Cristnogaeth yn treiddio draw i'r gorllewin pell:

> Taened goleu, tywyniad gwiwlon,
> I'r gorllewinol gyrau llawnion;
> Gwawr o ddiwygiad gywir ddigon,
> Draw i Fadawgwys – drefedigion.[23]

Fe argraffwyd yr awdl mewn cyfrol o waith Dafydd Ddu yn ddiweddarach yn yr un flwyddyn ynghyd â nodyn hirfaith yn cyfiawnhau cyfeiriad y bardd at y 'Madogwys':

> Mae yn hysbys i lawer o honom yr Hanes am Fadawg ab Owain Gwynedd, mal y cynnullawdd ynghyd nifer o'i gyd-wladwyr, yn y flwyddyn 1170, ac y mordwyawdd ymmaith efo deg o longau i eigion y gorllewin, gan ganu yn iach i gynmru, mewn gobaith o feddiannu gwlad mwy heddychlon, a thirion: mae yn llwyr ddilys y pryd hyn mai y rhai y grybwylled uchod, yn cyfanneddu yn America yw dylynwyr y gwr enwog hwnw. Yn nhreigliadau yr welygordd hon o Gynmry yr ymddengys Rhagluniaeth ryfeddawl iawn, yn heyddu oganom ni bob parch a gogoniant; wrth fynied ddarfod i lu o'n cynfrodorion

ymddifânu oddiwrthym er ys cymmaint o amser â chylch y nawfed ran o oes y Byd; ac ini yr awr hon gael adrywedd arnynt, wedi amlhau yn genedl liosawg, y'nghanawl gwlad mor anghysbell.²⁴

Ceir arlliw o'r un gwrthddywediad ag a geir yn fersiwn Theophilus Evans; roedd y Cymry anturiaethus yn chwilio am 'wlad mwy heddychlon, a thirion' ac eto'n gorfod ei 'meddiannu' gyntaf cyn sefydlu'r wladychfa newydd honno. Nid oedd amheuaeth gan Ddafydd Ddu ynghylch gwirionedd y stori ychwaith: mae'n 'Hanes' ac 'mae yn llwyr ddilys' mai disgynyddion Madog yw'r 'Madogwys' a 'grybwyllir' yn yr awdl. Cyfeiria at y genedl (ddychmygol) hon o frodorion Americanaidd fel 'cynfrodorion' y Cymry gan ofyn i'r darllenydd Cymraeg dalu 'parch' i 'Ragluniaeth' am drefnu bod 'cenedl luosog' sy'n perthyn iddo yn byw 'ynghanol' America.

Dadleuodd Dafydd Ddu o blaid yr hanesyn 'llwyr ddilys' hwn yng nghyfarfodydd y gymdeithas Lundeinig, fel y tystia llythyr a ysgrifennodd Owain Myfyr at Wallter Mechain: 'Dydd Llun nesaf y cynhalier Dadl erchyll am y Madogion – Dafydd ddu . . . i haeru mai gwir y chwedl, Sion Ceiriog . . . i wrthddadlau.'²⁵ Ymysg y straeon a gylchredai yn y cylch hwnnw o Gymry llengar Llundain ar y pryd roedd hanesyn am William Penn, sylfaenydd y drefedigaeth Brydeinig a elwid yn Bensylfania ar ei ôl; ceir sylw yn un arall o lythyrau Owain Myfyr ei fod 'yn fynych yn son am y Madogwys ac iddo ddanfon Beiblau Cymraeg iddynt'.²⁶

O safbwynt hanes llenyddiaeth Gymraeg, un o ddatblygiadau pwysicaf y 1790au oedd ymddangosiad *Y Cylch-grawn Cynmraeg*. Yn ôl Gwyn A. Williams, hwnnw oedd 'the first political periodical in the Welsh language'.²⁷ Cofleidiai'i olygydd radicalaidd, Morgan John Rhys, lawer o ddelfryd'ur Chwyldro Ffrengig, ond 'ei ddelfryd ef oedd yr Amerig', fel y casglodd J. J. Evans.²⁸ Gellir disgrifio'r *Cylch-grawn* fel prosiect trawsatlantig; fe'i cyhoeddid ar dir Cymru (ar weisg yn Nhrefeca ac ym Machynlleth), ond o ran naws a chynnwys roedd yn gofyn i'w ddarllenwyr ystyried cysylltiadau llenyddol a bontiai rhwng Cymry ar ddwy ochr yr Iwerydd.²⁹ Ymysg pynciau Americanaidd eraill, rhoddwyd sylw i frodorion y cyfandir; cyhoeddwyd cyfieithiad o ysgrif Ben Franklin, 'Sylwadau *ynghylch* Indiaid *yr* America Ogleddol', yn rhifyn Ionawr a Chwefror 1794.³⁰ Ceir tri thestun Americanaidd yn rhifyn Awst 1793 ('Llythyr oddiwrth Dr. *Samuel Jones* at T. E. o'r *Waunfawr*, yn Arfon', 'Hanes Crefydd, *o Ran ei Lwyddiant a'i Sefydliad*, *yn yr* Unol Lywodraeth America Ogleddol', ac '*Ychydig o Ddesgrifiad* Kentucky, *y Dalaith newydd yn* America').³¹ O fabwysiadu term Stanley Fish a thrafod y cylchgrawn yn nhermau'r 'gymuned ddehongliadol' (*interpretive community*) y cyhoeddid ef ar ei chyfer, mae'n rhaid casglu bod nifer sylweddol o elfennau Americanaidd ymysg y ffactorau a ddiffiniai'r gymuned honno.[32] Yn ogystal â'r ffaith bod llawer o gynnwys y cyfnodolyn yn trafod agweddau ar ddiwylliant, hanes a gwleidyddiaeth America, fe ysgrifennwyd nifer ohonynt yn yr Unol Daleithiau.

Cyhoeddwyd pedwar testun Americanaidd yn rhifyn Mai 1793 ac mae'r Americanyddiaeth hon yn rhedeg ar hyd echel benodol iawn. Mae pob un ohonynt yn gysylltiedig mewn rhyw ffordd neu'i gilydd â'r modd y syniai golygydd y cylchgrawn am frodorion America ac mae tri ohonynt yn ymwneud â (ffug)hanes Madog a'r Madogwys. Wrth gwrs, dwy ochr i'r un geiniog oedd y ddau bwnc ym meddwl Morgan John Rhys: roedd yr ymdrech i gael hyd i ddisgynyddion Madog hefyd yn ymdrech i brofi bod y Madogwys yn bont fyw rhwng y Cymry a brodorion America. Er bod dwy o'r rhai hyn – 'Taith John Evans at y Madawgwys' a 'Taith at y Madogion[:] *Copi o Lythyr oddiwrth* John Evans *o'r* Waunfawr, *yn* Arfon, *at ei Frawd*'[33] – yn ymwneud â chenedl yr ydym heddiw yn ei hystyried yn gwbl ddychmygol, mae'n debyg bod llawer o ddarllenwyr y *Cylchgrawn*, os nad y rhan fwyaf ohonynt, wedi'u cael yn debyg i destun arall a ymddangosodd yn yr un rhifyn, sef 'Rhan o Lythyr o Nazareth, *yn Pensylvania, &c., yn cynnwys hyspysiad o ymweliad â'r brodyr yno gan rhai o'r prif* Indiaid, *a rhyfelwyr o'r chwech cenedl ar eu ffordd i* Philadelphia.'[34] Rhydd awdur dienw'r llythyr hwn enwau'r 'chwe chenedl' dan sylw: 'Yr oedd y gymdeithas hon yn cynnwys 50 o Indiaid, h.y. 29 *Seneca*, 6 *Onondago*, 3 *Tuskarora*, 2 *Cajuga*, 8 *Oneida*, a 2 *Mahikander*'.[35] Eto, i'r rhan fwyaf o ddarllenwyr Cymru, mae'n sicr bod y cenhedloedd hyn yr un mor real – neu'r un mor afreal – â'r genedl frodorol ddychmygol honno a gâi gymaint o sylw ar dudalennau'r *Cylch-grawn*.

Yn ogystal â'r llythyrau hyn o America, cyhoeddwyd un testun yn y rhifyn hwnnw sy'n archwilio (ffug)hanes Madog o ongl arall. Mae 'Madawg ab Owain Gwynedd, *yn ymadaw â* Chynmru' yn ymson dramatig.[36] Mae'r cyfan yn llais y person cyntaf, a chlywn felly y tywysog Madog ei hun yn annerch ei gyd-forwyr wrth iddynt hwylio i'r gorllewin. Dyma destun hynod sy'n dod â ffrwd lenyddol gymharol newydd – sef yr un a gludai lên Fadogaidd yn ôl ac ymlaen dros yr Iwerydd – ynghyd â ffrwd a lifai'n gyson trwy hanesyddiaeth Gymraeg ers yr Oesoedd Canol. Dechreua gyda'r cyfieithiad hynod boblogaidd o *Historia Regum Britanniae* Sieffre o Fynwy, Brut y Brenhinedd, gan symud ymlaen i groniclau'r cyfnod modern cynnar megis gwaith Elis Gruffydd yn yr unfed ganrif ar bymtheg, ac ymlaen wedyn i *Drych y Prif Oesoedd* yn y ddeunawfed ganrif. Un o nodweddion arddulliol y testunau Cymraeg hyn yw'r areithiau blodeuog a ddefnyddir i atalnodi uchafbwyntiau dramatig yn yr hanes a adroddir, nodwedd a ddaeth yn y pen draw o'r traddodiad clasurol.³⁷ Yn ddiddorol ddigon, araith Madog yn unig a gawn ar dudalennau'r *Cylchgrawn Cynmraeg* heb unrhyw gyd-destun naratifol pellach. Mae'r dystiolaeth negyddol hon yn arwyddocaol; rhagdybiai Morgan John Rhys y byddai'i ddarllenwyr yn gyfarwydd â'r stori gan awgrymu bod y stori honno yn ddigon hysbys ymysg cylchoedd llengar Cymraeg y 1790au.

Yn ogystal, trwy gynnwys yr araith yn unig roedd y golygydd yn gorfodi'r darllenydd i gydweithio'n greadigol â stori Madog wrth iddo'i ddehongli a'i gosod yn y rhan briodol o'r hanes. Mae'r geiriau cyntaf yn cyfleu gwefr yr uchafbwynt dramatig yn syth: 'Fy nghydymdeithion! Syniwch, dyma ein llongau wedi ein cychwnu i'n hantur; dacw greigiau a bryniau, gwlad a'n maethodd yn diflannu o'n golwg!'³⁸ Fe'n gwahoddir i ystyried cymuned hefyd; mae Madog yn cyfarch ei ddilynwyr mewn modd sy'n tanlinellu'r berthynas rhyngddynt; maent yn '*gyd*ymdeithion'. Nid un anturiaethwr sydd yma, ond cymuned gyfan ar grwydr, ac mae'r lluosogrwydd hwn yn hollbwysig; o ddarllen yr araith hon yng nghyd-destun y darnau 'Madogaidd' eraill a gyhoeddwyd yn y *Cylch-grawn* gallwn gasglu'i bod hi'n gofyn i ni ei darllen mewn perthynas â 'hanes' y Madogwys neu'r 'Indiaid Cymreig'.

Yn debyg i'r areithiau hynny sy'n atalnodi trobwyntiau neu uchafbwyntiau yn 'hanes' Sieffre o Fynwy neu Theophilus Evans, mae'r araith hon yn hoelio sylw ar yr eiliad (neu'r 'awr') a roes fod i genedl y Madogwys, fel y gwelir yn un o frawddegau mwyaf cofiadwy'r darn: 'Fy nghyfeillion, dyma ni yn awr ar daith ein gobaith; dylynwn y llwybyr a drefna rhagluniaeth drwy y dyfnder'.³⁹ Mae'r odl sy'n ieuo'r 'daith' â'r gair 'gobaith' yn tanlinellu'r arwyddocâd 'hanesyddol' mewn modd cryno ac effeithiol, ac mae ail hanner y frawddeg yn cryfhau'r ergyd trwy apelio at gysyniad diwinyddol cyfarwydd. Roedd Morgan John Rhys yn weinidog gyda'r Bedyddwyr (ac felly mae'n deg hawlio cynnyrch llenyddol y *Cylchgrawn* fel rhan o draddodiad llenyddol Cymraeg trawsatlantig yr enwad hwnnw hefyd). Nid ar chwarae bach y cyhoeddodd y gair 'rhagluniaeth'; awgryma fod Duw wedi awdurdodi man cychwyn chwedlonol y Gymru drawsatlantig wrth awdurdodi'r trefedigaethwyr Cymreig cyntaf hyn. Mae'r wedd hon ar 'Madawg ab Owain Gwynedd, *yn ymadaw â* Chynmru' yn dwyn i gof rai o'r testunau llenyddol Saesneg a ysgrifennwyd yn America, ac yn enwedig ysgrifau gan Biwritaniaid megis John Winthrop a ddisgrifiodd yn 'A Model of Christian Charity' brosiect y trefedigaethwyr Prydeinig hyn fel ymdrech i adeiladu *'a city on a hill'*.⁴⁰ Er nad oedd y 'rhagluniaeth' y cyfeiria Madog ati yn ei araith yn awdurdodi dinas sanctaidd a fyddai'n disgleirio ar gopa bryn trosiadol, roedd yn awdurdodi prosiect y trefedigaethwyr mewn termau crefyddol, gan wahodd y darllenydd i ystyried tarddiad cenedl y Madogwys fel pont fyw rhwng y Cymry a brodorion America a adeiladwyd gan y grym uchaf posibl.

Daeth y *Cylch-grawn Cynmraeg* i ben ym 1794, ond parhâi'r ffrwd lenyddol Fadogaidd i lifo dros dudalennau'r wasg gyfnodol Gymraeg. Cyhoeddwyd rhagor o hanes ymdrech John Evans 'i ymofyn am y Madogwys neu'r Indiaid Cymreig' yn y *Greal* ym 1800, cyflwynodd *Y Dysgedydd* hanes ymdrechion John Roberts i gael hyd i'r 'Madogiaid' ym 1822, a châi darllenwyr *Goleuad Cymru* fyfyrio ynghylch 'Yr Indiaid Cymreig' ym 1824.[41] Parhâi'r wedd drawsatlantig hefyd, gan fod nifer o'r testunau hyn yn llythyrau a ysgrifennwyd gan Gymry a oedd neu a fuasai'n byw yn America.[42] Daeth llên Fadogaidd i fritho tudalennau gwasg gyfnodol Gymraeg yr Unol Daleithiau hefyd.

Yn wir, dechreua'r drafodaeth ar y Madogwys yn rhifyn cyntaf *Y Cyfaill o'r Hen Wlad*, er bod y dechreuad hwnnw yn groes i'r traddodiad a sefydlid gan gynifer o awduron Cymraeg cynharach gan ei fod yn bwrw amheuaeth ar ddilysrwydd yr holl 'hanes'. Yn Ionawr 1838 cyhoeddwyd 'Llythyr y Parch. James Hughes, o Lundain, at y Cymry yn America', sef anerchiad gan yr hynod 'Iago Trichrug'.[43] Dywed am 'y Madogion' ei bod 'yn debyg nad ydyw y cyfryw ddynion mewn bod, ond yn nychymmygion a chwedleu dynion celwyddog'.[44] Fel y dengys y llythyrau a gyhoeddwyd yn y *Cyfaill* yn ymateb i farn Iago Trichrug, ystyriai rhai Cymry America y neilleb hon o frawddeg yn ymosodiad ar eu hunaniaeth Gymreig Americanaidd. Eto, er nad oedd y Parchedig Hughes yn credu yn y stori, dengys y llythyr hwn fod yr awdur yn ymwybodol o'r cysylltiad rhwng y chwedl a'r hunaniaeth honno. Yn gyson â'r modd y mae'r teitl yn annerch Cymry America yn uniongyrchol, mae geiriau agoriadol y llythyr yn canolbwyntio ar y berthynas rhwng y Cymry ar ddwy ochr yr Iwerydd: '"Mi a fûm ieuanc, ac yr ydwyf yn hen," (58 mlwydd oed,) ac y mae weithian tu a thair blynedd a deugain, er pan ddechreuais glywed son am America a Chymry yn myned o Gymru i America[.]'[45] Dywed fod ei dad wedi ymfudo i'r Unol Daleithiau a'i fod yntau wedi ystyried gwneud yr un fath, a hynny wrth fanylu ar yr effaith y câi'r holl 'son am America' arno ef a Chymry eraill. Mae'n manylu ar ddau fath o 'sôn'; yr ail ohonynt yw'r hanes a glywsai am y Cymry a ymfudasai'n barod i America, ond yn gyntaf mae'n rhestru apêl y chwedl: 'Bu amryw o bethau yn achos o hyny, ac, yn 1af, Clywed a darllen am y Madogion, neu yr Indiaid Cymreig, y dywedid eu bod yn cyfaneddu, yn rhywle yn America, er ys oesoedd lawer[.]'[46] Awgryma fod gan y traddodiad hwn rym, ac er ei fod yn disgrifio'r rhai a fuasai'n ei gynnal fel 'dynion celwyddog' mae eto'n ein gorfodi i ystyried y modd y gall y fath beth fyw 'yn nychymmygion a chwedleu dynion'.

Barn negyddol arall a gafwyd yn rhifyn Ebrill y flwyddyn honno, a hynny gan awdur a gyflwynodd ei hun fel 'Un o Blant y Bala, Dyffryn y Miami, Ohio'. Cyhoeddodd ysgrif yn dwyn y teitl 'Yr Indiaid Cymreig' a gasglodd na ellid profi gwirionedd y chwedl:

> Ni chlywais un hanesyn yn cynnwys tystiolaeth anwrthwynebl fod ar gyfandir eang America y fath bobl wedi bod, neu eto yn bodoli. Mae pob llwyth o Indiaid sydd yn cyfanneddu y ddwy ochr i'r Mynyddoedd Creigiog, ar lanau afonydd [. . .] wedi dyfod yn lled adnabyddus, annhebyg iawn fod y Madogiaid yn eu plith heb eu cael allan.[47]

Dengys yr ysgrif hon yn glir fod y cyd-destun gwyddonol wedi newid yn sylweddol ers y ddeunawfed ganrif. Nid oedd daearyddiaeth America yn gymaint o ddirgelwch i Americanwyr o dras Ewropeaidd a'u perthnasau dros y môr gan fod cymaint o'r cyfandir wedi'i archwilio a'i fapio gan ddynion gwynion yn ystod yr hanner canrif diwethaf. Yn yr un modd, roedd dynion gwynion yn gwybod llawer mwy am frodorion y cyfandir erbyn hyn:

> Yn yr amser yma, tra y mae pob rhan o'n cyfandir, o rewlyd foroedd Greenland i ororau Mexico, o'r Atlantic i'r Môr Tawelog, wedi ei fanwl chwilio gan fasnachwyr, teithwyr; ac eraill; pe buasai y fath genedl mewn hanfod, buasent cyn heddyw yn llwyr adnabyddus.[48]

Mae'r ffeithiau daearyddol a osodir ar ochr arall y glorian yn rhethregol drymach na'r awydd i gredu yn y Madogwys, ond eto mae'r ysgrif hon yn cyfranogi o ramant yr union chwedl y mae'n ceisio'i gwrthbrofi. Er gwaethaf y sinigiaeth wyddonol sy'n llywodraethu mewn mannau eraill yn yr un testun, mae 'Un o Blant y Bala' yn ymdaflu i iaith flodeuog aruchel wrth gyflwyno crynodeb o'r stori gyfarwydd:

> Fe ddywedir fod yr enwog dywysog a'i bobl wedi gadael Cymru gydâ deg o longau; ac ar ol eu lluchio yn enbyd gan donau gorwyllt yr eang weilgi, iddynt oll dirio mewn rhyw fan ar gyfandir America Ogleddol, a bod eu hiliogaeth yn cyfanneddu yma hyd yr amser presennol.[49]

Ac yn arwyddocaol iawn, er ei fod yn datgan yn gynharach yn ei lith na chlywodd 'un hanesyn yn cynnwys tystiolaeth anwrthwynebl fod ar gyfandir eang America y fath bobl wedi bod, neu eto yn bodoli', mae'n lliniaru'i safbwynt ychydig yn nes ymlaen: 'Os ydynt wedi bod, nid posibl eu bod yn awr'.[50] Mae'n sicr nad yw cenedl y Madogwys yn perthyn i realiti'r *presennol*, ond mae'n caniatáu i'r darllenydd ddychmygu bod y Madogwys yn perthyn i realiti *hanesyddol* y Gymru Americanaidd.

Coleddir y safbwynt hwn gydag arddeliad gan un o Gymry Albany, Efrog Newydd, a ddefnyddiai'r ffugenw 'Carwr ei Genedl'. Cyhoeddodd draethawd swmpus yn y *Cyfaill* ym mis Mehefin 1838 o dan y teitl 'Yr Indiaid Cymreig[:] Sylwadau ar un o Blant y Bala'.[51] Mae'n dadlau'n egnïol o blaid dilysrwydd y chwedl, gan gasglu bod y Madogwys *wedi bod*, er nad yw'n gallu profi'u bod hwy'n parhau yn y presennol: 'Nid wyf yn chwenych dangos fy hun yn bendant eu bod yn para yn genedl yn y wlad eto; ond dilys genyf eu bod wedi bod yma unwaith.'[52] Mae'r enw a ddewisodd y Cymro hwn o Albany yn cryfhau un o themâu ei lith: mae parhad ei genedl o'r pwys mwyaf i 'Carwr ei Genedl'. Nodir y modd y mae'n cyfeirio at ddifodiant (posibl) y Madogwys yn y frawddeg hon; nid yw'n sicr 'eu bod yn *para yn genedl* yn y wlad eto', gosodiad sy'n adleisio nifer o ysgrifau a gyhoeddwyd yn *Y Cyfaill o'r Hen Wlad* yn yr un cyfnod sy'n trafod rhagolygon y Gymraeg 'yn y wlad' (sef yr Unol Daleithiau) ac yn mynegi gobaith y bydd y Cymry'n 'para yn genedl' yn y wlad honno.[53]

Cynigiai llên Fadogaidd gyfle i awduron Cymraeg America wyntyllu cwestiynau a oedd o'r pwys mwyaf iddynt. Buasai'r cwestiynau hyn ynglŷn â chadw'r Gymraeg yn America a chadw neu golli hanfod hunaniaeth Gymreig 'ar dir estron' yn ganolog i'r modd y trafodai awduron Cymraeg y Madogwys ers o leiaf 1740. Fel y gwelwyd uchod, aeth Theophilus Evans ati yn ail argraffiad *Drych y Prif Oesoedd* i gyflwyno 'hanes' Madog a'i ddilynwyr fel enghraifft o'r un ffenomen a fuasai'n ganolog i darddiad cenedl yr Hen Frytaniaid, sef cymysgu ieithoedd a chenhedloedd, 'fel y gwelwch chwi ddwfr a llaeth yn ymgymmyscu'.[54] Dal y Madogwys i fyny fel drych a ddangosai hanes trigolion cynnar Prydain a wnaeth Theophilus Evans; boed yn 'chwedl' ynteu'n 'hanes', gallai Cymry America'r bedwaredd ganrif ar bymtheg ystyried y stori fel drych i'w profiadau hwy eu hunain – ac, o bosibl, fel drych a ddangosai ddyfodol eu hiaith yn eu gwlad fabwysiedig.

Nid Carwr ei Genedl oedd yr unig awdur i amddiffyn dilysrwydd chwedl Madog ar dudalennau *Y Cyfaill o'r Hen Wlad* ym 1838. Cyhoeddwyd ysgrif faith yn rhifyn Awst gan un o Gymry Philadelphia, Owen Jones, a arwyddodd ei waith – yn y dull a sefydlasid gan y plentyn sinigaidd hwnnw o'r Bala – 'un o blant Llanrwst'.[55] Atebodd y ddau awdur a oedd wedi tanseilio dilysrwydd y traddodiad ar dudalennau'r cylchgrawn y flwyddyn honno:

Yr hyn a'm cynhyrfodd i yn bresennol [i ysgrifennu] oedd y sylwadau sydd wedi ymddangos ynddo o barth yr Indiaid Cymreig. Y cyntaf oedd dywediad Iago Trichrug, y bu'n dda genyf wrando a darllen ffrwyth ei lafur lawer gwaith, sef 'nad oedd yn debyg fod y cyfryw ddynion mewn bod ond yn nychymgion a chwedlau dynion celwyddog.' [. . .] Yr ail oedd 'Llythyr Un o Blant y Bala,' o Ddyffryn Miami, Ohio.[56]

Dywed ar ddechrau'i draethawd ei fod 'yn barnu yn wahanol' i'r awduron hyn, ac mae'n mynd â'r darllenydd ar daith trwy ganon llên Fadogaidd er mwyn cefnogi'i safbwynt ef.[57] Yn ogystal â nifer o destunau a gyhoeddwyd yn y ddeunawfed ganrif, mae'n cyfeirio at gynnyrch diweddar(ach) y wasg gyfnodol Gymraeg.[58] Ar ôl llenwi tair tudalen â 'thystiolaeth' yn y modd hwn, ac ar ôl ceisio tanseilio dadl 'Un o Blant y Bala' trwy ddweud mai tystiolaeth negyddol yn unig sydd ganddo, mae'n casglu unwaith eto fod y chwedl yn hanes dilys: 'Barnu yr wyf fi fod y tystiolaethau a goffawyd yn ddigon i brofi hanfodiad Cymry, ar gyfandir America cyn dyfodiad Columbus[.]'[59] Cyn gorffen, mae'n dyrchafu eicon y Madogwys-garwyr gan annog Cymry America i ddilyn yn ôl traed yr anturiaethwr o Waun Fawr (neu 'Gaernarfon'): 'Ac O! Nac cheid rhyw Gymro, o'r un yspryd a John Evans, Caernarfon, i fyned i'w plith, fel y gallem gael penderfyniad hollol ar y pwngc'.[60]

Roedd y plentyn hwn o Lanrwst wedi cyfeirio at y 'Walla Walla' fel cenedl frodorol a all fod yn ddisgynyddion i'r Madogiaid gwreiddiol. Mae ymateb William Rowlands i'r manylyn hwn yn dangos bod golygydd *Y Cyfaill o'r Hen Wlad* yntau yn awyddus iawn i gredu bod y chwedl yn wir. Cyhoeddodd lith yn dwyn y teitl 'Yr Indiad Cymreig gan Samuel Parker' yn rhifyn Hydref 1838 gan ei ragflaenu â'r nodyn hir hwn:

> Wedi cyhoeddi ysgrif 'Un o Blant Llanrwst' ar y testun uchod, sylwi, gydâ hyfrydwch neillduol, ar y tebygoliaeth, bod y llwyth chwiliedig ar gael dan yr enw 'Walla Walla', cyfarfuom â damchwa anflasus i'n llawenydd; [. . .] Wrth fyned tua'r swyddfa un borau, gwelsom hysbysiad o lyfr yn cynnwys yr hanesion diweddaraf o daith yn mhlith yr Indiaid y tu gorllewinol i'r Mynyddoedd Creigiog, gan weinidog yr efengyl o Ithaca. Ymofynasom am y llyfr yn awyddus – gwelsom ynddo hanes am y 'Walla Walla' – ond yr oedd yn wahanol iawn i'r hyn a ddysgwyliem; nid oedd ynddo y gradd lleiaf o sail i gredu fod y llwyth crybwylledig o haniad Cymreig. Eto, oherwydd bod y gwr wedi bod yn eu plith, a'n dysgwyliadau ninau wedi eu cyfeirio mor wresog atynt, penderfynasom ymofyn am lythyr cyfrinachol oddiwrtho, – Ysgrifenasom ato; ac wele cyfieithiad o'i atebiad. – Gol[ygydd].[61]

Daw wedyn gyfieithiad William Rowlands o lythyr y Parchedig Parker. Mae'n gwrthbrofi'r theori mai disgynnydd i'r Gymraeg yw iaith y Walla

Walla ('Nid wyf yn deall bod gan y Walla Walla . . . un iaith yn wahanol oddiwrth y Nez Perces'), ond mae'n nodi wrth fynd heibio fod un o Gymry America wedi gofyn iddo chwilio am y Madogwys gan dystio eto i afael y chwedl ar ddychymyg Cymreig y cyfnod: 'Cyn i mi gychwyn i'm taith [. . .] derbyniais lythyr oddiwrth frawd Cristionogol [. . .] Mr. George Roberts, Ebensburg, P[ensylfani]a, yn dymuno i mi edrych a allaswn gael unrhyw wybodaeth o Indiaid Cymreig.'[62] Nododd ymhellach fod Mr Roberts wedi anfon iddo 'eirlechres bychan o eiriau Cymreig cyffredin' er mwyn helpu i'r cenhadwr Saesneg adnabod y geiriau Cymraeg y byddai'r 'Indiaid' hyn yn eu llefaru.[63]

Ond er i'r llais Cymraeg y rhoddodd William Rowlands i'r cenhadwr hwn dynnu un garreg allan o sylfaen dadl 'Un o Blant Llanrwst' trwy gasglu nad 'yr Indiaid Cymreig' oedd y Walla Walla, eto nid oedd y Parchedig Parker yn gwawdio'r darllenwyr a gredai fod y fath genedl yn bod. Yn wir, roedd yn hanner gobeithio y gellid cael hyd iddynt gyda rhagor o ymchwil: 'Os oes Indiaid Cymreig yn bod y tu gorllewinol i'r Mynyddoedd Creigiog, fy meddwl i ydyw ei bod yn debygol ydynt y Navahoes, oddiamgylch Santa Fe'.[64] Mae diweddglo'r llythyr hwn yn adleisio cywair y nodyn golygyddol sy'n ei gyflwyno; er nad yw'r stori wedi'i phrofi'n wir yn derfynol eto, nid yw ei gwirionedd ychwaith wedi'i gwrthbrofi'n derfynol, ac mae dyhead optimistaidd yn hydreiddio'r drafodaeth; edrycha William Rowlands ymlaen at dderbyn y dystiolaeth a fydd yn profi dilysrwydd y traddodiad 'gydâ hyfrydwch neillduol'. Ac felly'r âi'r drafodaeth ymlaen ar dudalennau'r *Cyfaill*. Os oedd amheuwyr fel 'Un o Blant y Bala' yn codi cwestiynau caled, roedd Cymry America eraill yn rhuthro i amddiffyn gwirionedd y stori mewn print. Yn wir, fel y gwelir yn achos y golygydd ei hun, roedd rhai o'r lleisiau a borthai'r dwymyn Fadogaidd yn awduron tra dylanwadol yn y Gymru American-aidd.[65]

Er gwaethaf amheuwyr megis Iago Trichrug ac 'Un o Blant y Bala', ceid yn *Y Cyfaill o'r Hen Wlad* gyhoeddiad Cymraeg Americanaidd a oedd yn sicrhau bod llên y Madogwys yn parhau'n wedd amlwg ar ddiwylliant llenyddol Cymraeg trawsatlantig. Gwelwyd yn y bennod flaenorol fod rhychwant o destunau a gyhoeddwyd yn y *Cyfaill* yn ystod blynyddoedd cynnar ei oes yn trafod brodorion America mewn termau a oedd yn gyfarwydd neu'n lled-gyfarwydd i ddarllenwyr y cylchgrawn. Gwelwyd hefyd y gellir arddel fframwaith dehongliadol Edward Said a chasglu bod 'pendilio' o fath yn nodweddu'r testunau hyn, wrth i 'rywbeth estron a phell' symud i dir cyfarwydd, ac wrth i gategori syniadaethol newydd ymffurfio sy'n cyflwyno'r arall neu'r anghyfarwydd fel fersiwn neu ffurf ar y cyfarwydd.⁶⁶ Er bod llên y Madogwys yn wahanol iawn ar un olwg i fathau eraill o lenyddiaeth am frodorion y cyfandir a gynhyrchwyd gan Americanwyr o dras Ewropeaidd, eto mae'r math hwn o ysgrifennu hefyd yn cydymffurfio'n fras â'r patrwm a amlinellwyd gan Said. Yn wir, mae'n enghraifft drawiadol iawn ohono: mae'r 'Madogwys' yn gategori newydd a leolir rhwng y cyfarwydd Cymreig a'r arall brodorol. Crisielir yr holl broses yn yr enw arall hwnnw y mae rhai awduron yn ei roi i'r genedl ddychmygol hon: 'Yr Indiaid Cymreig'. Mae'n cynrychioli'r arall brodorol, yr 'Indiaid', ond mae'r arall hwnnw hefyd yn 'Gymreig'.

Mae rhai awduron Cymraeg Americanaidd yn cyfeirio atynt fel y 'Madogiaid' neu'r 'Madogwys', ond 'Yr Indiaid Cymreig' yw'r label a ddefnyddir ganddynt yn amlach na pheidio.⁶⁷ Dyna a wnaeth y rhan fwyaf o'r awduron y cyhoeddwyd eu gwaith yn y *Cyfaill* yn y cyfnod dan sylw, gan gynnwys y rhai a drafodir uchod: yr amheuwr o'r Bala, Owen Jones, Philadelphia, a'r Cymro hwnnw o Albany a ddisgrifiodd ei hun fel 'Carwr ei Genedl'. Cyfeiriodd 'Carwr ei Genedl' at yr 'Indiaid Cymreig' fel 'y gangen hon o'n cenedl', gan ddwysáu'r awgrym eu bod yn ddolen gyswllt fyw rhwng brodorion America a'i genedl yntau.⁶⁸ Wrth fwrw amheuaeth ar 'hanes' y Madogwys dywedodd Iago Trichrug nad oedd yn credu bod 'y cyfryw ddynion mewn bod, ond yn nychymmygion a chwedleu dynion celwyddog'. Er na fyddai'n deg disgrifio awduron fel 'Carwr ei Genedl' a ddewisodd gredu yn chwedl Madog fel 'dynion celwyddog', mae rhan o ymadrodd yr amheuwr o Lundain yn hynod addas gan ei fod yn disgrifio'r testunau a berthyn i'r ffrwd lenyddol hon fel 'dychmygion'.

Cenedl wedi'i dychmygu yn unig oedd yr 'Indiaid Cymreig', ffrwyth dychymyg awduron Cymraeg ar ddwy ochr yr Iwerydd. Fel yr awgrymodd Benedict Anderson, mae'r dychymyg yn ganolog i hunaniaeth genedlaethol 'go iawn' hefyd. Nid yw'n bosibl i unigolyn ganfod ei genedl ei hun yn ei chyfanrwydd; ni all gwrdd â phob un o'i gyd-genedl ac felly mae'n rhaid iddo ddychmygu'r genedl y mae'n perthyn iddi:

> I propose the following definition of the nation: it is an imagined political community . . . It is imagined because the members of even the smallest nation will never know most of their fellow-members, meet them, or even hear of them, yet in the minds of each lives the image of their communion.⁶⁹

Wrth gyfrannu at lên y Madogwys a chyfranogi o'r traddodiad hwn roedd awduron Cymraeg America yn dychmygu cenedl a oedd yn pontio rhwng eu hunaniaeth Gymreig a'r tiroedd Americanaidd yr oeddynt yn eu gwladychu. Gellid awgrymu felly fod y llên hon yn wahanol i gynifer o destunau Cymraeg eraill am frodorion America; yn hytrach na'u trafod o safbwynt buddiannau'r trefedigaethwyr yn unig, mae'r testunau hyn yn defnyddio'r dychymyg er mwyn llunio cysylltiad teuluol agos rhwng y Cymry a'r brodorion. Ar y llaw arall, o ddarllen y llythyrau a'r ysgrifau hyn ochr-yn-ochr â'r testunau a drafodwyd yn y bennod flaenorol, gellid casglu bod gwedd drefedigaethol amlwg ar lên y Madogwys hefyd. Nid oedd yr un awdur Cymraeg Americanaidd yn derbyn yr un genedl frodorol ar ei thelerau ei hun: maent yn bobloedd anghristnogol i'r cenhadon eu Cristioneiddio, yn anwariaid i lywodraeth yr Unol Daleithiau eu gwareiddio, neu'n 'Indiaid Cymreig' – sef cenedl frodorol wedi'i chreu gan y dychymyg Cymreig yn hytrach na'r realiti brodorol. Bid a fo am y gymuned ddychmygol hon, roedd yr awduron a gyhoeddai yn y *Cyfaill* yn byw mewn cymunedau Cymraeg Americanaidd go iawn a grëwyd gan fewnfudwyr a'u disgynyddion ac roeddynt felly'n hawlio tiroedd a oedd neu a fuasai'n eiddo i genhedloedd brodorol go iawn. Ystyrier yr hyn a ddywed Craig Womack wrth asesu'r math o sylw a gaiff 'diwylliant brodorol' yn yr Unol Daleithiau heddiw: 'America loves Indian culture; America is much less enthusiastic about Indian land title'.[70] Felly hefyd y berthynas (neu'r diffyg perthynas) rhwng y genedl frodorol a ddychmyg-wyd gan awduron Cymraeg America a'r realiti brodorol. Un peth oedd ysgrifennu am yr 'Indiaid Cymreig' a dychmygu cenedl a fyddai'n ddolen gyswllt rhwng Cymry America a brodorion y cyfandir, peth arall oedd cydnabod hawliau cenhedloedd brodorol go iawn i diroedd go iawn.

Fel y gwelwyd ym mhennod 2, ymrôi Evan Jones yn egnïol i gefnogi ymdrechion Cenedl y Tsalagi i ddal eu gafael ar eu tiroedd traddodiadol. Ni châi gweithredoedd gwrth-imperialaidd y Cymro Americanaidd hwn sylw ar dudalennau gwasg Gymraeg America. Ac fel y gwelir yn y bennod nesaf, dim ond ar ôl i Fedyddwyr Cymraeg yr Unol Daleithiau sefydlu'u cylchgrawn eu hunain y byddai'r cenhadwr Cymreig hwn yn cael sylw o unrhyw fath ar dudalennau'r wasg honno.

Nodiadau

[1] J. E. Lloyd, R. T. Jenkins a William Llewelyn Davies (goln), *Y Bywgraffiadur Cymreig Hyd 1900* (Llundain, 1953), t. 985.

[2] Ibid.: 'Gweithiau ar ysgolheictod feiblaidd a ieithyddol oedd ei brif gyhoedd-iadau . . . [gan gynnwys] *A free enquiry into the authenticity of the first and second chapters of St. Matthew's Gospel*, gwaith a gyhoeddwyd heb enw'r awdur yn 1771, ac a ailargraffwyd, gydag enw'r awdur ac ychwanegiadau, yn 1789.'

³ John Williams, *An Enquiry into the Truth of the Tradition, Concerning the Discovery of America, By Prince MADOG ab Owen Gwynedd, About the Year, 1170* (London, 1791).
⁴ Gwyn A. Williams, *Madoc: The Making of a Myth* (London, 1979), t. 87.
⁵ Ibid., t. 88.
⁶ Ibid., t. 125.
⁷ Geraint H. Jenkins, Ffion Mair Jones, David Ceri Jones ac Andrew Davies (goln), *The Correspondence of Iolo Morganwg* (Cardiff, 2007), cyfrol I, t. 382.
⁸ John Williams, *Farther Observations on the Discovery of America by Prince Madog Ab Owen Gwynedd, about the Year, 1170: Containing the Account Given by General Bowles, the Creek or Cherokee Indian, Lately in London, and by Several Others, of a Welsh Tribe Or Tribes of Indians, Now Living in the Western Parts of* . . . (London, 1792).
⁹ Ibid., tt. 5–6.
¹⁰ Ibid., t. 3.
¹¹ Ibid., t. 7.
¹² Ibid., t. 7.
¹³ Ibid., tt. 4–5. Gw. hefyd Glenda Carr, *William Owen Pughe* (Cardiff, 1983), tt. 37–8.
¹⁴ Amos Stoddard, *Sketches, Historical and Descriptive, of Louisiana* (Philadelphia, 1812), t. 483 [troednodyn].
¹⁵ Ibid.
¹⁶ Dechreuodd y cyfan gyda'r *'Title Royal'*, dogfen a ysgrifennodd John Dee, un o ddeallusion llys y Frenhines Elisabeth, er mwyn gwrthbwyso gafael Sbaen ar y 'tiroedd newydd' yn y gorllewin; dywedodd fod Madog wedi arwain 'a Colonie and inhabited in Terra Florida or thereabouts[.]' Mae cerrig milltir cynnar datblygiad y traddodiad ffug-hanesyddol hwn yn cynnwys *True Repor*te George Peckham (1583), 'the first appearance of the Madoc story in print', a *Historie of Cambria* David Powel (1584). Gw. Williams, *Madoc*, tt. 39–46.
¹⁷ Williams, *Madoc*, t. 70.
¹⁸ Ni cheir sôn am Fadog a'r Madogwys yn argraffiad gwreiddiol y *Drych* (1716); dyfynnir yma o fersiwn 1740: Theophilus Evans, *Drych y Prif Oesoedd*, gol. David Thomas (Caerdydd, 1960), tt. 13–14.
¹⁹ Ibid., t. 14.
²⁰ Ibid.
²¹ Ibid.
²² Anne Kelley Knowles, *Calvinists Incorporated: Welsh Immigrants on Ohio's Industrial Frontier* (Chicago & London, 1997), tt. 2–3.
²³ Dafydd Ddu Eryri (David Thomas), *Awdlau ar Destynau Cymdeithas y Gwyneddigion* (Llundain, 1791), t. 42.
²⁴ Ibid., tt. 42–3.
²⁵ W. Ll. Davies, 'Some letters of Owen Jones, "Owain Myfyr"', *Cylchgrawn Llyfrgell Genedlaethol Cymru*, II (1941–2), 73.
²⁶ Ibid., 63.
²⁷ Gwyn A. Williams, *The Search for Beulah Land* (London, 1980), t. 60.
²⁸ J. J. Evans, *Morgan John Rhys a'i Amserau* (Caerdydd, 1935), t. 128.
²⁹ Ibid., tt. 27–8.
³⁰ 'Sylwadau *ynghylch* Indiaid *yr* America Ogleddol, *Gan Dr.* B. Franklin', *Y Cylchgrawn Cynmraeg, neu Drysorfa Gwybodaeth*, Ionawr a Chwefror, 1794, 262.

31 *Y Cylch-grawn Cynmraeg, neu Drysorfa Gwybodaeth*, Awst 1793, 150, 161 a 164.
32 Gw. Stanley Fish, *Is There a Text in This Class? The Authority of Interpretive Communities* (Cambridge, Massachusetts and London, 1980).
33 *Y Cylch-grawn Cynmraeg, neu Drysorfa Gwybodaeth*, Mai 1793, 104 a 114.
34 Ibid., 71.
35 Ibid.
36 Ibid., 103. Fel llawer o gynnwys y *Cylch-grawn Cynmraeg*, nid enwir awdur y darn hwn. Tybed a ellid ei briodoli felly i'r golygydd, Morgan John Rhys?
37 A. J. Woodman, *Rhetoric in Classical Historiography* (London and Sydney, 1988), tt. 11–14.
38 *Y Cylch-grawn Cynmraeg, neu Drysorfa Gwybodaeth*, Mai 1793, 71.
39 Ibid.
40 Fel hyn y disgrifia William Cain ddylanwad Winthrop ar feddylfryd cenedlaethau o Americanwyr: 'Winthrop described the model Christian commonwealth as a shining city on a hill, a conception of national mission that has inspired America's writers as well as its politicians[.]' William E. Cain, *American Literature: Volume 1* (Harlowe, 2004), t. 67.
41 'Hanes fer o farwolaeth John Evans o Waun Fawr, Arfon', *Greal, neu Eurgrawn; sef Trysorfa-Gwybodaeth*, 1800, 49 (gw. hefyd 'Hanes Taith JOHN EVANS yn yr AMERICA', *Greal, neu Eurgrawn; sef Trysorfa-Gwybodaeth*, 1800, 15); 'Y Madogiaid', *Y Dysgedydd*, Ebrill 1822; 'Yr Indiaid Cymreig', *Goleuad Cymru*, Chwefror 1824, 331–2.
42 John Roberts, e.e., *Y Dysgedydd*, Ebrill 1822. Gw. Jerry Hunter, *I Ddeffro Ysbryd y Wlad: Robert Everett a'r Ymgyrch yn erbyn Caethwasanaeth Americanaidd* (Llanrwst, 2007), t. 22.
43 *Y Cyfaill o'r Hen Wlad*, Ionawr 1838, 3–5 'Llythyr y Parch. James Hughes, o Lundain, at y Cymry yn America' [wedi'i arwyddo 'Iago Trichrug']. Gw. Robert Rhys, *James Hughes: Iago Trichrug* (Caernarfon, 2007).
44 *Y Cyfaill o'r Hen Wlad*, Ionawr 1838, 3.
45 Ibid.
46 Ibid.
47 *Y Cyfaill o'r Hen Wlad*, Ebrill 1838, 104–5: 'Yr Indiaid Cymreig' gan "Un o Blant y Bala, *Dyffryn y Miami, Ohio*"'.
48 Ibid, 104.
49 Ibid.
50 Ibid.
51 '"Yr Indiaid Cymreig: Sylwadau ar un o Blant y Bala" gan Carwr ei Genedl, Albany', *Y Cyfaill o'r Hen Wlad*, Mehefin 1838, 170–4.
52 Ibid., 173.
53 Gw., e.e.: 'Cadw y Gymraeg', *Y Cyfaill o'r Hen Wlad*, Chwefror 1838. Am drafodaeth ar y wedd hon ar ddiwylliant print Cymraeg America yn y cyfnod, gw. Jerry Hunter, *Sons of Arthur, Children of Lincoln: Welsh Writing from the American Civil War* (Cardiff, 2007), tt. 12–27.
54 Evans, *Drych y Prif Oesoedd*, t. 14.
55 '"Yr Indiaid Cymreig" gan 'Owen Jones, un o blant Llanrwst, Philadelphia', *Y Cyfaill o'r Hen Wlad*, Awst 1838, 235–9.
56 Ibid., 236.

[57] Ibid.
[58] E.e., cyfeiria at yr hyn a gyhoeddwyd yn *Y Drysorfa*; ibid., 238.
[59] Ibid., 238–9.
[60] Ibid., 239.
[61] '"Yr Indiaid Cymreig" gan Samuel Parker', *Y Cyfaill o'r Hen Wlad*, Hydref 1838, 300–1.
[62] Ibid., 301.
[63] Ibid.
[64] Ibid.
[65] Am enghraifft o barhad y ffrwd hon ar dudalennau'r cylchgrawn, gw. 'Yr Indiaid Cymreig', *Y Cyfaill o'r Hen Wlad*, Mawrth 1839: 'nid ydym wedi rhoddi y peth i fyny yn ein meddyliau, na 'chwaith yn anobeithiol na chawn y fraint, heb fod yn hir, o brofi bodoliaeth y cyfryw, yn rhyw le yn y "Gorllewin Pell," tu hwnt i bob amheuaeth.'
[66] Edward Said, *Orientalism: Culture and Imperialism* (London [adargraffiad], 1995), tt. 56–8.
[67] Gw. hefyd 'Yr Indiaid Cymreig', *Y Cyfaill o'r Hen Wlad*, Tachwedd 1840, 331.
[68] *Y Cyfaill o'r Hen Wlad*, Mehefin 1838, 170.
[69] Benedict Anderson, *Imagined Communities* (London and New York, 1991), tt. 5–6.
[70] Craig S. Womack, *Red on Red: Native American Literary Separatism* (Minneapolis, 1999), t. 11.

5

'Gwnaeth y wlad gam mawr a'r Indiaid ac nid yw'r eglwys yn glir yn y peth hyn': Y Cenhadwr Americanaidd, Y Beread a'r Brodorion, 1840–2

Pan gyhoeddwyd yr erthygl fer honno'n trafod adleoliad 'Y Cherokeeaid', *Y Cyfaill o'r Hen Wlad* oedd unig gyfnodolyn Cymraeg yr Unol Daleithiau. Ond roedd poblogaeth Gymraeg y wlad yn tyfu yn y cyfnod hwn ac roedd gwasg Gymraeg America yn tyfu hefyd. Daeth rhifyn cyntaf misolyn Annibynwyr Cymraeg yr Unol Daleithiau, *Y Cenhadwr Americanaidd*, o'r wasg ym mis Ionawr 1840. Yn debyg i'r cylchgrawn enwadol arall a'i rhagflaenodd, roedd y cylchgrawn newydd yn ceisio gwasanaethu Cymry America yn gyffredinol a hybu nifer o agweddau ar y Gymru Americanaidd newydd, ond roedd yn gylchgrawn crefyddol yn anad dim. Yn unol ag addewid ei deitl, sicrhaodd golygydd *Y Cenhadwr Americanaidd*, Robert Everett, fod gwedd genhadol amlwg ar y misolyn. Cofir Robert Everett yn bennaf am ei wrthwynebiad i gaethwasanaeth, ac mae'n bosibl gweld yr agenda honno fel gwedd ar agenda genhadol ei wasg; yn ogystal â dyhen am ryddhad y caethweision roedd hefyd yn annog Cymry America i fynd â moddion Cristnogol iddynt.[1] Ond rhoddodd y cylchgrawn dipyn o sylw i ymdrechion y cenhadon hynny a weithiai gyda gwahanol genhedloedd brodorol hefyd.

Yn ail rifyn y *Cenhadwr* cyhoeddodd Robert Everett ddisgrifiad manwl o'r profiadau cadarnhaol a ddaethai i ran dau genhadwr a oedd yn byw ymhlith y Salish (Flathead): 'Mae y cenhadon Mr. Eels a Mr. Walker yn hyspysu iddynt gael derbyniad tra chroesawus i blith yr Indiaid a elwir, "Flat-head Indians," yn nhiriogaeth Oregon[.]'[2] Datgenir gyda llawenydd fod llawer o'r brodorion hyn yn mynychu addoliad Cristnogol rheolaidd ac mae'n disgrifio'r modd y gelwir hwy i'r gwasanaeth gyda llef yn lle cloch eglwys. Mae llais storïol yr ysgrif hon yn newid o'r trydydd person i'r cyntaf wrth i Robert Everett gyfieithu union eiriau'r Parchedig Elkanah Walker er mwyn procio cydwybod ei ddarllenwyr:

> Dywedais yn fy meddwl, pe buasai yr un gloch yn cael ei chanu yn America Gristianogol, mor lleied o'r bobl a welsid yn myned i'r odfa! A rhaid imi ddywedyd fod ymddygiad syml yr Indiaid hyn yn peri cerydd ar ein cynnulleidfaodd mwyaf rheolaidd. Buan clywsom ganu, ac yna gweddïo, ac yna terfynu y cyfarfod trwy weddi.³

Mae nifer o ddisgyrsiau wedi'u cydblethu yn y testun hwn. Yn debyg i enghreifftiau eraill o lenyddiaeth genhadol a gyhoeddwyd yn *Y Cenhadwr Americanaidd*, mae'n canmol ymdrechion y cenhadon gan felly annog Cymry America i ymroi i'w cefnogi, ond mae Robert Everett yn defnyddio'r testun hwn i hybu'r genhadaeth yr oedd yn ei chynnal ymhlith Cymry America hefyd. Ni ellir darllen y brawddegau hyn heb deimlo'i fod yn ceisio codi cywilydd ar bob Cymro neu Gymraes Americanaidd nad yw'n cydymffurfio â'r darlun Cristnogol addolgar hwn.

Sylwer ar rym y rhagenw 'ein' yma; cyfieithiwyd swmp y llith hon o lythyr Saesneg, ond mae wedi'i droi'n destun Cymraeg a gyhoeddwyd ar gyfer darllenwyr Cymraeg yn yr Unol Daleithiau, ac felly gellid casglu mai 'ni, Gymry America', yw ystyr y rhagenw yn y cyd-destun hwn. Mae'r ysgrif hon yn cyfryngu rhwng yr arall brodorol a'r darllenydd Cymraeg trwy greu categori newydd a leolir rywle rhwng y ddau, er bod hanfod y categori syniadaethol hwn yn wahanol iawn ar un olwg i'r enghreifftiau a drafodwyd yn y ddwy bennod flaenorol.⁴ Mae'n caniatáu i'r darllenydd fwynhau ecsotigiaeth y gwrthrych brodorol (trwy ddisgrifio'r llef anghyfarwydd sy'n galw'r brodorion i weddïo ar y Sul a phwysleisio natur unigryw eu haddoliad 'syml'), ond daw gwefr yr ecsotig ynghyd â'r cyfarwydd Cristnogol mewn modd sy'n darlunio'r brodorion hyn fel cymuned sy'n fwy Cristnogol na darllenwyr Cymraeg y cylchgrawn enwadol hwn.

Fel rheol, ac yn gwbl gyson ag addewid teitl y misolyn, trafoda *Y Cenhadwr Americanaidd* frodorion America fel gwrthrych sylw cenhadol Cymry America, a hynny'n unig. Er enghraifft, mewn ysgrif am 'Yr Achos Cenhadol' a gyhoeddwyd yn *Y Cenhadwr Americanaidd* ym mis Mawrth 1840, aeth 'Dysgybles Ieuangc' ati i 'ystyried cyflwr y byd paganaidd a sefyllfa yr achos cenhadol yn y dyddiau yma[.]'⁵ Ceir yn y traethawd byr hwn restr o'r holl genhedloedd 'sydd yn ymofyn am wybodaeth o'r Iesu croeshoeliedig', gan gynnwys: 'China . . .Yr Hindiwiaid hefyd, y Ceyloniaid, trigolion Burma, trigolion Affrica ac ynysoedd y mor, ynghyd a llaweroedd o'r Indiaid yn Nhiriogaethau America sydd yn ymofyn am wybodaeth o'r Iesu croeshoeliedig. Y Negro du . . . mewn caethiwed.'[6] Dyna a geir yn aml yn 'Y Cronicl Cenhadol' a ymddangosai'n rheolaidd ar dudalennau'r *Cenhadwr* hefyd, sef nodi 'Indiaid America' wrth fynd heibio mewn rhestr faith o wahanol achosion.

Gwahanol yw erthygl a gyhoeddwyd yn *Y Cenhadwr Americanaidd* ym mis Mai'r flwyddyn gyntaf honno. Cyfieithiad ydyw o lith gan Ethelinda Trowbridge, Americanes Saesneg ei hiaith a oedd, yn ôl pob tebyg, yn gyfeilles i Elizabeth Everett, merch hynaf y golygydd.[7] Roedd yn alwad danbaid i ddarpar genhadon a'u hanogai i ystyried sefyllfa ysbrydol 'Indiaid Gogledd-dir America'. Egyr â chrynodeb o hanes y genhadaeth Gristnogol o'r cychwyn cyntaf gan felly osod yr alwad yn gadarn mewn fframwaith a seilir ar hanesyddiaeth Feiblaidd gyfarwydd:

> Pan y darfu 'Arglwydd y Cynhauaf' ymddiried ei efengyl i'w ddysgyblion i daenu ei goleuni ar led ymhlith plant dynion, efe a orchymynodd iddynt yn nghyntaf fyned at ddefaid cyfrgolledig tŷ Israel. Ond yn fuan efe a eangodd y Commissiwn, ac a archodd iddynt fyned i'r holl fyd a phregethu yr efengyl i bob creadur.[8]

Gan symud o'r gorffennol i'r presennol, dywed wedyn fod 'rhwymedigaeth ar Gristianogion' i ymateb i 'sefyllfa druenus y cenhedloedd hyny sydd yn eistedd yn mrô a chysgod angau, dan bwys yn galw yn uchel am gyd-ymdeimlad yn eu hachos, ac am ymdrechiadau effro[.]'[9] Wedi bachu sylw darllenwyr trwy grynhoi ethos y mudiad cenhadol mewn modd mor gofiadwy, mae'n symud ymlaen i fwrw golwg feirniadol dros gyflwr presennol y mudiad hwnnw:

> onid yw hyn yn rhy wir, ein bod tra yn sôn am drigolion Burmah, China, Affrica, ac Ynysoedd pell y môr, ymron yn llwyr anghofio Perchenogion gwreiddiol y tir a'r gwledydd ëang yr ydym yn awr yn eu meddianu, sef INDIAID GOGLEDD-DIR AMERICA. Wedi eu twyllo o'u tiroedd, a'u gyru i'r Gorllewin pell oddiar ffordd y dyn gwyn, onid yw achos eu heneidiau hefyd wedi ei esgeuluso yn fawr? Gwnaeth y wlad gam mawr a'r Indiaid yn ddiau, ac nid yw yr eglwys yn glir yn y peth hyn.[10]

Mae'r ysgrif hon yn pwysleisio mewn modd digamsyniol statws y brodorion fel 'perchenogion gwreiddiol' y tiroedd y mae pobl o dras Ewropeaidd bellach 'yn eu meddianu', ac yn hynny o beth mae'n hollol wahanol i'r modd y trafodasid 'Rhyfel y Seminole' ar dudalennau *Y Cyfaill o'r Hen Wlad* flwyddyn yn gynharach.[11] Ni allai Cymry America ddarllen llith Ethelinda Trowbridge heb deimlo peth cyfrifoldeb; dywed yn blwmp ac yn blaen fod eu '[g]wlad' hwy wedi cyflawni'r troseddau hyn yn erbyn yr 'Indiaid'. Ac yntau'n gylchgrawn crefyddol, mae'r ffaith bod *Y Cenhadwr Americanaidd* wedi cyhoeddi ysgrif sy'n gweld bai ar yr 'eglwys' yn arwyddocaol hefyd. Er nad yw'n defnyddio'r union air nac yn amlygu'r cyhuddiad yn uniongyrchol, trwy droi ysgrif Ethelinda Trowbridge yn erthygl Gymraeg a'i chyhoeddi yn ei gylchgrawn roedd Robert Everett yn awgrymu y dylai'i ddarllenwyr ystyried goblygiadau moesol eu statws fel trefedigaethwyr.

Ceir yn yr hunanholi a gymhellir yma gywair sy'n wahanol iawn i'r testunau Cymraeg eraill a drafodwyd ym mhennod 3. Gellid cymharu'r testun hwn â'r llythyr hwnnw gan Thomas Roberts a gyhoeddwyd yn *Goleuad Cymru* ym 1822. Cofir i'r gweinidog fynegi cryn gydymdeimlad wrth ddisgrifio cyflwr 'truenus' yr 'Indiaid':

> Y bobl wynion, mewn llawer amgylchiad, a ymddygasant tuag atynt fel pe baent wylltfilod yr anialwch, gan eu hymlid ymaith o'u tir â blaen y cleddyf. A phan y gwneid ffug-bryniad ganddynt, byddai yn llawn o dwyll; ac ni roddid un amser werth cyfartal am eu tir.[12]

Ar wahân i'r rhan hon o lythyr Thomas Roberts, 'Indiaid Gogledd-dir America' yw'r unig destun Cymraeg o'r cyfnod sy'n cynnig rhywbeth yn debyg i feirniadaeth wrthdrefedigaethol wrth drafod sefyllfa brodorion America. Eto, er bod y cywair mor wahanol ar un olwg, mae'n defnyddio rhan o'r un hen strategaeth wrth gyfryngu rhwng yr arall brodorol a'r darllenydd, sef ei wthio i gategori sy'n cyfarwyddo'r anghyfarwydd ac yn ei reoli. Nid goresgyn tiroedd y brodorion, eithr ennill eu heneidiau sydd o bwys i Ethelinda Trowbridge (ac yn hynny o beth mae'n debyg iawn i'r modd y mae llythyrau cyhoeddedig Thomas Roberts yn trafod ei agenda genhadol ef). Mae'n gofyn i'r darllenydd gydymdeimlo â'r brodorion wrth gydnabod y 'twyllo' a'r gormesu sydd wedi arwain at eu sefyllfa bresennol, ond ni cheir awgrym ei bod hi'n fodlon derbyn diwylliant a chrefydd y cenhedloedd brodorol ar eu telerau hwy eu hunain. Yn hytrach, mae'n cyflwyno darlun cyfyngedig ohonynt sy'n eu disgrifio'n bennaf fel targed neu her; enaid i'r mudiad cenhadol ei droi'n Gristion yn unig yw'r arall brodorol yn y pen draw. Hyd yn oed yn achos testun sy'n cydymdeimlo i'r ffasiwn raddau â'r cenhedloedd brodorol, nid yw'n gallu gwneud hynny heb yn gyntaf ddehongli – ac, yn wir, ailddehongli neu ailysgrifennu – y brodorion gan ddefnyddio fframwaith cysyniadol cyfarwydd, a'r mudiad cenhadol Cristnogol yw'r fframwaith hwnnw.

Creu, cynnal ac ymestyn mudiad gwrth-gaethiwol Cymreig Americanaidd oedd prif orchwyl oes Robert Everett, ac wrth ei saernïo ceisiai sicrhau bod y mudiad hwnnw'n rhyngenwadol.[13] Byddai'n sefydlu ail gylchgrawn ym 1843, *Y Dyngarwr*, ac yn ogystal â'i roi am ddim 'i bob gweinidog yn mhlith y Cymry, o bob enwad crefyddol ag a ddewiso ei dderbyn', cyhoeddai ysgrifau gwrthgaethiwol gan weinidogion llengar o enwadau eraill ynddo, gan gynnwys y Bedyddiwr J. P. Harris (Ieuan Ddu).[14] Ond ni chyhoeddodd Robert Everett ddim gan y Bedyddiwr Cymreig arall hwnnw, Evan Jones, ac ni chyhoeddodd ychwaith ddim byd am Evan Jones a'i genhadaeth ymhlith y Tsalagi. Ni cheir manylion ynglŷn â tharddiad llith 'Dysgybles Ieuangc', ac felly mae'n bosibl mai ysgrif Gymraeg wreiddiol ydyw, ond cyfieithiadau (neu rydd-drosiadau) yw hanes y cenhadon Mr Eels a Mr Walker ac anerchiad Ethelinda Trowbridge. Fel yr aeth ati i ofyn i feirdd Cymraeg America gyfansoddi emynau gwrthgaethiwol, felly hefyd y ceisiai Robert Everett ysgrifau gwrthgaethiwol gan lenorion Cymraeg y wlad.[15] Roedd cyhoeddi testunau llenyddol Cymraeg gwreiddiol o'r fath yn wedd amlwg ar ei agenda ymgyrchol. Nid aeth ati yn yr un modd i gomisiynu ysgrifau gwreiddiol am y brodorion, gan fodloni'n hytrach ar gyhoeddi cyfieithiadau o lenyddiaeth genhadol Saesneg.

Byddai'n rhaid i Fedyddwyr Cymraeg yr Unol Daleithiau sefydlu'u cylchgrawn hwy eu hunain cyn y câi cenhadaeth Evan Jones sylw ar dudalennau gwasg Gymraeg America. Hawliasai'r Bedyddwyr droedle yn hanes y wasg honno mor gynnar â 1730 pan gyhoeddwyd gwaith Abel Morgan, gweinidog eglwys Fedyddiedig Pennepek, *Cyd-Gordiad Egwyddorawl o'r Sgrythurau*.[16] Fel y gwelir ym mhennod 7, gallai Bedyddwyr Cymraeg y wlad frolio bod ganddynt fisolyn hyfyw ym 1844 gyda dyfodiad *Y Seren Orllewinol* i'r maes, a byddai'r cyfnodolyn hwnnw'n parhau'n un o golofnau gwasg Gymraeg America am dros 20 mlynedd. Ond fe'i rhagflaenwyd gan gylchgrawn cynharach, *Y Beread neu Drysorfa y Bedyddwyr; A Chyfrwng Gwybodaeth Gyffredinol i'r Cymry*.[17] Pythefnosolyn ydoedd, a daeth y rhifyn cyntaf o wasg yn ninas Efrog Newydd ddechrau Ionawr 1842. Parhaodd am flwyddyn yn unig, ac erbyn y rhifyn olaf hwnnw a gyhoeddwyd ddechrau Rhagfyr y flwyddyn honno roedd wedi troi'n fisolyn. Er gwaethaf ei fyrhoedledd cafwyd yn 23 rhifyn *Y Beread* dros 300 o dudalennau o lenyddiaeth Gymraeg Americanaidd – a chynsail ar gyfer *Y Seren Orllewinol*.[18]

Yn debyg i gylchgronau Cymraeg eraill yr Unol Daleithiau, roedd *Y Beread* yn pwysleisio'r wedd Americanaidd ar hunaniaeth ei ddarllenwyr yn ogystal â'r wedd Gymreig a Chymraeg. Y geiriau poblogaidd hynny o'r broffwydoliaeth a briodolid i Daliesin oedd arwyddair y cylchgrawn: 'Eu Ner a Folant – Eu Hiaith a Gadwant – Eu Tir a Gollant'.[19] Mae dwy ran gyntaf y dyfyniad hwn yn crisialu hanfod y cyfnodolyn, gan bwysleisio'i ymlyniad Cristnogol ('Eu Ner a Folant') â'r modd yr ymdrechai i wasanaethu'r iaith Gymraeg yn America ('Eu Hiaith a Gadwant'). Gellid darllen y drydedd ran yng nghyd-destun hunaniaeth Cymry America hefyd; a'u cyndeidiau wedi 'colli' sofraniaeth 'Eu Tir' gwreiddiol ym Mhrydain, dyma hwy'n ymfudwyr ac yn blant i ymfudwyr yn meddiannu tiroedd newydd yn America. Yn arwyddocaol, ni chynhwyswyd pedwaredd linell y pennill fel y'u ceir yn y ffynonellau cynharaf, sef 'Onid Gwyllt Walia'.[20] Yn wahanol i'r genedl frodorol yr oedd Evan Jones yn ceisio'i Christioneiddio, nid oedd gan Gymry'r Unol Daleithiau – na Chymry'r Hen Wlad ychwaith – eu llywodraeth, eu cyfreithiau a'u llysoedd hwy eu hunain. A'r Cymry heb y sefydliadau a'r cyfundrefnau cenedlaethol hyn, byddai'n ddiddorol gwybod a fyddai Tsalagi'r cyfnod yn ystyried y Cymry yn *ayeli* ('cenedl'). Ond fel y tystia cynifer o destunau Cymraeg a gyhoeddwyd ar ddwy ochr yr Iwerydd yn ystod y bedwaredd ganrif ar bymtheg, roedd y Cymry'n cyson gyfeirio atynt eu hunain fel 'cenedl'. Felly hefyd y defnyddid y gair 'cyd-genedl' yn aml wrth gyfarch Cymry eraill, fel y gwelir yn yr 'Anerchiad' a gyhoeddwyd gan y golygydd yn rhifyn cyntaf *Y Beread*:

> Nid gyda golwg wrthwynebol tuag at y Cyhoeddiadau Cymreig a hanfoda eisoes, yr ymddengys yr un a gynigir i eich sylw yn awr; eithr gyda pharch iddynt; ac i'r sawl a'u cychwynasant ac a'u dygant yn mlaen; pob llwyddiant iddynt yn eu cylchdeithiau priodol i ateb y dybenion goreu er llesoli ein cydgenedl wiwglodus yn eang diroedd gwlad Columbus.[21]

Roedd gan Gymry America ddau fisolyn Cymraeg yn barod, *Y Cyfaill o'r Hen Wlad* ac *Y Cenhadwr Americanaidd*; o ystyried bod y cyntaf yn cael ei gyhoeddi'n bennaf ar gyfer Methodistiaid Calfinaidd Cymraeg America a'r ail ar gyfer Annibynwyr Cymraeg y wlad, gobaith golygydd *Y Beread* oedd cydweithio â hwy yn hytrach na chystadlu yn eu herbyn er mwyn 'llesoli' eu 'cydgenedl' yn yr Unol Daleithiau.

Yn wahanol i'r genedl frodorol sofran a oedd wrthi'n ailsefydlu'i llywodraeth ar ei thiroedd newydd yn y gorllewin ar y pryd, roedd Cymry America ar wasgar ar draws y cyfandir. Gan nad oedd ganddynt na thiriogaeth ddiffiniedig na mecanwaith llywodraethol i'w tynnu ynghyd, y wasg gyfnodol Gymraeg oedd unig wir gyfrwng eu 'Cyfrinachfa' genedlaethol yn yr Unol Daleithiau:

> Yr ydym yn cymeryd i ein sylw y buddioldeb dymunol o Gyfrinachfa Gymreig i ein henwad yn eu sefyllfa bellenig a gwasgaredig yn y wlad

helaeth hon. Mae eisiau rhyw fan, rhyw ganol-bwynt, lle y dichon i ni oll gyfarfod â ein gilydd yn ohebiaethol a chyfrinachol, a'r man hwnw yw eiddo i ni ein hunain. Mae ysbryd anymddibynol y wlad y trigwn ynddi wedi cenedlu ei ryw ynom ninnau i raddau, fel y chwenychem gael y rhagorfraint o gyfeillachu yn rhwydd a diomedd a'n gilydd ar ein tir ein hunain. Wel, frodyr, cynygir i chwi heddyw y fath ganolbwynt a ddymunech . . . cewch yma gyfarch eich brodyr pellenig ar unryw destun teilwng a buddiol[.][22]

Ymhen llai na deng mlynedd byddai gan Gymry America bapur newydd yn eu mamiaith, *Y Drych*, a byddai un o'i ddarllenwyr yn ei ddisgrifio fel cyfrwng i'r 'Cymry, er mor wasgaredig ydynt ar hyd a lled y Cyfandir mawr hwn, . . . [g]ael cydgyfarfod i ysgwyd llaw â'u gilydd ar faes y Drych[.]'[23] Ceid tuedd felly i ddisgrifio cyhoeddiadau cyfnodol Cymraeg yr Unol Daleithiau yn drosiadol fel tir y genedl, fel safle daearyddol neu 'ganolbwynt' lle y gallai Cymry America 'gydgyfarfod' a 'chyfeillachu' â'u 'cydgenedl'. Os nad oedd Cymry America'n ffurfio 'cenedl' (ar wahân i'w cyd-Americanwyr a/neu eu cyd-Gymry yn yr Hen Wlad), roedd ganddynt rith cenedl ar dudalennau'u cyfnodolion. Gwêl Benedict Anderson gysylltiad amlwg rhwng y rhwydwaith a sefydlir gan wasg gyfnodol a chenedlaetholdeb modern: 'These fellow-readers, to whom they were connected through print, formed [. . .] the embryo of the nationally imagined community'.[24] Rhôi'r wasg gyfnodol newydd hon gyfle i Gymry America greu a chynnal cymuned ystyrlon ar y lefel genedlaethol.

Nid oedd Evan Jones yn gwbl ddisylw o'r rhith genedl hon; ysgrifennai at olygydd *Y Beread*. Nid yw holl rifynnau'r cylchgrawn wedi goroesi, ond mae natur yr erthygl fer a gyhoeddwyd am y 'Cherokeeaid' yn rhifyn 22 (15 Tachwedd 1842) yn awgrymu bod darllenwyr *Y Beread* yn gyfarwydd â hanes y cenhadwr Cymreig a'i gydweithiwr Jessy Bushyhead a bod o leiaf un erthygl arall am y Tsalagi Bedyddiedig wedi ymddangos yn un o'r rhifynnau coll hynny.

> Mewn llythyr amseredig Medi 22ain, crybwylla Mr. Jones fod Mr. Bushyhead, wedi dychwelyd yn ddiogel, a'i fod wedi ymweled yn ddiweddar â chenedl y Creek, am y rhai y dywed, 'Llawenychais yn fawr i weled amgylchiadau mor hynodion o ras Duw, ac addewais i ymweld â hwynt yn fuan eto.'[25]

Ceir yma ychydig o hanes cenhadaeth y Bedyddwyr ymhlith y Tsalagi sy'n crynhoi gweithredoedd diweddar y ddau genhadwr amlycaf, sef y Tsalagi Jessy Bushyhead a'r Cymro Evan Jones: 'crybwylla Mr. Jones [1] fod Mr. Bushyhead wedi dychwelyd yn ddiogel, [2] a'i fod [yntau, Evan Jones,] wedi ymweled yn ddiweddar â chenedl y Creek[.]'

Ac yntau ymysg gwleidyddion mwyaf gweithgar y blaid wrthadleoliad cyn 1838, parhâi'r Parchedig Bushyhead i wasanaethu llywodraeth y Tsalagi ar ôl y Llwybr Dagrau. Mae'n amlwg bod Evan Jones wedi hysbysu darllenwyr *Y Beread* yn y rhifyn coll hwnnw am ymweliad ei gyfaill â Washington DC, yn haf 1842. Fel yr eglura William McLoughlin, roedd wedi'i ddewis i gynrychioli'i genedl mewn ymdrech i sicrhau rhyfwaint o iawndal am yr adleoliad a'r Llwybr Dagrau:

> Bushyhead ... was ... a member of a Cherokee delegation appointed by the Council trying to persuade the President to make a new treaty to replace that of New Echota, one that would agree to full remuneration for their losses during removal, give a fairer price for their homeland, and grant them a clear title to their new country so that it could never be taken from them.[26]

Tra oedd yn nwyrain yr Unol Daleithiau, mynychodd Jessy Bushyhead gyfarfod blynyddol Bwrdd Cenhadol y Bedyddwyr yn ninas Efrog Newydd. Roedd Evan Jones ac yntau wedi penderfynu'i fod yn gyfle iddynt bwyso ar y rhai a oedd yn ariannu'u cenhadaeth i brynu gwasg argraffu Dsalagi. Er mwyn sicrhau ewyllys da'r bwrdd, cytunodd Evan Jones i deithio rhyw gant o filltiroedd ac 'ymweled ... â chenedl y Creek', fel y dywed y crynodeb o'i weithgareddau a gyhoeddwyd yn *Y Beread*. Ers eu hadleoli i'r gorllewin roedd llywodraeth y genedl frodorol hon wedi deddfu na châi cenhadon Cristnogol groeso i'w plith, ac roedd Bwrdd Cenhadol y Bedyddwyr am i'r Cymro geisio'u darbwyllo i ddiddymu'r gyfraith honno.[27]

Nid oedd y ffaith nad oedd cenhadon gwynion yn gweithio yno yn golygu nad oedd Cristnogion i'w cael ar dir y Creekiaid. Cawsai Evan Jones hyd i gynulleidfa o Fedyddwyr yno, y rhan fwyaf ohonynt yn gaethweision duon. Roedd un ohonynt, 'Brother Jack', yn ddwyieithog a chyfieithai'r pregethau y traddodai'r Cymro i'r Creek uniaith.[28] Er bod Cyngor Llywodraeth y Genedl yn gwrthod diddymu'r gyfraith yn gwahardd cenhadon gwynion, rhoddwyd caniatâd i Evan Jones a'i gyfaill Jessy Bushyhead ddychwelyd i bregethu ar dir y Creek yn achlysurol. Dyna sy'n egluro'r hyn a ddywedodd Evan Jones wrth ddarllenwyr *Y Beread*: 'Llawenychais yn fawr i weled amgylchiadau mor hynodion o ras Duw, ac addewais i ymweld â hwynt yn fuan eto.' Bid a fo am ei berthynas â'r genedl frodorol honno, roedd cyfuniad o'r gwaith a wnaeth yn eu plith y mis Medi hwnnw a'r lobïo a wnaethai Jessy Bushyhead yn Efrog Newydd yn gynharach ym 1842 wedi sicrhau ewyllys da'r bwrdd. O'r diwedd byddai gan Evan Jones ei wasg argraffu ei hun. Byddai'r datblygiad yn hwb sylweddol i'w genhadaeth, a byddai'n parhau i gyflwyno hanes y genhadaeth honno i ddarllenwyr Cymraeg America pan ddeuai *Y Seren Orllewinol* i lenwi'r bwlch a adawyd ar ôl i *Y Beread* ddirwyn i ben, fel y gwelir ym mhennod 7.

Nodiadau

1. Gw. Jerry Hunter, *I Ddeffro Ysbryd y Wlad: Robert Everett a'r Ymgyrch yn erbyn Caethwasanaeth Americanaidd* (Llanrwst, 2007).
2. *Y Cenhadwr Americanaidd*, Chwefror 1840, 60: 'Indiaid Oregon. Llythyr Oddiwrth Mr. Walker'. Bu Cushing Eels a'r Parchedig Elkanah Walker yn gweithio gyda chenhedloedd eraill fel y Nez Pierce hefyd. Nid oedd eu hymateb i gyflwr ysbrydol y brodorion mor gadarnhaol bob amser; gw. Larry Cebula, *Plateau Indians and the Quest for Spiritual Power, 1700–1850* (Lincoln [Nebraska], 2003), tt. 96, 112 a 117–18.
3. *Y Cenhadwr Americanaidd*, Chwefror 1840, 60.
4. Gw. y drafodaeth ar theori Edward Said uchod, tt. 93–4 a 111–12.
5. 'Yr Achos Cenhadol', *Y Cenhadwr Americanaidd*, Mawrth 1840, 77–8; ni cheir enw'r awdures: fel 'Dysgybles Ieuangc' y llofnododd ei hysgrif.
6. Ibid., 77.
7. *Y Cenhadwr Americanaidd*, Mai 1840, 153. Ni ddaethpwyd o hyd i'r llythyr Saesneg gwreiddiol. Mae'r testun Cymraeg hwn wedi'i arwyddo: 'Yr eiddoch yn Rhwymau yr Efengyl, Ethelinda M. Trowbridge. *Clinton, Ebrill,* 1840.' Bu Elizabeth Everett yn fyfyrwraig yn 'Athrofa'r Merched', Clinton, Efrog Newydd, ac wedyn yn aelod o staff y coleg. Daeth yn rhan o Hamilton College yn ddiweddarach. Gw. Hunter, *I Ddeffro Ysbryd y Wlad*, tt. 171–2.
8. *Y Cenhadwr Americanaidd*, Mai 1840, 153.
9. Ibid., 153–4.
10. Ibid., 154.
11. *Y Cyfaill o'r Hen Wlad*, Gorffennaf 1839, 210.
12. *Goleuad Cymru*, Gorffenaf 1822, 477.
13. Gw. Hunter, *I Ddeffro Ysbryd y Wlad*, a hefyd '"What can the Welsh do?" Robert Everett and the Welsh-American Abolition Movement, 1840–4', yn T. M. Charles-Edwards a R. J. W. Evans (goln), *Wales and the Wider World: Welsh History in an International Context* (Donington, 2010); 'Ymestyn Ffiniau'r "Bau Gyhoeddus" Ddiddymol: Gwasg yr Everettiaid a Henry Highland Garnet', yn Daniel G. Williams (gol.), *Canu Caeth: Y Cymry a'r Affro-Americaniaid* (Llandysul, 2010).
14. Hunter, *I Ddeffro Ysbryd y Wlad*, tt. 104 a 108–9.
15. Ibid., t. 108.
16. Abel Morgan, *Cyd-Gordiad Egwyddorawl o'r Sgrythurau: Neu Daflen Lythyrennol o'r Prif Eiriau Yn y Bibl Sanctaidd* (Philadelphia, 1730). Bu farw'r awdur ym 1722; cyhoeddwyd y gwaith gan ei frawd, Enoch Morgan. Gw. Henry Blackwell, *A Bibliography of Welsh Americana: Cylchgrawn Llyfrgell Genedlaethol Cymru*, Atodiad Cyfres III, rhif 1 (1942), 57.

[17] Gw. Huw Walters, 'Gwasg Gyfnodol y Bedyddwyr Cymraeg yn America: ei Thwf a'i Thranc', *Llên Cymru*, 32 (2009), 161–3.

[18] Fel hyn y mae Paul D. Evans yn crisialu hanes *Y Beread*: 'The first number was issued in January 1842, a sixteen page fortnightly, edited by the Rev. D. Phillips and printed by William Osborn in New York. [. . .] In the last issue, that for December 1842, the paper had changed to a monthly.' Paul D. Evans, 'The Welsh in Oneida County, New York,' (MA: Prifysgol Cornell, 1914), t. 35. Mae'r traethawd hwn bellach wedi'i gyhoeddi'n electronig gan Siloam Road Enterprises (2001): *http://members.aol.com.siloamroad/oneidawelsh*.

[19] Ceir enghraifft gynnar yng nghronicl Elis Gruffydd; gw. Patrick K. Ford (gol.), *Ystoria Taliesin* (Caerdydd, 1992), t. 86. Dyfynnid y llinellau hyn yn aml. Gw., e.e., Iolo Morganwg ('Ode on the Mythology of the Ancient British Bards'), a Daniel Ddu o Geredigion; Daniel Evans, *Gwinllan y Bardd: sef, Prydyddwaith ar Amrywiol Destunau* . . . (Llanymddyfri, 1831), t. 312: 'Dyna hefyd yspryd Taliesin, wedi cyfodi o drig-fannau y meirwon, yn amneidio arnaf i ail adrodd . . . "Eu hiaith a gadwant"'.

[20] Ford, *Ystoria Taliesin*, t. 86: 'onid gwylld Walia'.

[21] *Y Beread neu Drysorfa y Bedyddwyr; A Chyfrwng Gwybodaeth Gyffredinol i'r Cymry*, Ionawr 1842, 1.

[22] Ibid., 1–2.

[23] *Y Drych*, 15 Mawrth 1858. Gw. Hunter, *Sons of Arthur*, tt. 13–14.

[24] Benedict Anderson, *Imagined Communities: Reflections on the Origin and Spread of Nationalism* (London, 1983), t. 44.

[25] *Y Beread neu Drysorfa y Bedyddwyr; A Chyfrwng Gwybodaeth Gyffredinol i'r Cymry*, 15 Tachwedd 1842, 346.

[26] William G. McLoughlin, *Champions of the Cherokee: Evan and John B. Jones* (Princeton, 1990), t. 216.

[27] Ibid., tt. 217–18.

[28] Cymdeithas Hanes Bedyddwyr yr UD, Atlanta, Georgia (Archived Collection of Board of International Missionaries, American Baptist Historical Societies). Papurau Evan Jones; llythyr: 23 Medi 1842. Gw. hefyd McLoughlin, *Champions*, tt. 271–8.

Rhan III

DAU GYLCHGRAWN, DWY IAITH, UN GREFYDD

6

Tsalagi Atsinvsidv: *Cenhadwr Llenyddol Evan Jones*

Gaduhogadu – 'Breadtown' – oedd yr enw cyntaf a roddwyd ar leoliad safle cenhadol newydd Evan Jones. Newidiwyd yr enw wedyn i Cherokee ac fe'i gelwid yn 'Baptist Mission' hefyd. Roedd rhyw 25 milltir o ganolfan lywodraethol newydd y genedl, Tahlequah, ac roedd John Ross wedi ymgartrefu mewn lle o'r enw Park Hill, tua thair milltir y tu allan i'r dref newydd honno. Yn ystod y degawdau ar ôl y Llwybr Dagrau ysgrifennodd Evan Jones gannoedd o lythyrau at Fwrdd Cenhadol y Bedyddwyr. Mae'r union gyfeiriad a geir ar frig llythyrau'r cenhadwr yn amrywio; ceir *'Cherokee'* ar rai a *'Baptist Mission'* ar eraill, ac weithiau mae'r enw *'Park Hill'* yn tystio i fynych ymweliadau'r Cymro â phrif bennaeth etholedig y genedl. Fe ysgrifennodd Evan Jones ddisgrifiad pellach o'i leoliad daearyddol ar frig pob un o'r llythyrau hyn hefyd, gan arddel y byrfodd 'C. N.' ar adegau a chan ysgrifennu'r enw'n llawn ar adegau eraill: *'Cherokee Nation'*. Ond mae'r llythyr cyntaf a ysgrifennodd ar ôl i'r fintai y teithiodd ef gyda hi gyrraedd pen y Llwybr Dagrau yn dechrau â'r cyfeiriad *'Cherokee Nation West'*, ac mae'r gair olaf hwnnw yn datgan nad oedd y brodorion wedi llwyr ildio eu hawl ar eu hen diroedd traddodiadol gan hefyd awgrymu'r teimlad bod y genedl wedi'i rhwygo: gellid sôn bellach am 'y Genedl yn y Dwyrain' yn ogystal â'r 'Genedl yn y Gorllewin'.[1]

Mae llythyr a ysgrifennodd Evan Jones at Solomon Peck, ysgrifennydd y bwrdd, yn gynnar ym mis Awst 1844 yn neilltuol o bwysig o safbwynt yr astudiaeth hon gan ei fod yn trafod dau drobwynt yn hanes y Bedyddwyr Tsalagi. Tro er gwaeth oedd y cyntaf ohonynt; bu'n rhaid i'r cenhadwr hysbysu'r bwrdd fod yr enwad wedi colli un o'i weinidogion brodorol mwyaf galluog ac ymroddedig.

Cherokee, C. N., Augt 6th, 1844
My Dear Brother Peck,
    On Wednesday, July 31st, we had our two-monthly meeting, of delegates from the churches, connected with the Mission. [. . .] The meeting was truly a

visit to the house of mourning. The general salutation was silence and tears, indicative of the deepest feeling of sorrow. The death of our beloved brother Bushyhead was an afliction and a loss, beyond our power to estimate.[2]

Buasai Tastheghetehee, a adwaenid hefyd fel Jessy Bushyhead, ymysg cyfeillion pennaf a chydweithwyr pwysicaf Evan Jones. Yn ganolog i hynny o lwyddiant a gawsai cenhadaeth Evan Jones yn ddiweddar, bu Tastheghetehee ymysg arweinwyr gwleidyddol mwyaf medrus ei bobl hefyd.[3] Nid yw'n syndod fod Evan Jones yn disgrifio marwolaeth 'our beloved brother Bushyhead' fel ergyd i Fedyddwyr y genedl a oedd 'beyond [their] power to estimate'.

Roedd ganddo newyddion da i'w cyhoeddi hefyd, sef llwyddiant menter y buasai'r Brawd Bushyhead ei hun yn gefnogol iawn iddi. Ddiwrnod ar ôl y cyfarfod a ddisgrifiwyd ganddo fel 'tŷ galar' daeth rhifyn cyntaf cylchgrawn newydd y Bedyddwyr o'r wasg: 'We have issued our first Number of the "ᏣᎳᎩ ᏕᎪᏪᎵ", or the Cherokee Messenger'.[4] Ychwanegodd fod 'a few copies' wedi'u dosbarthu ymysg y galarwyr a ddaethai i'r cyfarfod ar 31 Gorffennaf gan awgrymu i'r cyhoeddiad godi'u calonnau hwy rywfaint: 'they were rec[eive]d with delight, and read with the greatest eagerness. Many read them through the same night'.[5] Ychwanegodd wrth frolio'i lwyddiant fod y cylchgrawn newydd wedi ymestyn ffiniau llenyddiaeth Dsalagi yn sylweddol: 'The amount of matter [. . .] would be scarecely noticeable in English; but in Cherokee, it makes an important addition to the stock of book knowledge. To them, it is all new and all interesting[.]'[6] Fe ddichon ei fod o ddiddordeb mawr i Fedyddwyr y genedl; roedd deunydd crefyddol y rhifyn cyntaf yn cynnwys cyfieithiadau o ran o Lyfr Genesis, y Salm Gyntaf a thudalennau agoriadol llyfr John Bunyan, *Taith y Pererin*. Ceir hefyd ar dudalennau rhifyn cyntaf y ᏣᎳᎩ ᏕᎪᏪᎵ (*Tsalagi Atsinvsidv*) ysgrif goffa i'r diweddar Jessy Bushyhead.[7]

A ddylid derbyn gosodiad Evan Jones fod ei gylchgrawn yn ychwanegiad pwysig at 'the stock of book knowledge' yn yr iaith? Nid yw'n dal o gofio'r ffaith bod cyfran sylweddol o'r genedl yn llythrennog yn y sillwyddor a bod llawer ohonynt wedi bod wrthi'n creu testunau ysgrifenedig yn eu hiaith eu hunain ers y 1820au cynnar. Ar y llaw arall, gellid derbyn ei osodiad os ydym yn cymryd 'book knowledge' i olygu'r hyn a geir mewn deunydd argraffedig; wedi'r cwbl, y cylchgrawn hwn oedd yr ail gylchgrawn Tsalagi i ymddangos, wedi'i ragflaenu'n unig gan *The Cherokee Phoenix*.[8] Hwn oedd y cylchgrawn Tsalagi cyntaf i ymddangos ar ôl y Llwybr Dagrau; ni fyddai llywodraeth y genedl yn dechrau cyhoeddi'r *Cherokee Advocate*, sef olynydd i'r *Phoenix*, tan fis Medi'r flwyddyn honno.[9]

Gwyddys bod 1,000 o gopïau o'r rhifyn cyntaf wedi'u hargraffu, ac nid oes rheswm i gredu bod cylchrediad y rhifynnau a ddaeth ar ei ôl yn llai.[10] Roedd yn waith llafurus iawn, a hysbysodd Evan Jones y bwrdd y mis Awst hwnnw nad oedd yn credu y gallai barhau â'r gwaith 'yn hwy na blwyddyn':

> When it pleased the Lord to call away our beloved brother Bushyhead, my first impression was, that we should be compelled to give up the idea of continuing the monthly paper; but the expectations of our brethren were raised so high, and their hearts so much set upon it, that I determined, if possible, to continue it one year at least. The labor to myself is, indeed, greatly augmented by the loss of Brother Bushyhead; but I feel, and have long felt, so anxious to furnish to the Cherokees the word of life, and some exemplifications of its gracious influence on the hearts and lives of men, that I would gladly undergo any labor and fatigue which my constitution can bear, in order to effect this desirable object.[11]

Yn y diwedd, byddai'n llwyddo i barhau â'r fenter nid 'am flwyddyn' ond am ddwy flynedd. Cynyddodd ei braidd yn sylweddol yn ystod y cyfnod hwn, twf y gellid ei briodoli'n rhannol i ddylanwad y cylchgrawn. Erbyn diwedd 1846, roedd gan eglwys Evan Jones dros fil o aelodau ffurfiol.[12]

Argraffwyd cyfieithiad Saesneg o'r teitl ar frig pob tudalen flaen, sef *The Cherokee Messenger* (gan gofio y gall y gair Saesneg '*messenger*' olygu 'cenhadwr'). Postiai Evan Jones gopïau at y bwrdd cenhadol ac at Americanwyr elusengar Saesneg eu hiaith a gyfrannai arian at yr achos, felly at y grŵp cymharol fychan hwn o dderbynwyr yr anelid y teitl Saesneg. Tsalagïaid uniaith oedd prif gynulleidfa darged y cylchgrawn, ac fel yr oedd Evan Jones wedi bod yn cydweithio â siaradwyr brodorol ers y 1820au er mwyn sicrhau bod ei gyfieithiadau Beiblaidd yn darllen yn rhwydd, felly hefyd yr oedd wedi gweithio'n galed er mwyn sicrhau bod y llenyddiaeth a gyflwynid trwy gyfrwng y cylchgrawn wedi'i chreu'n unol â theithi naturiol yr iaith. Gwelir hyn yn y teitl ei hun, ᏣᎳᎩ ᎠᏥᏅᏛ (*Tsalagi Atsinvsidv*). Ni raid egluro'r ansoddair cyffredin ᏣᎳᎩ (*Tsalagi*), ond fe ymddengys fod yr enw ᎠᏥᏅᏛ (*Atsinvsidv*) wedi'i fathu gan y Cymro neu un o'i gydweithwyr yn unswydd ar gyfer y cylchgrawn. Mae'r iaith Dsalagi'n gynhyrchiol iawn, ac yn hytrach na benthyg geiriau o ieithoedd eraill er mwyn trafod cysyniadau newydd, y duedd yw defnyddio adnoddau cynhenid yr iaith i greu geiriau newydd. Cofir i Evan Jones ddisgrifio'r 'native fertility of the the language' mewn modd tra brwdfrydig:

'The Cherokee language possesses a great facility of combination, by which new ideas can readily be expressed. The natives have no difficulty in naming any new instrument, when informed of its use.'[13]

Craidd y broses yw system ferfol hynod gyfoethog. Gellir 'enwoli' berf a'i throi'n enw, fel y gwelir yn achos hanes y gair *atsinvsidv*. Nid hwn yw'r gair arferol a ddefnyddir yn yr iaith i gyfieithu'r gair Saesneg *'missionary'* nac ychwaith y gair *'messenger'*.[14] Mae gan ferfau cryfion yr iaith Dsalagi nifer o wahanol rediadau yn dibynnu ar gategori gwrthrych y ferf. Mae pump o'r categorïau hyn, y cyntaf ohonynt yn ymwneud â gwrthrych sy'n fyw. Dosberthir pethau nad ydynt yn fyw mewn pedwar categori arall: pethau sy'n hyblyg; pethau sy'n hir (ond nid yn hyblyg, fel gwaywffon, brigyn, post, dryll); hylif (neu lestr sy'n dal hylif); pethau amhenodol.[15] Mae'r ffurf ferfol y mae teitl cylchgrawn Evan Jones wedi'i seilio arni wedi'i rhedeg mewn modd sy'n golygu bod y gwrthrych dan sylw yn hyblyg.[16] Ystyrir papur yn beth hyblyg o fewn y gyfundrefn ieithyddol hon, ac felly byddai siaradwr Tsalagi yn gwybod yn syth nad yw'r gair *atsinvsidv* yn cyfeirio at 'genhadwr (o gig a gwaed)', eithr 'cenhadwr neu negesydd (sy'n hyblyg [gan ei fod wedi'i wneud o bapur])'. Negesydd papur ydyw, cenhadwr llenyddol.

Cyhoeddwyd 12 rhifyn o'r *Tsalagi Atsinvsidv* rhwng Awst 1844 a Mai 1846, pan fu'n rhaid rhoi'r gorau i'r cyhoeddiad am resymau ariannol.[17] Roedd 16 o dudalennau ym mhob rhifyn; mae cyfrol gyntaf y cylchgrawn felly'n cynnwys cyfanswm o 192 o dudalennau. Mae llinynnau thematig eglur yn strwythuro'r gyfrol ar ei hyd, gyda'r un adrannau'n ymddangos mewn rhifyn ar ôl rhifyn. Cyfieithiadau cyfresol yw'r rhan fwyaf o'r llenyddiaeth hon; yn wir, mae pedwar cyfieithiad unigol yn hawlio rhyw 80 y cant o holl gynnwys y gyfrol. Mae 53 o'r 192 tudalen – sef tua 27.6 y cant o'r cyfan – yn gyfieithiad o Genesis, gyda chyfieithiad o lyfr Beiblaidd arall, Luc, yn llenwi 34 tudalen, sef tua 17.7 y cant o'r gyfrol. Yn ail i Genesis yn unig, gyda 51 tudalen (tua 26.5 y cant o'r gyfrol), y mae cyfieithiad o *Peter Parley's Universal History*. Ac yn olaf o'r pedwar hyn, mae trosiad o ran o glasur John Bunyan, *Pilgrim's Progess*, yn hawlio 15 tudalen, sef rhyw 7.8 y cant o gyfrol gyntaf y *Tsalagi Atsinvsidv*.

Pam rhoi rhagor o sylw i Efengyl Luc nag i weddill y Testament Newydd? Gall fod yn ddewis wedi'i gyflyru gan chwaeth bersonol Evan Jones. Mae geiriau William Barclay yn nodweddiadol o ymateb llawer o efrydwyr Cristnogol ar hyd y canrifoedd: 'If asked to choose one book from the New Testament, and one book only, I would choose Luke's Gospel, for in it I believe we have Jesus at his most beautiful and the Gospel at its widest.'[18] Ond ceir eglurhad diwinyddol hefyd. Fel y dywed

Bart D. Ehrman, o'i gymharu â'r Efengylau eraill: 'Luke is particularly concerned to explain how salvation moved from the Jewish people to non-Jews, the Gentiles.'[19] Rhydd Luc bwyslais neilltuol ar bregethu 'bod edifeirwch yn foddion maddeuant pechodau, i'w gyhoeddi yn ei enw ef i'r holl genhedloedd', neges ganolog i agenda cenhadon megis Evan Jones.[20]

Gyda'i gilydd, mae Genesis a *Peter Parley's Universal History* yn llenwi dros hanner yr holl gyfrol. Mae cysylltiad thematig amlwg rhwng y ddau destun hyn, a hanesyddiaeth yw'r cysylltiad hwnnw. ᏗᏠᏢᎳᎦ ᎠᏉᎮ ᏗᏝᏉᎰᏎᎬ ᎤᏞ ᏅᎤᏎᎳᎣᏎᎦ (*Dinetlvtahi goweli didalenisgv wosi uwoyalanvhi*), sef cyfieithiad o Genesis, yw'r testun cyntaf un a welodd darllenwyr wrth agor rhifyn cyntaf y cylchgrawn, ond nid yw'n dechrau gyda'r bennod gyntaf ond yn hytrach â Genesis 4.[21] Rhydd y bennod hon hanes disgynyddion cyntaf Adda ac Efa. Ceir hefyd yn rhifyn cyntaf y *Tsalagi Atsinvsidv* gyfieithiadau o Genesis 5 (sy'n cynnwys achau'r patriarchiaid a disgrifiad o dduwioldeb Enoch), Genesis 6 (drygioni'r byd, dicter Duw, rhan gyntaf stori Noah a'r Dilyw), Genesis 7 (parhad y stori honno), a Genesis 8 (diwedd stori'r Dilyw).[22]

Roedd penderfyniadau Evan Jones wrth ddewis a dethol y testunau a gynhwyswyd yn y cylchgrawn wedi'u cyflyru gan y profiadau a ddaethai i'w ran yn ystod dros 20 mlynedd o genhadu ymhlith y Tsalagi. Gwyddai fod gan y brodorion a oedd yn ymofyn am Gristnogaeth ddiddordeb neilltuol yn y darnau hynny o'r Ysgrythur sy'n trafod achau trigolion cyntaf y ddaear ac agweddau eraill ar hanes cynnar y ddynoliaeth. Mewn llythyr a ysgrifennodd at y bwrdd ddiwedd Awst 1844 mae'n disgrifio ymateb darllenwyr cyntaf y *Tsalagi Atsinvsidv*:

> Our little paper, the Cherokee Messenger, is read with avidity, and were it not for the extreme scarcity of money among the full Cherokees, we should have a large subscription list. As it is, we can diffuse information among the more intelligent, and they will circulate it among the others. I find many of them studying diligently, in the few chapters already issued, the inspired history of the origin of Nations. Those parts which by white people are often papered over, as matters of little concern, are to them full of interest, and have already had the effect to convince some that it is from God, and has induced a belief in the other parts of the sacred scriptures also, which point more directly to a Saviour dying for sinful man. As an instance: one man, who used to treat the oral account of our brethren as idle tales, confesses, since he has seen the scriptural account itself, that it has the appearance of truth, & that he believes it, and also the N[ew] Testament portions; and is determined to embrace the truth, as there laid down.[23]

Roedd y Cristnogion a'r darpar-Gristnogion brodorol wrth eu boddau'n astudio 'hanes ysbrydoledig tarddiad y Cenhedloedd' – 'the inspired history of the origin of Nations'. Byddai Evan Jones yn cyhoeddi cyfieithiad cyfan o Genesis ar ffurf cyfrol maes o law, ond dewisodd agor rhifyn cyntaf ei gylchgrawn newydd gyda Genesis 4 gan mai dyna fan cychwyn y rhan honno o'r Hen Destament sy'n canolbwyntio ar hanes cynnar y cenhedloedd. Mae'r hanes hwn yn parhau gyda Genesis 9, y darn cyntaf a geir yn rhifyn 2 (Medi 1844).

Ceisiwn ystyried y modd y derbyniodd darllenwyr Tsalagi y llenyddiaeth Feiblaidd hon nid o safbwynt y traddodiad Cristnogol ond o safbwynt y diwylliant brodorol a oedd yn cyflyru'r derbyniad hwnnw. Fel y nodwyd ar ddechrau pennod gyntaf yr astudiaeth hon, roedd dŵr yn ganolog i'r myth a adroddai'r Tsalagi am hanes cynnar y Cread, ac roedd y stori sanctaidd honno'n dweud hefyd y byddai'r byd yn diflannu eto o dan y dyfroedd ar ddiwedd ei hanes. Gellid meddwl y byddai'r rhai a ddarllenai stori Noah a'r Dilyw yn myfyrio ynghylch y tebygrwydd rhwng naratifau sanctaidd y ddwy grefydd. Yn yr un modd, mae'n debyg iawn y byddai rhai darllenwyr yn gweld adleisiau cyfarwydd yn stori Tŵr Babel; roedd un o'u traddodiadau am hanes cynnar eu pobl yn dweud bod balchder ac uchelgais rhai o'u harweinwyr cyntaf wedi esgor ar ryfel cartref, a'r rhwyg gwleidyddol hwnnw yn ei dro wedi rhwygo'r iaith wreiddiol yr oedd pawb yn ei siarad cyn y rhyfel gan greu nifer o ieithoedd gwahanol.[24]

Casglodd James Mooney ar ddiwedd y bedwaredd ganrif ar bymtheg nad oedd traddodiadau'r dynion gwynion wedi effeithio ryw lawer ar fythau llafar y Tsalagi: 'Contact with the white race seems to have produced very little impression on the tribal mythology[.]'[25] Mae'r gosodiad hwn yn gamarweiniol gan ei fod yn cyfeirio at straeon cyfan a adroddid ar lafar gan y Tsalagi (nododd na ellid olrhain 'more than three of four stories current among the Cherokee' i 'a Caucasian source').[26] Os ydym yn chwilio am ddylanwadau yn hytrach na straeon cyfan hunangynhaliol, yna gwelir yn rhwydd fod cysylltiad â'r dyn gwyn wedi effeithio ar rai fersiynau o rai o'r straeon sanctaidd a adroddid. Un o'r enghreifftiau amlycaf yw'r stori honno am yr Ysbryd Mawr, *ayvwi* ('y dyn go iawn'), *yonega* ('y dyn gwyn') a'r llyfr.[27]

Nodweddid (a nodweddir) naratifau crefyddol traddodiadol y Tsalagi gan hyblygrwydd. Fel y noda Daniel Heath Justice, mae straeon am hanes cynnar y genedl sy'n dweud eu bod wedi tarddu mewn un lle (a elwir fel arfer yn Kituwah, safle sanctaidd a ddisgrifir fel 'y pentref cyntaf') yn cydfodoli yn y traddodiad â straeon sy'n dweud bod yr hynafiaid wedi mudo i dde-ddwyrain y cyfandir o rywle arall: 'these . . . narratives shouldn't be read as a necessary rejection of the other origin traditions that are rooted in the southeastern mountains, for both acknowledge that particular landscape as the formative environment of aboriginal Cherokee tradition.'[28] Nid gwrthddywediad neu anghysondeb testunol yw'r hyn y mae Justice yn cyfeirio ato, eithr hyblygrwydd creadigol sy'n caniatáu i drafodaethau ar wahanol themâu gydfodoli o fewn yr un system fytholegol. Dywed: 'Unlike the creation accounts in the biblical book of Genesis, which assert an authoritative account at the exclusion of others, Native spiritual and intellectual traditions have a long history of inclusive flexibility.'[29] Ac felly roedd yr hyblygrwydd hwnnw a nodweddai grefydd y Tsalagi yn golygu y gallent ymgorffori gwybodaeth a phrofiadau hanesyddol newydd a ddaeth yn rhan o'u bydolwg hwy (neu'u bydolygon hwy) yn sgil eu hymwneud â'r *yonega* neu 'y dyn gwyn'.

> A world that's imbued with innumerable spirits has room for the different entities and worldviews of other peoples. This flexibility is marked by an attention to relationships, which require sensitivity and engagement to stay healthy. The history of monotheism, on the other hand, is one of a myopic insistence on a single 'Truth' that leaves no room for alternative understandings of the world.[30]

Fel yr awgryma'r hanesyn hwnnw am Yonaguska a'r cyfieithiad cyntaf o Efengyl Matthew a gyhoeddwyd yn y sillwyddor, roedd rhai brodorion a lynai'n ffyddlon wrth yr hen grefydd yn ymgyfarwyddo â'r llenyddiaeth Feiblaidd Gristnogol newydd a gyhoeddid yn eu mamiaith.[31] Gellid dychmygu bod rhai darllenwyr o'r fath felly wedi mwynhau darllen y *Tsalagi Atsinvsidv* a hyd yn oed wedi ymgorffori agweddau arni yn system hyblyg eu naratifau sanctaidd traddodiadol hwythau.

Wrth gwrs, nid darparu deunydd darllen ar gyfer darllenwyr o'r fath oedd bwriad Evan Jones a'i gydweithwyr, eithr hwyluso ffordd y rhai a oedd yn ystyried ymuno ag achos y Bedyddwyr a darparu rhagor o ddysg Gristnogol ar gyfer y rhai a fedyddiwyd eisoes ganddynt. Roedd yr unigolion hynny a ymunodd yn ffurfiol â chymundeb eglwys y Bedyddwyr yn derbyn y math o fonotheistiaeth y mae Daniel Heath Justice yn ei gwrthgyferbynnu â hyblygrwydd bydolwg crefydd draddodiadol y Tsalagi. Rhydd Evan Jones enghraifft o'r effaith a gawsai'r llenyddiaeth Feiblaidd a gyhoeddwyd yn rhifyn cyntaf y cylchgrawn ar 'un dyn', gan ddweud iddo dderbyn bod ganddi 'the appearance of truth' a'i fod 'yn benderfynol o gofleidio'r gwirionedd fel y'i ceid yno ('determined to embrace the truth, as there laid down').[32] Ond gan na cheir rhagor o wybodaeth am yr unigolyn hwn, mae'n amhosibl gwybod a oedd yn gwrthod hyblygrwydd ei hen grefydd yn gyfan gwbl a derbyn 'a myopic insistence on a single "Truth,"' chwedl Daniel Heath Justice, neu ynteu'n derbyn 'gwirionedd' y naratifau Cristnogol newydd heb adael iddynt ddisodli gwirioneddau mythau traddodiadol ei bobl.

Gellir cymryd yr hanesyn cryno y mae Evan Jones yn ei roi i ni am ymateb y dyn hwn i'r cylchgrawn fel disgrifiad o'r modd yr hwylusodd y cyhoeddiad y ffordd ar gyfer ymofynwyr a ymunodd yn llawn ag eglwys y Bedyddwyr. Ond rhaid derbyn bod y ffordd lenyddol honno yr oedd y Cymro a'i gydweithwyr yn ei pharatoi trwy gyfrwng y *Tsalagi Atsinvsidv* wedi'i chyflyru o leiaf yn rhannol gan chwaeth, diddordebau a chwestiynau yn deillio o fydolwg, diwylliant – ac, ie, crefydd – y Tsalagi hwy eu hunain. Ni ddylid anghofio i Evan Jones ei hun ddweud bod ei ddarllenwyr yn dangos diddordeb sylweddol yn 'the inspired history of the origin of Nations', a bod y diddordeb hwnnw i'w briodoli (o leiaf yn rhannol) i'w hymdrechion i gysoni'u dulliau traddodiadol hwy o synio am hanes cynnar eu cenedl â'r hyn a geir yn y Beibl am hanes cynnar y cenhedloedd. Yn wir, awgrymodd y cenhadwr Cymreig fod yr hanesyddiaeth Feiblaidd hon a geir yn llyfr cyntaf yr Hen Destament yn gam a oedd bron yn angenrheidiol cyn y gallai brodorion lawn dderbyn y 'gwirionedd' am Iesu Grist a geir yn y Testament Newydd; dywed yn y llythyr hwn fod '[t]*hose parts* [hanes tarddiad y cenhedloedd]' wedi cymell 'a belief in the other parts of the sacred scriptures also, which point more directly to a Saviour dying for sinful man'.[33] Yr awgrym yw na fyddai gan lawer o'r darllenwyr Tsalagi hyn ddiddordeb yn y cyfieithiadau o Luc a darnau eraill o'r Testament Newydd yr oedd wedi'u cyhoeddi (neu am eu cyhoeddi) yn y cylchgrawn heb rym yr hanesyddiaeth Hen Destamentaidd.

Boed o bulpud eglwys y safle cenhadol neu ynteu mewn cyfarfodydd a gynhelid yn ystod ei deithiau mynych o gwmpas cymunedau gwasgaredig y traddodiadwyr, bu Evan Jones yn pregethu i'r Tsalagi ers y 1820au. Yn ogystal â chenhadu trwy gyfrwng y gair llafar, roedd bellach wedi creu 'cenhadwr' (*Atsinvsidv*) llenyddol a oedd yn ymestyn ffiniau'i eglwys, gan droi'r wasg yn bulpud a allai gyrraedd cylchoedd ehangach o bobl. Ond os oedd yn defnyddio'r cenhadwr llenyddol hwnnw i geisio darbwyllo darllenwyr y dylent dderbyn y math o Gristnogaeth yr oedd yn ei choleddu, rhaid casglu bod y diwylliant Tsalagi yntau wedi dylanwadu ar fydolwg Cristnogol y Cymro. Cawn yn hanes cenhadaeth Evan Jones enghraifft o'r ffenomen y mae Craig S. Womack yn ei disgrifio:

> When cultural contact between Native Americans and Europeans has occurred throughout history, I am assuming that it is just as likely that things

European are Indianized rather than the anthropological assumption that
things Indian are always swallowed up by European culture. I reject, in other
words, the supremacist notion that assimilation can only go in one direction,
that white culture always overpowers Indian culture, that white is inherently
more powerful than red, that Indian resistance has never occurred in such a
fashion that things European have been radically subverted by Indians.[34]

Mae'n amlwg i gyfoeth yr iaith Dsalagi – yr hyn a ddisgrifiodd fel 'native
fertility of the language' – ddylanwadu ar y modd y syniai'r Cymro am
hanfod a natur iaith.[35] Gellid dweud yr un peth am y modd y dylan-
wadodd agweddau eraill ar ddiwylliant y brodorion ar ei fydolwg ef.
Roedd y broses a arweiniodd at ddewis y gair *atsinvsidv* ar gyfer teitl y
cylchgrawn wedi gorfodi Evan Jones i feddwl o'r newydd am hanfod
'cenhadu' a'r modd yr oedd deunydd printiedig yn gallu cenhadu. Felly
hefyd roedd diddordeb ysig y Tsalagi yn hanes cynnar y gwahanol
genhedloedd a'r ffaith bod ymgyfarwyddo â'r hanesyddiaeth Feiblaidd
honno'n gallu eu harwain at ddealltwriaeth o'r Testament Newydd yn sicr
wedi effeithio ar y modd y syniai am arwyddocâd gwahanol rannau o'r
Beibl a natur y berthynas rhyngddynt.

Ceir hefyd yn nisgrifiad Evan Jones o'r effaith a gawsai rhifyn cyntaf y
cylchgrawn ar rai darllenwyr awgrym hynod ddiddorol o'r grym yr oedd
y gair printiedig wedi'i fagu ym mydolwg y Tsalagi. Dywed nad oedd y
dyn dan sylw wedi derbyn yr hyn a glywsai ar lafar am grefydd y
Bedyddwyr ('one man, who used to treat the oral account of our brethren
as idle tales') gan ychwanegu'i fod wedi newid ei farn ers gweld y
deunydd Cristnogol mewn du a gwyn yn y cylchgrawn ('since he has seen
the scriptural account itself'). Roedd grym y gair ysgrifenedig, wedi'i
gryfhau a'i ymledu trwy gyfrwng y wasg argraffu, yn rhannol gyfrifol am
ei ddarbwyllo; roedd yn fodlon derbyn 'gwirionedd' y Cristnogion ar ôl
iddo ei weld ar bapur ('the truth, as there laid down').[36] Pan ddaeth rhifyn
cyntaf cylchgrawn Evan Jones o'r wasg, nid oedd ond 22 o flynyddoedd
ers i Sequoyah droi'r iaith Dsalagi yn iaith ysgrifenedig, a chwta 16 o
flynyddoedd ers i'r deunydd cyntaf gael ei argraffu yn y sillwyddor. Eto,
gwelwn yn hanes y modd y derbyniwyd rhifyn cyntaf y *Tsalagi Atsinvsidv*
fod grym y gair printiedig wedi magu cryn awdurdod yn ystod y cyfnod
byr hwnnw. Wrth gwrs, o gofio eto'r stori honno am y Crëwr, y 'dyn go
iawn', y 'dyn gwyn' a'r llyfr, gellid awgrymu bod canfyddiad o rym
llythrennedd wedi dechrau ymdreiddio i ymwybyddiaeth y Tsalagi cyn i'w
hiaith hwythau groesi'r trothwy a safai rhwng llafaredd a llythrennedd.

Mae'n bwysig cofio mai traddodiadwyr y genedl ac nid cenhadon
Cristnogol a oedd yn gyfrifol am y chwyldro diwylliannol a droes y Tsalagi

uniaith yn bobl lythrennog. Cyhoeddid y cyfnodolyn cyntaf yn yr iaith (a'r cyntaf mewn unrhyw un o ieithoedd brodorol Gogledd America) – ᏣᎳᎩ ᏧᎴᎯᏌᏅᎯ, *Tsalagi Tsulehisanvhi* ('Tsalagi Ffenics') – gan lywodraeth Cenedl y Tsalagi.[37] Gellid dehongli perthynas Evan Jones â'r chwyldro hwnnw ar hyd y llinellau a awgrymir gan Womack a chasglu'i bod yn enghraifft o *'things Indian'* yn dylanwadu ar Americanwr o dras Ewropeaidd gymaint ag y mae'n enghraifft o ddyn gwyn yn dylanwadu ar ddiwylliant brodorol y Tsalagi.[38] Gellid disgrifio perthynas y cenhadwr Cymreig â diwylliant brodorol y Tsalagi'n drosiadol fel lôn ddwyffordd, gyda daliadau, syniadau a chysyniadau yn teithio i'r ddau gyfeiriad.

Pe baem yn ystyried y lôn ddwyffordd honno o safbwynt yr hyn a deithiai o gyfeiriad Evan Jones, gellid awgrymu iddo gyflwyno cysyniadau ynghylch natur gwahanol fathau o destunau i'r traddodiad llenyddol Tsalagi newydd.[39] Fel y datblygai cysyniadau brodorol ynghylch hanfod llythrennedd gyda thwf y sillwyddor, felly hefyd y datblygid cysyniadau brodorol gwreiddiol ynglŷn â natur testunau ysgrifenedig a hanfod testunoldeb na ddaeth o'r traddodiad llenyddol Saesneg (na'r un traddodiad llenyddol Ewropeaidd arall). A nodi un enghraifft yn unig, math o destun a esblygodd yn gyflym yn ystod y cyfnod cynnar hwnnw – ac sy'n parhau i chwarae rôl yn niwylliant llenyddol yr iaith Dsalagi – yw'r *igawésdi* (lluosog *idigawésdi*). Fe'u diffinnir gan Alan Kilpatrick fel 'magical text[s]' neu fel 'medico-magical texts'.[40] Yn aml, mae rhagymadrodd un o'r testunau hyn yn pwysleisio'i natur ysgrifenedig gyda geiriau megis *'hi'a' tsigo:hwé:la'*, 'y mae'n ysgrifenedig'.[41] Crëwyd casgliadau o'r testunau hyn gan feddygon traddodiadol, a gelwir y llawysgrifau hyn yn *nvwodhi digohwéli*, term y mae Kilpatrick yn ei gyfieithu fel 'medicine books'.[42]

Ni wyddys a oedd Evan Jones yn gyfarwydd â'r math hwn o destun brodorol, ond ni ellir dangos i'r ffrwd lenyddol Dsalagi hon ddylanwadu arno. Cofir iddo ddatgan yn y llythyr a ddyfynnir ar ddechrau'r bennod hon fod y *Tsalagi Atsinvsidv* wedi cyfrannu'n sylweddol 'to the stock of book knowledge' yn yr iaith Dsalagi.[43] Er i'r cenhadwr Cymreig ymroi i hyrwyddo llythrennedd frodorol trwy gyfrwng y datblygiad brodorol hwnnw, y sillwyddor, ni ellir dweud yr un peth am ei berthynas â llenyddiaeth Dsalagi; yn hytrach na mabwysiadu dulliau'r Tsalagi o greu testunau llenyddol yn eu mamiaith, trwy gyfrwng ei gylchgrawn roedd yn eu cyflwyno i lenyddiaeth Dsalagi a oedd yn gydnaws â'i ddull (Ewropeaidd-Americanaidd) ef o synio am 'wybodaeth llyfr'.[44]

Roedd ffurf y 'book knowledge' hwn yn deillio o'r adnoddau Cymreig-Prydeinig-Americanaidd a oedd ganddo wrth gefn: llyfrau'r Beibl; *Peter Parley's History*; *Pilgrim's Progress*. Ond roedd dewis y testunau hyn yn broses a gyflyrid ar adegau gan yr hyn a wyddai am chwaeth a disgwyliadau'i ddarllenwyr Tsalagi. Ac felly, yn ogystal ag agor ei rifyn cyntaf â'r darnau 'hanesyddol' o Genesis a drafodwyd uchod, aeth ati i ddarparu cyd-destun a fyddai'n cynorthwyo'r darllenydd wrth iddo dreulio'r hanesyddiaeth Feiblaidd hon trwy gynnwys darnau helaeth o *Peter Parley's Universal History on the Basis of Geography*, llyfr hanes Saesneg a oedd yn boblogaidd iawn ar y pryd. Fe anelwyd y gwaith hwn yn wreiddiol at blant, a doedd neb llai na Nathaniel Hawthorne ymysg yr awduron a gyfrannai ato, fel yr eglura Gillian Brown: 'Hawthorne began his publishing career as an author of books for children, working on Samuel G. Goodrich's Peter Parley series of educational books. These books furnished easily comprehended accounts of world history and geography.'[45] Fe'i cyhoeddwyd gyntaf yn Llundain ym 1837 gydag argraffiad Americanaidd yn dilyn lai na blwyddyn yn ddiweddarach.[46] Mae'r rhagymadrodd y cyhoeddwyd cyfieithiad ohono yn rhifyn cyntaf y *Tsalagi Atsinvsidv* yn gofyn i'r darllenydd ddychmygu'i fod yn teithio mewn balŵn fel modd o'i gyflwyno i ehangder y ddaear a'i hanes. Wedyn, ceir cyfieithiad o benodau 2 a 3 yn yr ail rifyn (Medi 1844), yn cynnwys hanes Trigolion Asia, Affrica a Gwleydydd Eraill' (pennod 4) a hefyd 'Gwahanol Fathau o Bobloedd y Ddaear' (pennod 5).[47] Yn rhifyn 3 (a gyhoeddwyd yn Rhagfyr 1844) y câi darllenwyr fyfyrio ynghylch rhagor o *Peter Parley's History*, gan gynnwys hanes 'Y Cread a'r Dilyw' (Pennod 7), 'Noah a'i Deulu'n gadael yr Arch ac hanes Tŵr Babel' (Pennod 8), rhagor o hanes Babel (pennod 9), a hanes 'Ymerodraeth Asyria'.[48] Mae'n amlwg iawn fod Evan Jones wedi dewis cyhoeddi cyfieithiad cyfresol o ran gyntaf 'Hanes Peter Parley' gan ei fod yn destun sy'n cyd-fynd yn dwt â hanes cynnar y cenhedloedd fel y'i ceir yn Genesis.

Mae hefyd yn gymharol hawdd egluro'r rhesymau dros gynnwys yr olaf o'r pedwar cyfieithiad cyfresol sy'n llenwi'r rhan fwyaf o gyfrol gyntaf y *Tsalagi Atsinvsidv*. Nid yw'n syndod o fath yn y byd fod cenhadwr Cymreig fel Evan Jones wedi penderfynu cyflwyno clasur Cristnogol John Bunyan, *Pilgrim's Progress*, i'w ddarllenwyr Tsalagi. Cafwyd y cyfieithiad Cymraeg cyntaf ohono ym 1688, blwyddyn marw Bunyan, pan gyhoeddodd Stephen Hughes a'i gydweithwyr *Taith neu siwrnai y pererin*.[49] Roedd yn hynod boblogaidd a chyhoeddwyd fersiwn ar ôl fersiwn o'r Bunyan Cymraeg.[50] Er mwyn awgrymu'r effaith a gâi'r gwaith ar ddatblygiad llenyddiaeth Gymraeg ni raid ond nodi iddo ddylanwadu'n sylweddol ar William Williams, Pantycelyn; talodd deyrnged i Bunyan yn ei ragymadrodd i *Bywyd a Marwolaeth Theomemphus*: 'Y llyfrau goreu o'r dull hyn a welais yn desgrifio credadyn yn ei argyhoeddiadau, ofnau, cysuron, a'i demtasiynau, yw Bunyan . . . yn enwedig *Taith y Pererin'*.⁵¹ Mae'n amhosibl gwybod pa fersiwn o waith Bunyan a ddefnyddiwyd gan Evan Jones; yn ogystal â'r holl argraffiadau Saesneg, roedd llawer o gyfieithiadau Cymraeg newydd wedi ymddangos yn ystod hanner cyntaf y bedwaredd ganrif ar bymtheg.⁵² Cyhoeddwyd cyfieithiad Cymraeg yn yr Unol Daleithiau yn ystod y bedwaredd ganrif ar bymtheg hefyd.⁵³

Gall y cyd-destun llenyddol Cymraeg hwn egluro'n rhannol y ffaith bod Evan Jones wedi dewis cyhoeddi cyfieithiad o waith Bunyan yn yr iaith Dsalagi, ond rhaid crybwyll cyd-destun arall hefyd, sef un a geir yn hanes y mudiad cenhadol Protestannaidd Prydeinig. Fel y dengys Isabel Hofmeyr yn ei hastudiaeth *The Portable Bunyan*, roedd y *Pilgrim's Progress* ymysg adnoddau llenyddol mwyaf poblogaidd ac effeithiol cenhadon Prydeinig y bedwaredd ganrif ar bymtheg, yn ail yn unig i'r Beibl.⁵⁴ Mewn trafodaeth ar yr effaith a gafodd Bunyan ar weithgareddau cenhadol mewn rhychwant eang o ieithoedd Affricanaidd, mae Hofmeyr yn dangos bod gwaith Bunyan yn fwy poblogaidd gyda 'chynulleidfa darged' y cenhadon ar adegau na'r Beibl ei hun. Mae'n cefnogi'r pwynt trwy nodi bod cyfieithiadau o waith Bunyan wedi ymddangos yn rhai o ieithoedd brodorol Affrica cyn i gyfieithiad o'r Beibl gael ei gyhoeddi yn ei gyfanrwydd.⁵⁵ Nid yw'n syndod felly i Evan Jones benderfynu cyhoeddi talpiau o *Taith y Pererin* yn Dsalagi ochr-yn-ochr â Luc a Genesis.

Dyna'r pedwar cyfieithiad cyfresol sy'n llenwi dros dri-chwarter o gynnwys cyfrol gyntaf y cylchgrawn. Mae amrywiaeth o destunau yn cyfrif am y gweddill, gan gynnwys cyfieithiadau Beiblaidd eraill (Salmau a rhai o'r Epistolau).⁵⁶ Ceir yn y rhifyn cyntaf drafodaeth ieithyddol yn Saesneg sy'n llenwi dau dudalen, '*Brief Specimens of Cherokee Grammatical Forms*'.⁵⁷ Parheid â'r gwersi gramadegol hyn yn achlysurol mewn rhifynnau eraill. Dyma ffrwyth astudiaethau Evan Jones, gwaith a ddechreuasai'n ôl yn y 1820au cynnar.⁵⁸ Mae'n amlwg nad at y darllenwyr uniaith Dsalagi a oedd yn ffurfio prif gynulleidfa darged yr *Atsinvsidv* yr anelwyd y rhan hon o'r cylchgrawn. Roedd wedi bod wrthi'n addysgu'r pregethwyr brodorol a'i cynorthwyai – cylch o unigolion a oedd yn tyfu yn y cyfnod – ac mae'n bosibl iawn fod y gwersi hyn wedi'u darparu'n rhannol er mwyn eu helpu gyda'u hastudiaethau a'u hyfforddi i fod yn gyfieithwyr. Gan gofio bod y cylchgrawn yn cyrraedd hoelion wyth y bwrdd cenhadol yn nwyrain yr Unol Daleithiau, mae hefyd yn bosibl bod Jones yn gobeithio y byddai cyflwyniad i'r iaith a'i chyfoeth yn helpu gwrthweithio rhagfarn ieithyddol Americanwyr Saesneg eu hiaith.

Yn ogystal, cyhoeddwyd nifer o ysgrifau'n tystio i'r modd y bu i Evan Jones a'i gydweithwyr hyrwyddo dirwest ymhlith y Tsalagi. Fel gyda chynifer o genhadon Protestannaidd eraill, roedd hyrwyddo'r mudiad hwn yn wedd ar genhadaeth Gristnogol Evan Jones, ac felly mae natur y gweithgareddau a drafodir yn yr ysgrifau hyn yn gydnaws ag agenda grefyddol y cylchgrawn. Ar wahân i'r pytiau Saesneg hynny sy'n cyflwyno'r iaith Dsalagi ei hun, yr unig destunau sylweddol y gellid dweud nad ydynt yn grefyddol mewn modd amlwg yw'r llythyrau gan arweinwyr gwleidyddol y genedl: cyhoeddwyd anerchiadau gan yr uwch-bennaeth etholedig John Ross a Major Lowry.[59]

O safbwynt yr astudiaeth hon, y testun mwyaf diddorol a gyhoeddwyd yn y *Tsalagi Atsinvsidv* yw ysgrif a geir yn rhifyn Chwefror 1846. Y teitl yw DhᏅᏒᏐ ᎠᎾᏓᏬᏍᎩ ᎧᏃᎮᎩ (*Aniwelitsi Dinadawosgi Kanohegi*): 'Hanes y Bedyddwyr Cymreig'.[60] Yn debyg i lawer o destunau Tsalagi eraill a gyhoeddwyd yn y cylchgrawn, mae gan yr ysgrif fer hon deitl Saesneg; fel y nodwyd uchod, roedd yn fodd i sicrhau bod aelodau bwrdd cenhadol yr enwad yn gwybod beth oedd cynnwys pob rhifyn fel yr oedd hefyd yn fodd i hysbysu Cristnogion elusengar a gyfrannai arian ynghylch natur y genhadaeth a'i chylchgrawn. Gan ei fod yn crynhoi cynnwys yr ysgrif ar gyfer y darllenwyr di-Dsalagi hyn, mae'r teitl Saesneg yn hwy na'r un Tsalagi: 'An account of the ancient Welsh Baptists, and of the Introduction of Christianity into Wales'. Mae'r testun hwn yn trafod y modd y cyflwynwyd Cristnogaeth i'r Cymry ac mae hefyd yn awgrymu bod y Cristnogion Cymreig cynnar yn Fedyddwyr (neu o leiaf yn rhyw fath o broto-Fedyddwyr). Yn debyg i lawer o'r cyfieithiadau a gyhoeddwyd gan Evan Jones yn y cylchgrawn, mae'n hawdd dychmygu y byddai'r drafodaeth hon ar hanes crefyddol y Cymry yn plesio'r darllenwyr Tsalagi hynny a oedd yn awyddus i ddysgu mwy am 'the inspired history of the origin of Nations'.[61]

Ceir brawddeg fer ar ddiwedd y darn sy'n rhoi enw'r awdur: DB ᎠᏯᎢᎣᎴᎬᏅ ᎠᎬᏛᏚ (*Ayv Tsvsgwanuwodv gowelvga*): 'Y fi, Planced Hardd, a ysgrifennodd hyn'. Ni ellir dweud gyda sicrwydd pwy oedd Tsvsgwanuwodv ('Planced Hardd'). Byddai'n braf cael casglu'n syml mai Evan Jones ydoedd, ond eto nid yw ymchwil bresennol yn caniatáu i ni gyflwyno'r casgliad hwnnw mewn modd digamsyniol. Cofnodwyd enw Tsalagi arall a ddefnyddid wrth gyfeirio ato mewn dogfen Saesneg, a 'Gawoheeloosekeh' (gair sy'n defnyddio'r un bôn berfol â *Dinadawosgi*, y gair Tsalagi am Fedyddwyr) yw'r enw hwnnw. Nid yw'n anodd damcan-iaethu ynghylch tarddiad yr enw hwn: ceid yn America'r bedwaredd ganrif ar bymtheg gotiau wedi'u gwneud o blancedi lliwgar, a gellir dychmygu y byddai unigolyn a wisgai gôt o'r fath yn magu'r (llys-)enw *Tsvsgwanuwodv*, 'Planced Hardd'. Eto, o ystyried creadigrwydd dulliau

Tsalagi o enwi a'r ffaith bod trosiadau a chyfeiriadau storïol yn gallu chwarae rhan yn y broses, gellid dychmygu hefyd y byddai'r enw'n cael ei ddefnyddio ar gyfer Cristion a arddelai'r enw Saesneg Joseph (yn hytrach na'r trawslythreniad arferol, *Tsosewi*), gyda'r stori Feiblaidd am ei 'gôt amryliw' yn egluro'r enw Tsalagi hwn.⁶² Eto, rhwng yr holl lythyrau a ysgrifennodd Evan Jones at y bwrdd, ei ddyddiaduron personol, a'r erthyglau a gyhoeddodd yn y *Later Day Luminary*, *The Baptist Missionary Magazine*, *Y Bered* ac *Y Seren Orllewinol*, cofnodwyd hanes ei genhadaeth yn fanwl iawn gan gynnwys enwau'i gydweithwyr, ac ni ddaethpwyd o hyd i'r enw 'Tsvsgwanuwodv' na'r enw Saesneg 'Joseph' yn eu mysg.

Rhaid casglu'n betrus felly ei fod yn enw arall a ddefnyddid ar adegau ar gyfer unigolyn a chwaraeai rôl ganolog yn y genhadaeth. Roedd yr awdur yn gyfarwydd â'r traddodiadau Cymreig a Chymraeg ynglŷn â dyfodiad Cristnogaeth i'r Hen Gymry, ac felly mae'n debyg iawn mai un o'r tri chenhadwr Cymreig Americanaidd – Thomas Roberts, Evan Jones neu ei fab, John B. Jones – ydoedd. Ni wyddys a oedd John B. Jones wedi'i fagu'n siarad Cymraeg nac ychwaith a oedd ganddo unrhyw fath o hunaniaeth Gymreig; mae ugeiniau o lythyrau yn ei law ef wedi goroesi ynghyd â nifer o erthyglau cyhoeddedig, ac ni ddaethpwyd o hyd i gyfeiriad at Gymru, y Cymry neu'r Gymraeg yn yr un ohonynt. Er i Thomas Roberts ymroi i ddysgu'r iaith Dsalagi yn gynnar yn y 1820au, fe ymddengys nad oedd yn gwbl rugl ynddi; roedd yn cydweithio ag Evan Jones, James Wafford ac eraill yn cyfieithu'r Ysgrythur, ond mae'n anodd credu y byddai hynny o afael a oedd ganddo ar yr iaith wedi'i alluogi i gyfansoddi ysgrif wreiddiol ynddi. Pwy bynnag ydoedd, roedd 'Planced Hardd' yn unigolyn a allai gyfansoddi testun llenyddol yn yr iaith Dsalagi; gwelir yr enw ar ddiwedd o leiaf un testun arall a gyhoeddwyd yn y *Tsalagi Atsinvsidv*, sef emyn wedi'i seilio ar Salm 28 a gyhoeddwyd yn rhifyn Gorffennaf 1845.⁶³ Wedi pwyso a mesur y dystiolaeth yn y modd hwn, gallwn gasglu, er yn betrus, mai Evan Jones oedd Tsvsgwanuwodv.

Gan droi at yr ysgrif ei hun, dywed 'Planced Hardd' fod y Cristnogion Cymreig 'wedi deillio o'r Bedyddwyr' – ᏅᏓ ᎪᎳᏍᎣᎯ ᎫᎾᏓᏭᎩ (*nvda yunadalenvdv dinadawosgi*).⁶⁴ Mae hefyd yn egluro yn y brawddegau cyntaf y cysylltiad rhwng y Cymry a thrigolion cynnar Prydain. Dywed yn gyntaf 'eu bod yn eu galw hwy'n Gymry' (neu 'yn bobl Gymreig') – ᎠᏂᏫᎵᏥ ᏥᏓᏃᏎᎰ (*Aniwelitsi tsidanoseho*) – cyn egluro ᎠᎾ ᎥᎡ ᎠᎭᏢ (*gohi gesv Anigilisi*), 'hwy oedd y Prydeinwyr'.⁶⁵ Defnyddid a defnyddir yr enw *Anigilisi* i olygu 'Prydeinwyr' a 'Saeson'; mae '*Gilisi*' yn golygu Saesneg a Seisnig, ffaith sy'n awgrymu mai 'Saeson' yw'r cyfieithiad cywir, ond, ar y llaw arall, gan fod *Anigiliyi* yn golygu 'Yr Ynysoedd Prydeinig' neu 'Ynysoedd Prydain', mae'r cyfieithiad 'Prydeinwyr' hefyd yn ddilys.⁶⁶ Eglura ymhellach yn y frawddeg nesaf y cysylltiad rhwng y 'Prydeinwyr' hanesyddol hyn a'r Cymry wrth ddisgrifio'r ffynonellau sy'n sail i'r ysgrif: DhᏬᏒᏔ RᎫ ᏧZᏬWOᏂᏂ ('*Aniwelitsi eti tsunowelanvni*'), 'Cymry hynafol a ysgrifennodd[.]' Mae'r ansoddair '*uweti*'/'*eti*', sy'n golygu 'hen' neu 'hynafol', yn goleddfu'r enw *Aniwelitsi*, 'y Cymry' neu 'y bobl Gymreig'.⁶⁷ 'Yr Hen Gymry' sydd dan sylw – neu, a darllen yr ymadrodd hwn yng nghyd-destun y gair '*Anigilisi*' – 'Yr Hen Brydeinwyr' neu 'Yr Hen Frytaniaid'. Ceir yn y testun hwn ymgais i gyflwyno cysyniad a oedd o'r pwys mwyaf i hunaniaeth y Cymry i'r Tsalagi; dywed Planced Hardd wrth ei ddarllenwyr Tsalagi mai disgynyddion 'yr Hen Frytaniaid', trigolion gwreiddiol Ynys Brydain, yw'r Cymry.

Er nad yw'n enwi'r ffynonellau Cymreig hynafol y cyfeiria atynt yn y modd hwn, mae'r hyn 'a ysgrifennodd yr Hen Gymry [neu'r "Hen Frytaniaid"]' yn ymwneud â hanes Cristnogol cynnar y Cymry. Ceir cymhlethdodau ieithyddol yn y testun na lwyddwyd i'w datrys hyd yn hyn, ac felly ni ellir sicrhau bod y cyfieithiad a geir isod o'r frawddeg hon yn gwbl gywir:

DhᏬᏒᏔ RᎫ ᏧZᏬWOᏂ[h], DᎫᏆ, OᏞE – GᏞᏚOᏚᏚ ᎣᎯG ᎪᎧ ᎣGᏚᏉᎫ ᏧᎾᏀAᎾ4Ꮣ -ᏯV, ᎾᏫ DᏛᏴᏢ (DhᎩᏢᏏᏬ.) OᏴᎫᏢᎧ ᎫR 63.

Aniwelitsi eti tsunowelanvni, adiha, nvdagv wadalenvdv nahiyu dikanawadvsdi tsuninanugowis elegwodo nahna amayeli anigilisiyi uyetilisadisv 63.

Ysgrifennodd yr Hen Gymry, dywed ef [h.y., ein ffynhonnell?], [am y cyfnod] pan oeddynt yn cael eu geni o gyfreithiau mawrion er mwyn Paul [?] yno yn Ynysoedd Prydain, yn y flwyddyn 63.

Mae'n disgrifio arwyddocâd y flwyddyn 63 fel y cyfnod pan 'aned' yr Hen Frytaniaid 'o gyfreithiau mawrion'. Mae'r ymadrodd '*elegwodo*' yn dywyll i'r awdur presennol; awgryma Laura Anderson yn betrus y gall '*gwodo*'/'*Gwodo*' fod yn ffordd o gyfleu'r enw personol 'Paul', er nad dyna'r ffurf arferol ac er na ddisgwylir y llafariad olaf, -*o*, ar ddiwedd ffurfiad o'r fath.⁶⁸ Gall yr elfen '*ele*' gyfleu grym adferol, a'r cyfan felly o bosibl yn golygu 'am', 'dros' neu 'er mwyn Paul'. Bid a fo am union ystyr yr ymadrodd hwn, mae'n amlwg fod y frawddeg hon yn disgrifio'r trobwynt hanesyddol pan drowyd yr Hen Frytaniaid yn genedl Gristnogol. Dyna ystyr 'cael eu geni . . . o [neu 'trwy'] gyfreithiau mawrion', a dyna o bosibl yw grym yr awgrym eu bod wedi'u hennill dros neu er mwyn Paul, a ystyrir yn aml yn brif apostol Crist.

Lleolir y trobwynt yn gronolegol mewn modd penodol iawn, ac mae'r modd y gwneir hyn yn cysylltu'r testun hwn â ffrwd gyfoethog o hanesyddiaeth Gristnogol Gymreig. Disgrifiodd Saunders Lewis y 'Ddamcaniaeth Eglwysig Brotestannaidd' y bu awduron Protestannaidd Cymraeg yr unfed ganrif ar bymtheg megis William Salesbury a Richard Davies wrthi yn ei lledaenu.[69] Math o ffug-hanesyddiaeth oedd y 'ddamcaniaeth' hon, yn honni bod Cristnogaeth 'bur' wedi'i choleddu ym Mhrydain cyn i ddylanwad Eglwys Rufain ei 'llygru' hi.[70] Fe'i ceir mewn ffurf gofiadwy yn rhagymadrodd yr Esgob Richard Davies i *Testament Newydd* (1567). Yn debyg i awdur yr ysgrif Dsalagi hon, cyfeiria'n gyntaf at ffynonellau ysgrifenedig yr Hen Frytaniaid sy'n tystio i wirionedd yr 'hanes' dan sylw:

> ny bydday anhawdd i mi roi trosof audurdot o hen lyfray cofion, ac ystoriay dilys, i gadarnhau a gwirhau, fod y cyneddfay ar rhinwedday hynn oll yn amlach, ac yn helethach ar y Brytaniait yn yr hen amser nac ar nasiwn ac ydoedd yw cymdogaeth oy amgylch.[71]

Canolbwyntia'r Esgob Davies ar y bwysicaf o'r 'rhinweddau' hyn, sef y '[G]ristnogaeth bur' y dywed iddi ddod i Brydain gyda Joseph o Arimathea:

> Dwyn cof a wnaf am vn rhinwedd ragorawl a gydbwysa yrhei vchod oll, ath harddai gynt, ac a rodday yt ragorfraint a goruchelder, sef crefydd dilwgr, crystynogaeth bur, a ffydd ffrwythlon ddiofer. Can ys dowait Sabellius historiawr ddarvot i ynys Prydain dderyn ffydd Christ yn gyntaf vn or oll ynysoedd, ac nid heb achos: o blegit yn y ddecfet flwyddyn ar vgain ar ol derchafiad Christ i doeth i r deyrnas hon y Senadur anrhydeddus Joseph o Aramathya discybl Christ ac eraill discyblon crystynogaidd dyscedic gidac ef: y gwyr hynn megis ac i derbyniasont wy'r ffyrdd a'r crefydd ar crystynogaeth can Christ i hun, ay Apostolion, felly y pregethasont, ac i dyscasant yn y teyrnas honn.[72]

Credir (a chredid) bod Crist yn 33 oed adeg ei farwolaeth a'i 'ddyrchafiad': fel nifer o ysgrifau ffug-hanesyddol eraill o'r cyfnod modern cynnar, haera mai yn y flwyddyn 63 OC y daeth Joseph o Arimathea â 'Christnogaeth bur' i'r Hen Frytaniaid.

Un o'r testunau Cymraeg diweddarach a ailgylchodd y ffug-hanesyn hwn yw llyfr Joshua Thomas, *Hanes y Bedyddwyr Yn Mhlith Y Cymry, O amser yr Apostolion hyd y flwyddyn 1797*, gwaith sy'n dangos bod is-ffrwd Fedyddiedig wedi deillio o'r ffrwd hon o hanesyddiaeth Brotestannaidd

Gymreig. Egyr y gyfrol swmpus hon ag adran yn dwyn y teitl 'HANES Y BEDYDDWYR, &C. [:] Y RHAN GYNTAF', gyda nodyn yn egluro y caiff yr hanes hwnnw ei gyflwyno 'Ar ddull Ymddiddan rhwng Plentyn a'i Dad.'[73] Ar ôl tudalennau cyntaf yr 'ymddiddan', gofynna'r plentyn '[a] oes gwybodaeth pwy a bregethodd yr efengyl yma gyntaf?'[74] Mae'r tad wrth ateb yn cyfaddef nad yw'r holl ffynonellau yn cytuno:

> Nid yw Haneswyr yn cytuno yn hyn; rhai a ddywedant fod Paul yma yn pregethu, rhai a ddywedant fod Pedr, ac ereill o'r apostolion; eithr y farn fwyaf cyffredin yw, mai Joseph o Arimathea, sef y gwr urddasol a gladdodd ein Harglwydd Iesu, oedd yr hwn a seiniodd udgorn mawr yr efengyl yma gyntaf oll. Nid oes achos i ni ymbalfalu llawer am hyn. Digon yw, i'r newyddion da o lawenydd mawr mor gynar gyrhaeddyd ein gwlad ni, yr hon oedd eithaf y byd i'r oes hono; er fod gwledydd eang heb glywed yr efengyl eto.[75]

Mae'n ochri gyda'r rhai sy'n credu mai Joseph o Arimathea oedd y cyntaf i bregethu'r Efengyl ym Mhrydain, ond dim ond ar ôl nodi bod rhai 'haneswyr' yn enwi dau apostol arall, Pedr a Paul.

Yn anffodus, nid yw'n hawdd canfod enw personol yn y testun Tsalagi hwn sy'n cyfeirio'n uniongyrchol at Joseph o Arimathea; ni cheir ynddo y trawslythreniad arferol, *Tsosewi*. Awgrymwyd uchod mai 'ein ffynhonnell' yw ystyr y neilleb '*adiha*', ond byddai 'dywed ef' yn gyfieithiad mwy llythrennol. O dderbyn yr awgrym uchod fod ᏦᏠᎶᏄᏬᏋ (Tsvsgwanuwodv; 'Planced Hardd') yn ddull o gyfleu'r enw 'Joseph', tybed ai'r Tsvsgwanuwodv y ceir ei enw ar ddiwedd y testun yw'r awdur y cyfeirir ato gyda'r ymadrodd *adiha* (dywed ef)? Byddai hynny'n golygu bod y cyfan yn cael ei briodoli i 'Blanced Hardd' (hynny yw, Joseph [o Arimathea]). Eto, mae'r ffaith bod yr enw Tsvsgwanuwodv yn ymddangos ar ddiwedd emyn Tsalagi a gyhoeddwyd yn y cylchgrawn – yn ogystal â'r ffaith bod gweddill y testun wedi'i ysgrifennu o safbwynt awdur sy'n edrych yn ôl ar y cyfnod hanesyddol pell sydd dan sylw – yn yr un cylchgrawn yn milwrio yn erbyn y ddamcaniaeth fentrus hon.

Tybed a ellid derbyn awgrym Laura Anderson fod ᏫᎠ (*Gwodo*) yn ymgais at gyfleu enw estron, gan ailwampio'r ddamcaniaeth ychydig ac awgrymu mai 'Joseph (o Arimathea)' ac nid 'Paul' yw'r enw dan sylw? Os felly, gallwn gyfieithu'r ymadrodd '*elegwodo*' fel 'dros Joseph (o Arimathea)'. Mae hyn yn ein galluogi i drosi '*nvdagv wadalenvdv nahiyu dikanawadvsdi tsuninanugowis elegwodo nahna amayeli anigilisiyi uyetilisadisv*' fel 'pan oeddynt yn cael eu geni o gyfreithiau mawrion dros Joseph [o Arimathea] yno yn Ynysoedd Prydain, yn y flwyddyn 63', gyda '[th]ros Joseph' yn golygu bod yr Hen Frytaniaid wedi'u hennill drosto neu iddo (hynny yw, i'w ffordd ef o synio am Gristnogaeth, ac yn y blaen). Ar y llaw arall, mae'n werth cofio bod Joshua Thomas yn y dyfyniad uchod yn nodi bod rhai 'haneswyr' yn honni mai Paul oedd y pregethwr Cristnogol cyntaf ym Mhrydain (ac eraill yn eu tro yn honni mai Pedr ydoedd). O gyfieithu *Gwodo* fel 'Paul', gellir casglu bod yr ysgrif Dsalagi hon yn cyflwyno amrywiad ar y ffug-hanesyn poblogaidd a honnai mai Paul oedd yr apostol a ddaeth â 'Christnogaeth bur' i Brydain yn y flwyddyn 63 OC.

Rhaid cofio bod y testunau llenyddol a geir yn y cylchgrawn hwn yn rhan o gyd-destun cymdeithasol a chrefyddol penodol – a chyfyngedig – iawn. Yn wahanol i gyfnodolion Cymraeg yr Unol Daleithiau, dyweder, a dderbynnid gan Gymry a oedd ar wasgar ar draws yr Unol Daleithiau a thu hwnt, y rhan fwyaf yn ddieithriaid i'r awduron a'r golygyddion a oedd yn darparu'r deunydd a gyhoeddid, roedd Evan Jones a'i gydweithwyr yn cyhoeddi'r *Tsalagi Atsinvsidv* ar gyfer cynulleidfa o bobl yr oeddynt yn eu hadnabod. Fel y tystia'r llythyr a ysgrifennodd y cenhadwr ar 6 Awst 1844, roedd '*a few copies*' o rifyn cyntaf y cylchgrawn wedi'u dosbarthu ymysg y Bedyddwyr Tsalagi a ddaethai i alaru dros Jessy Bushyhead ar 31 Gorffennaf. Gwyddom hefyd ei fod yn defnyddio'r cylchgrawn er mwyn helpu addysgu'r pregethwyr lleyg brodorol yr oedd yn eu hyfforddi. Hyd yn oed os nad oeddynt yn aelodau yn ei eglwys ac yn ei adnabod yn bersonol, rhaid bod y darllenwyr Tsalagi a dderbyniai gopïau o'r cylchgrawn wedi clywed Evan Jones neu un o'i gydweithwyr yn pregethu. Gellid synio am y *Tsalagi Atsinvsidv* felly fel corff o ddeunydd printiedig a gynhyrchid er mwyn cynorthwyo'r gwersi a'r wybodaeth a draddodid ar lafar mewn cyfarfodydd pregethu, ysgolion Sul a sesiynau astudio'r genhadaeth. Mae felly'n debyg iawn fod geiriau Tsalagi a fathwyd gan y Bedyddwyr (gan gynnwys enwau personol megis 'Gwodo') wedi'u cyflwyno ar lafar i'r darllenwyr *cyn* iddynt dderbyn y cylchgrawn. Nid yw'r cyd-destun llafar coll hwn ar gael i ni heddiw ac felly erys amwysedd neu ddirgelwch ynghlwm wrth lawer o'r bathiadau gwreiddiol a geir yn y testunau a gyhoeddwyd ar wasg y Baptist Mission.

Mae'r frawddeg nesaf, er nad yw ychwaith heb ei hamwysedd, yn disgrifio'r modd y daeth Joseph o Arimathea (neu Paul) â Christnogaeth yn syth o enau'r Iesu i'r Hen Frytaniaid, ac felly mae'n cysylltu marwolaeth Crist â man cychwyn y genhadaeth i'r Hen Gymry: ᏧᏂᏬᎠᏫᎯᎯᎡ ᎣᏕᏄᎯ ᏧᎠᎤᏙᏉ ᎶᎻᏱᎢ ᏗᏓᎾᏫᏍᏗ ('*Tsuniwadvhihihe Osidini tsudoidv Lomiyi didanawisdi*'), 'Ble y lladdasant ef a elwir yn Ddaioni ar groes y Rhufeiniaid[.]' Er na cheir y trawslythreniad cyffredin, *Tsisa*, 'Iesu', yma, mae'n amlwg fod gan yr enw cyffredin *osidini*, 'daioni', rym enw personol yma a'i fod yn cyfeirio at Grist.[76]

Edrydd y testun hwn hanes Cristnogaeth Gymreig gynnar mewn modd cryno iawn, ac felly mae'n neidio'n gyflym – mewn brawddeg sy'n agor â'r ymadrodd ѲѼᎠᎩ ѲᎯᏎ ѲᏉ° DPᏏPR ('*Nasgi nahiyu nagwo aliyilisv*'), 'dyma'n awr symud ymlaen' – 'i'r flwyddyn 600' (OᏚᎫᎡ ᏌᎫR 600 ['*udedihusadisv*']). Y trobwynt dan sylw yw'r gwrthdrawiad rhwng y 'Gristnogaeth bur' a goleddid gan hynafiaid y Cymry a'r Gristnogaeth y daeth Awstin â hi i'r Eingl a'r Sacsoniaid. Crisialodd Richard Davies y dehongliad hwn o'r 'amhur [G]rystynogaeth' a 'osod[wyd] gan Awstin 'ymhlith y Sayson':

> pan oedd oed Christ 600 neu ynghylch hyny, i danfonodd Gregor Escop Ruuain Awstin i droi'r Sayson ir fydd. [. . .] Trwy waith hwn i troed y Sayson hwyntwthae ir Chrystynogaeth. Ac velly ir aeth Chrystynogaeth tros wyneb y deyrnas, cyd bai wahan mawr rhwng Chrystynogaeth y Brytaniait, a'r eilun chrystyongaeth a dduc Awstin ir Sayson. Y Brytaniait a gadwasai eu Christnogaeth yn bur ac yn ddilwgr, heb gymysc dechmygion dynol mal i derbyniesynt gan Iosph o Aramathya dyscipl Christ[.][77]

Gwelir unwaith eto fod yr ysgrif Dsalagi hon yn cyfranogi o ffrwd o hanesyddiaeth Brotestannaidd Gymreig sy'n mynd yn ôl i'r unfed ganrif ar bymtheg ac yn troi'r ffrwd honno at bant agenda'r Bedyddwyr. Wrth ddisgrifio natur a chyflwr Cristnogaeth yr 'Hen Gymry' yn y flwyddyn 600, mae Planced Hardd yn pwysleisio swyddogaeth bedydd yn eu defodau a'u credoau:

> ѲѼᎩ TᏎ TѼѽᎫ DhѼPᏆ ᏛᏞᏊ TᎪᏂᏗᎫ Ꮈ ᏗhSWPT ᏞѲᏞѼѽET DᏊZ DZᎯᏎѦѽᎩ OᏊOᏛR ᏕᏛSѲѽᎫᎮ4T.

> *Nasgi iyu igwusdi Aniwelitsi nudale iyadvnedi tla yanigatahei danadawosgvi aleno anohiyuhvsgi unvsv degegawosdigesei.*

> Nid oedd y bobl Gymreig hynny yno yn cydnabod trefn arall [hynny yw, dull arall o addoli] [ac roeddynt] yn fedyddiedig ac roedd credinwyr yn bedyddio'i gilydd.

Felly, câi darllenwyr Tsalagi ddysgu bod y Cristnogion Cymreig cynnar yn Fedyddwyr a bod y math hwn o ffydd yn wahanol i'r Gristnogaeth a ddaeth i Brydain yn ddiweddarach.

Yn ôl yn y 1820au buasai Evan Jones yn poeni am y cyfieithwyr a wasanaethai'r cenhadon Methodistaidd gan eu bod yn trosi'r ferf Saesneg '[*to*] *baptize*' gyda berfau Tsalagi nad oeddynt yn golygu ymdrochi mewn dŵr.[78] Fel y cwynodd ar un achlysur, '[an] interpreter gave a wrong translation . . . [as] "sprinkled".'[79] Roedd yn hollbwysig i'r Bedyddiwr Cymreig fod y Tsalagi yn deall bod bedydd yn golygu ymdrochi'n gyfan gwbl mewn dŵr, nid gollwng cwpl o ddafnau ar ben y darpar-droëdig. Mae'r geiriau Tsalagi perthnasol a geir yn y frawddeg hon yn gydnaws â'r modd y bu Evan Jones yntau'n cyflwyno'r cysyniad hwn gydol ei yrfa genhadol, gyda '*danadawosgvi*' yn golygu 'roeddynt yn ymdrochi' (neu 'yn fedyddiedig'), a '*anohiyuhvsgi unvsv degegawosdigesei*' yn golygu 'roedd credinwyr yn trochi'i gilydd' (neu 'yn bedyddio'i gilydd'). Yn ôl yr ysgrif hon, nid yn unig yr oedd yr Hen Gymry yn arddel Cristnogaeth fel y'i pregethid gan Iesu a'i ddisgyblion, ond roedd bedydd o'r fath a arddelir gan y Bedyddwyr yn ganolog i'r Gristnogaeth honno. Er mwyn pwysleisio'r cysylltiad rhwng eu ffydd a llygad y ffynnon, disgrifia'r gymuned hon o Frytaniaid Cristnogol cynnar fel ᏍᎬᎶᏆ ᎠᏆᎮᎠᎩ ('*Galonedv anelisgi*'), 'credinwyr Crist', a thanlinella bwysigrwydd y math hwn o fedydd trwy ddisgrifio'r cyflwr ysbrydol a ddeuai yn ei sgil fel ᎣᏍᏗᏂ ᎠᎵᏂᎬᏁᎲ ('*ostini alinigvnehv*') – 'daioni wedi'i gyflawni' neu 'daioni wedi'i wireddu'. Gwrthgyferbynnir 'daioni' Cristnogaeth 'bur' y Bedyddwyr Cymreig hynafol hyn â'u cyflwr ysbrydol diweddarach. Dywed Planced Hardd fod brenhinoedd yr Hen Frytaniaid wedi dechrau byw mewn modd pechadurus: 'Roeddynt yn teyrnasu'n wael yno, y brenhinoedd Cymreig yn ymddwyn fel y rhai a oedd yn byw yn Rhufain' (ᏇᎮᎡ – ᎬᎡᎢ ᎯᏍᏂᎢᎢ4Ꭶ ᎣᎡᎡᎬᎫᎠ Ꮥh☉9Ph,ᏚᎩ ᎨᎲ ᎴᎤᏁᎬᎧ hᎩ; *Nunigvwi yusvi niduniyoisei ugvwiyuhi Aniwelitsiyi gev Lomi tsunanelodi tsigi*.).

Mae'r ysgrif hon yn amlinellu ychydig dros fil o flynyddoedd o hanes Cristnogaeth Gymreig, a hynny mewn modd tra chryno. Y garreg filltir benodol olaf a drafodir yw 1115 ᎣᏍᎠᏢᎤᎠᎡ, '1115 *udedisisadisv*' – 'y flwyddyn 1115'. Dyna'r flwyddyn y daeth cenhadaeth oddi wrth y Pab yn cludo'r *pallium* i Ralph d'Escures, Archesgob Caergaint, cam hollbwysig yn ei ymdrechion i sicrhau bod eglwysi Cymru (a'r Alban) yn ddarostyngedig i'w awdurdod ef.[80] Paschal II oedd y Pab ar y pryd, ond gelwir ef yn ᎬᎤ, '*Losa*', yn y testun hwn, trawslythreniad, mae'n debyg o'r enw 'Lucius'. Mae'n debyg bod Evan Jones neu bwy bynnag oedd 'Planced Hardd' yn dibynnu ar ffynhonnell a ddrysodd Paschal II (1099–1118) a Lucius II (1144–5). Os nad yw'r manylyn hanesyddol hwn yn gywir, mae naws y cyfeiriad yn gydnaws â hanfod 'damcaniaeth eglwysig Brotestannaidd' y Cymry, chwedl Saunders Lewis; disgrifia'r Pab *Losa* fel 'un gyda thywyllwch y tu mewn iddo' (ᎣᎸᎩ ᏀᎣᎣᎢ, '*nvlisigi nunvnvi*').

Trwy gyhoeddi '*Aniwelitsi Dinadawosgi Kanohegi*' roedd Evan Jones yn hysbysu'i ddarllenwyr Tsalagi fod Cristnogaeth wedi dod yn syth i'r 'Hen Gymry', a hynny trwy gyfrwng apostol a'i cludai'n uniongyrchol o enau Crist i 'Ynysoedd Prydain'. Roedd hefyd yn dweud wrthynt fod y dull o fedyddio a ddefnyddid gan y Bedyddwyr yn y bedwaredd ganrif ar bymtheg yn ganolog i'r Gristnogaeth Gymreig gynnar honno. Roedd cenhadon Cristnogol eraill yn cystadlu am eneidiau'r brodorion, a gwyddai'r Bedyddwyr a'r darpar-Fedyddwyr yn eu plith nad oedd rhai o'r enwadau Cristnogol eraill yn diffinio bedydd yn yr un modd. Felly roedd crybwyll arwyddocâd y blynyddoedd 600 a 1115 yn fodd i awdur y llith hon ddangos bod y Bedyddwyr Cymreig cynnar wedi cystadlu â mathau eraill o Gristnogaeth, fel yr oedd y Cymro Evan Jones a'r Bedyddwyr Tsalagi a'i cynorthwyai yn cystadlu ag enwadau eraill ar dir y Tsalagi.

Perthyn yr ysgrif hon i ffrwd o hanesyddiaeth Gymreig a oedd yn wrth-Babyddol yn ei hanfod. Yn dechrau gyda'r rhagymadroddion a gyhoeddwyd gan William Salesbury a Richard Davies yn yr unfed ganrif ar bymtheg, cynhwysa'r ffrwd hon waith poblogaidd Theophilus Evans, *Drych y Prif Oesoedd*. Yn debyg i'r Esgob Davies ac eraill, honna Theophilus yntau 'mai Joseph o Arimathea a bregethodd yr Efengyl gyntaf ym Mhrydain.'[81] Darlunia'r *Drych* y modd y daeth dylanwadau 'Pabyddol' o Loegr i 'lygru' Cristnogaeth wreiddiol yr Hen Frytaniaid:

> ni a welwn fod y Brutaniaid yn dal y wir ffydd yn ddiysgog, ond y disgleirdeb hwnnw a dduodd fwy-fwy beunydd wedi hynny, nes ei fyned yn dywyll oll. A hyn nid allaf ei gystadlu i ddim cyffelyppach nag i'r Haul dan ddiffyg. Canys nid ar unwaith y mae disgleirdeb a phelydr yr Haul yn colli, ond o fesur ychydig ac ychydig: Felly nid a'r unwaith yn ddianoed, yr ymroddodd ein Hynafiaid ninnau i Babyddiaeth: Hwy a gymmerasant eu perswadio i dderbyn pwngc ynawr ac eilwaith, nes iddynt o'r diwedd ddygymmod a holl sothach Pabyddiaeth[.][82]

Cafwyd adargraffiad ar ôl adargraffiad o lyfr hanes Theophilus Evans, gan sicrhau y byddai'n dylanwadu'n drwm ar haneswyr Cymraeg y dyfodol. Yn fuan ar ôl i ail argraffiad *Drych y Prif Oesoedd* ymddangos ym 1740 y dechreuodd Joshua Thomas '[g]asglu deunydd' ar gyfer ei lyfr hanes ei hun,[83] er na fyddai *Hanes y Bedyddwyr Yn Mhlith Y Cymry* yn ymddangos tan ddiwedd y ganrif. Fel y gwelwyd uchod, dywed y Parchedig Thomas yn y gyfrol swmpus hon 'mai Joseph o Arimathea . . . a seiniodd udgorn mawr yr efengyl [ym Mhrydain] gyntaf oll'.[84]

Yn ogystal â chyflwyno fersiwn y Bedyddiwr o'r 'ddamcaniaeth eglwysig Brotestannaidd' gyfarwydd, mae rhagymadrodd Joshua Thomas yn awdurdodi'r fath hanesyddiaeth. Dywed y 'tad' yn yr ymddiddan â'i '[b]lentyn' fod gwahaniaeth rhwng 'hen chwedlau ofer' a'r math o hanes y mae'n ei drafod: 'Nid buddiol yw hen chwedlau ofer, disylwedd a disail. Eto mae hanesion o bethau naturiol yn fuddiol yn eu lle. Ond y mae Hanes Eglwys Dduw yn dra buddiol yn gyffredin.'[85] Nid oedd pob hanesydd Cymraeg – nac yn wir pob Bedyddiwr o hanesydd Cymraeg, hyd yn oed – yn cytuno â Joshua Thomas. Er enghraifft, gellid nodi gwaith David Jones, *Hanes y Bedyddwyr yn Neheubarth Cymru*, a gyhoeddwyd ym 1839, sef saith mlynedd cyn i'n hysgrif Dsalagi ymddangos. Mae'n nodi bod rhai 'awdwyr' yn honni i Pedr a/neu Paul gludo Cristnogaeth i Brydain cyn troi at y stori am Joseph: 'Ond y chwedl fwyaf boblogaidd o lawer yw, i Joseph o Arimathea ddyfod yma gyntaf'.[86] Traetha David Jones yn helaeth ynghylch y stori, cyn casglu nad yw'n bosibl ei chredu: 'y rhyfeddod yw, fod corff o bobl yn y byd mor benwan a choel-grefyddol â rhoddi derbyniad a chrediniaeth i chwedlau mor afresymol.'[87]

Ni wyddys beth oedd ffynhonnell uniongyrchol y testun Tsalagi hwn. Mae'n ysgrif fer iawn nad yw'n llenwi hyd yn oed un tudalen cyfan, ac mae'r darnau perthnasol yn y gweithiau Cymraeg a drafodir uchod yn hwy o lawer. Gwelwyd yn y bennod flaenorol fod Evan Jones yn gohebu â golygydd *Y Beread neu Drysorfa y Bedyddwyr*, cyfnodolyn byrhoedlog a gyhoeddid ar gyfer Bedyddwyr Cymraeg America ym 1842. Nid yw'r rhan fwyaf o rifynnau *Y Beread* wedi goroesi, ac felly mae'n bosibl fod crynodeb o hanes cynnar Bedyddwyr Cymru wedi'i gyhoeddi yn un o'r rhifynnau coll hynny. Ond mae'n debyg nad oedd Evan Jones (neu Planced Hardd) yn dilyn ffynhonnell uniongyrchol o'r fath. Byddai'n well disgrifio'r ysgrif hon fel crynodeb o'r traddodiadau (ffug-)hanesyddol hyn.

Gellid damcaniaethu (fel y gwneir ym mhenodau cyntaf yr astudiaeth hon) fod profiadau personol y Cymro hwn wedi'i arwain o leiaf yn rhannol i dderbyn pwysigrwydd iaith frodorol y Tsalagi. Awgrymodd fod perthynas rhwng ei hunaniaeth fel siaradwr Cymraeg a'i awydd i gyfieithu'r Beibl i'r iaith Dsalagi mewn llythyr a ysgrifennodd at y bwrdd ym 1838 ('The Welch is my vernacular language').[88] Ni wyddys beth oedd cynnwys y rhan fwyaf o'r pregethau, y gwersi a'r areithiau a draddododd ar lafar yn ystod holl flynyddoedd ei genhadaeth, ac felly mae'n bosibl ei fod wedi traethu ynghylch hanes cynnar y Bedyddwyr Cymreig ar adegau. Ond *'Aniwelitsi Dinadawosgi Kanohegi'* ('Hanes y Bedyddwyr Cymreig') yw'r unig destun sydd wedi goroesi sy'n dangos yn ddi-gamsyniol fod cysylltiad rhwng Cymreictod Evan Jones a'r modd yr oedd yn cenhadu ymhlith y Tsalagi.

O gyd-destunoli'r ysgrif hon trwy ystyried ei pherthynas â'r ffrwd hirhoedlog honno o hanesyddiaeth Brotestannaidd Gymraeg, gwelir ei bod yn perthyn i linach o destunau dylanwadol sy'n mynd o Ddiwygiad Protestannaidd yr unfed ganrif ar bymtheg hyd at ddiwedd y ddeunawfed ganrif. Mae'r fersiwn a gyhoeddwyd gan Evan Jones yn y *Tsalagi Atsinvsidv* yn gydnaws â'r traddodiad sy'n llifo o ragymadrodd yr Esgob Davies i Destament Newydd 1567 i glasur Theophilus Evans ac ymlaen i *Hanes* y Bedyddiwr Joshua Thomas. Nid yw'n cynnwys y feirniadaeth a geir yn y llyfr hanes a gyhoeddasai'r Bedyddiwr arall hwnnw, David Jones, ym 1839, a hynny am un o ddau reswm: un ai am nad oedd Evan Jones (a/neu Planced Hardd) yn gyfarwydd ag ef neu ynteu gan nad oedd yn cefnogi'r hanesyddiaeth Gymreig yr oedd am ei chyflwyno i'w darllenwyr Tsalagi.

Mae'n debyg mai at '*Aniwelitsi Dinadawosgi Kanohegi*' y mae William McLoughlin yn cyfeirio yn y rhagymadrodd i'w gyfrol *Champions of the Cherokees*:

> When Evan Jones translated into Cherokee a description of the coming of Christianity to the Welsh . . . he may have had in mind that Christianity was not the religion of one chosen people – the Anglo-Saxons – but of any people who needed a just God who would protect the weak from the strong, the oppressed from the oppressor.[89]

Nid oedd yr hanesydd hwn yn darllen yr iaith Dsalagi, ac felly sail ei ddehongliad oedd y pennawd Saesneg a gyhoeddwyd ar frig yr ysgrif: '*An account of the ancient Welsh Baptists, and of the Introduction of Christianity into Wales*'. Roedd Evan Jones yn cynnwys teitlau Saesneg fel hwn er mwyn sicrhau y byddai gan hoelion wyth ei fwrdd cenhadol a chefnogwyr di-Dsalagi eraill grynodeb o gynnwys y cylchgrawn. Fe ymddengys iddo ddylanwadu hefyd ar ddehongliad un o haneswyr Americanaidd mwyaf disglair ail hanner yr ugeinfed ganrif.

Mae'n demtasiwn llunio theori ar hyd y llinellau a awgrymwyd gan McLoughlin ac awgrymu bod yr ysgrif hon wedi chwarae rhan mewn agenda genhadol ehangach a bod Evan Jones wedi cyfeirio at hanes ei genedl ei hun wrth hysbysu'i wrandawyr mewn pregethau nad oedd Cristnogaeth yn perthyn i Americanwyr gwynion Saesneg eu hiaith yn unig. Eto, ni ellir profi'r fath ddamcaniaeth, er mor apelgar ydyw. Yr hyn sy'n sicr yw bod y cenhadwr Cymreig wedi elwa ar hanesyddiaeth draddodiadol ei wlad enedigol er mwyn hyrwyddo achos ei enwad a dadlau bod bedyddio trwy ymdrochi yn ddefod a berthynai i Gristnogaeth Gymreig gynnar cyn i'r 'purdeb' hwnnw gael ei lygru. Yn ogystal, roedd cyhoeddi'r ysgrif yn fodd iddo hysbysu'r brodorion yr oedd yn byw yn eu plith mai'i genedl ef – *'Aniwelitsi eti'*, 'yr Hen Gymry' – oedd trigolion gwreiddiol Prydain. Ac yntau wedi gweithio'n egnïol er mwyn cefnogi safiad y traddodiadwyr a llywodraeth Cenedl y Tsalagi yn erbyn y glanhau ethnig a amddifadasai hwy o'u tiroedd traddodiadol ar ddiwedd y 1830au, mae'n hawdd dychmygu y byddai Evan Jones am i'r genedl frodorol y ceisiai'i gwasanaethu wybod ei fod yntau hefyd yn perthyn i genedl frodorol orthrymedig.

Nodiadau

1. Cymdeithas Hanes Bedyddwyr yr UD, Atlanta, Georgia (Archived Collection of Board of International Missionaries, American Baptist Historical Societies), Grŵp 1, bocs 55: papurau Evan Jones. Llythyr: 14 Mai 1839. Mae wedi'i gyfeirio: 'Cherokee Nation West, May 14 1839', ac mae'n dechrau 'My Dear Brother, Having been, thrown, by the location of our Detachment, into a very secluded part of the country, I have had but little opportunity, of late, to write'.
2. Cymdeithas Hanes Bedyddwyr yr UD, Grŵp 1, bocs 56: papurau Evan Jones. Llythyr: 6 Awst 1844.
3. Am y gwaith a wnâi fel cyfieithydd, gw. William G. McLoughlin, *Champions of the Cherokees: Evan and John B. Jones* (Princeton, 1990), t. 233; am ei rôl yn arwain mintai ar y Llwybr Dagrau, ibid., t. 181.
4. Cymdeithas Hanes Bedyddwyr yr UD, llythyr Evan Jones: 26 Awst 1844.
5. Ibid.
6. Ibid.
7. *Tsalagi Atsinvsidv*, Awst 1844, 1–4 (Genesis); 9–10 (y Salm Gyntaf); 5–9 (Bunyan).
8. Daniel F. Littlefield, Jr., a James W. Parins, *American Indian and Alaska Native Newspapers and Periodicals, 1826–1924* (Westport [Connecticut] and London, 1984), tt. 84–92.
9. Ibid., t. 63: 'The Cherokee Advocate began publication on September 26, 1844.'
10. McLoughlin, *Champions*, t. 228.
11. Cymdeithas Hanes Bedyddwyr yr UD, llythyr Evan Jones: 26 Awst 1844. Nid yw'n enwi'r pregethwr hwn yn ei lythyr.
12. Gw., e.e., McLoughlin, *Champions*, t. 229.
13. *Later Day Luminary*, 3 (1822), 311.
14. Rhydd nifer o eiriaduron a chyfeirlyfrau'r gair *ganvsida* am 'genhadwr' (*missionary*) neu'r ymadrodd *kanohedv getsinvsida*, ac yn aml cyfieithir 'cenhadwr' (*messenger*) gyda'r enw *anidohi*. Gw., e.e., Sam Hider, Durbin Feeling ac eraill, *Cherokee English/English Cherokee Glossary* (Tahlequah, 2004), tt. 113 a 115. Rwyf yn ddiolchgar iawn i Laura Anderson am ei sylwadau ynglŷn â'r gair *Atsinvsidv* (gohebiaeth bersonol).
15. Gw., e.e., Ruth Bradley Holmes a Betty Sharp Smith, *Beginning Cherokee* (Norman [Oklahoma], 1976), tt. 3–4.
16. Cymharer â'r ffurf *hinvsi*, 'rhoi iddo ef/iddi hi [rywbeth sy'n hyblyg]'.
17. McLoughlin, *Champions*, t. 262: 'for financial reasons, it would be necessary to suspend, temporarily, the publication of *The Cherokee Messenger*'.

[18] William Bradley, *A Beginner's Guide to the New Testament* (Edinburgh, 1976), t. 10.
[19] Bart D. Ehrman, *The New Testament: A Historical Introduction to the Early Christian Writings* (New York and Oxford, 2004,), tt. 112 a 121.
[20] Luc 24: 47: *Y Beibl Cymraeg Newydd* (1988), t. 90.
[21] *Tsalagi Atsinvsidv*, Awst 1844, 1–2.
[22] Ibid., 2–5.
[23] Cymdeithas Hanes Bedyddwyr yr UD, llythyr Evan Jones: 26 Awst 1844.
[24] Sarah H. Hill, *Weaving New Worlds: Southeastern Cherokee Women and Their Basketry* (Chapel Hill, 1997), t. 63. Mae Hill yn trafod fersiwn o'r stori a gofnodwyd yn Saesneg gan Alexander Longe ym 1725.
[25] Mooney, *Myths of the Cherokee* (Washington DC, 1900), t. 235.
[26] Ibid.
[27] George E. Foster, *Literature of the Cherokees[,] Also[:] Bibliography and the Story of Their Genesis* (Ithaca [Efrog Newydd], 1889), tt. 9–10 a 106. Gw. hefyd William G. McLoughlin, *Cherokee Ghost Dance* (Macon, 1984), tt. 253–61.
[28] Daniel Heath Justice, *Our Fire Survives the Storm: A Cherokee Literary History* (Minneapolis, 2006), t. 49.
[29] Ibid.
[30] Ibid., tt. 49–50.
[31] Gw. pennod 2, 60–1.
[32] Cymdeithas Hanes Bedyddwyr yr UD, llythyr Evan Jones: 26 Awst 1844.
[33] Ibid.
[34] Craig S. Womack, *Red on Red: Native American Literary Separatism* (Minneapolis, 1999), t. 12.
[35] *Later Day Luminary*, 3 (1822), 311.
[36] Cymdeithas Hanes Bedyddwyr yr UD, llythyr Evan Jones: 26 Awst 1844.
[37] Cyhoeddwyd y rhifyn cyntaf ar 21 Chwefror 1828. O edrych am 'y cyfnodolyn brodorol cyntaf' (gan beidio â rhoi'r pwyslais ar ddeunydd mewn *ieithoedd* brodorol) ac o dderbyn cyfnodolion a gylchredid mewn llawysgrif yn hytrach na thrwy gyfrwng y wasg argraffu, gellid casglu mai *The Muzzinyegun or Literary Voyager* a gynhyrchid rhwng Rhagfyr 1826 ac Ebrill 1827 oedd y cyntaf. Gw. Littlefield, Jr., a Parins, *American Indian and Alaskan Native Newspapers and Periodicals*, tt. xii–xiii, 84–92 a 265–66.
[38] Am drafodaeth fanylach ar berthynas Evan Jones â'r chwyldro ieithyddol hwn, gw. pennod 2, 56–65.
[39] Er mwyn cyfiawnhau'r ansoddair 'newydd' yn y frawddeg hon, dylid nodi fy mod yn defnyddio'r gair 'llenyddiaeth' yma i olygu 'llenyddiaeth ysgrifenedig (a phrintiedig)' yn unig; nid yw'r cyfeiriad yn cwmpasu'r hyn a elwir weithiau yn 'llenyddiaeth lafar'.
[40] Alan Kilpatrick, *The Night Has a Naked Soul: Witchcraft and Sorcery Among the Western Cherokee* (Syracuse, 1997), tt. 13 a 158.
[41] Ceir amrywiadau y gellid eu cyfieithu fel 'Hwn [neu'r testun hwn] – y mae'n ysgrifenedig' neu fel 'Y mae'n ysgrifenedig fel hyn'. Ibid., tt. 13–4 a 24.
[42] Ibid., 24. Gw. hefyd Jack Frederick Kilpatrick ac Anna Gritts Kilpatrick, *Walk in Your Soul: Love Incantations of the Oklahoma Cherokees* (Dallas, 1965), tt. 4–5. Perthnasol hefyd yw'r sylwadau a geir yn Lisa Brooks, *The Common Pot: The Recovery of Native Space in the Northeast* (Minneapolis, 2008), tt. xx–xxii.

43 Cymdeithas Hanes Bedyddwyr yr UD, llythyr Evan Jones: 26 Awst 1844.
44 Gellid dadlau bod y testunau newyddiadurol eu naws yn y cylchgrawn yn ddyledus i'r gwaith a wnaethai Elias Boudinot gyda'r *Cherokee Phoenix* gan felly awgrymu bod y llenor brodorol hwnnw wedi dylanwadu ar y wedd hon ar y *Tsalagi Atsinvsidv*.
45 Gillian Brown, 'Hawthorne and Children in the Nineteenth Century: Daughters, Flowers, Stories', yn Larry J. Reynolds (gol.), *A Historical Guide to Nathaniel Hawthorne* (Oxford, 2001), t. 80.
46 Ibid., t. 102, nodyn 3: Nathaniel Hawthorne, *Peter Parley's Universal History on the Basis of Geography*, volumes 1 and 2 (London, 1837).
47 *Tsalagi Atsinvsidv*, Medi 1844, 26–9.
48 *Tsalagi Atsinvsidv*, Rhagfyr 1844, 42–4.
49 Stephen Hughes, *Taith neu siwrnai y pererin* (Llundain, 1688).
50 Yr ail i ymddangos oedd cyfieithiad Thomas Jones, *Taith y pererin, neu, siwrnai dyn o'r byd hwn i'r byd a ddaw dan gyffelybiaeth breuddwyd . . . o wneuthuriad John Bunyan, yn saesneg; y llyfr hwn a argraphwyd yn saesneg bymtheg o weithiau, ac unwaith or blaen yn gymraeg . . .* (Amwythig, 1699). Am rai cyfieithiadau a gyhoeddwyd yn ystod y ddeunawfed ganrif, gw., e.e., John Edwards (Glyn Ceiriog), *Taith y pererin tan rith breuddwyd . . .* (Amwythig, 1761) a John Edwards, *Taith y pererin tan rith breuddwyd: a gwir freuddywyd ysbrydol . . .* (Caerlleon, 1768).
51 William Williams, Pantycelyn, *Bywyd a Marwolaeth Theomemphus* (1764). Gw. 'Rhagymadrodd yr Awdur'.
52 E.e., argraffiad J. Evans, *Taith y pererin . . .* (Caerfyrddin, 1812), a'r un gan Henry Fisher, *Taith y pererin . . . gyda sylwadau a nodiadau eglurhaol gan John Hughes* (Llundain, 1825).
53 *Taith y pererin gan John Bunyan* (Efrog Newydd, 18—). Cyhoeddwyd gan y Gymdeithas Draethodol Americanaidd. Sylwer nad yw union flwyddyn ei gyhoeddi'n hysbys.
54 Isabel Hofmeyr, *The Portable Bunyan: a transnational history of the Pilgrim's Progress* (Princeton, New Jersey, 2004).
55 Ibid., tt. 78–83.
56 Salm 1 (*Tsalagi Atsinvsidv*, Awst 1844, 9–10); Salm 11 (*Tsalagi Atsinvsidv*, Medi 1844, 26); Salmau 3 a 4 (*Tsalagi Atsinvsidv*, Rhagfyr 1844, 42); Salm 5 (*Tsalagi Atsinvsidv*, Ionawr 1845, 63); Salm 6 (*Tsalagi Atsinvsidv*, Gorffennaf 1845, 88); 1 Corinthiaid, 13 (*Tsalagi Atsinvsidv*, Medi 1845, 104–5); 1 Thesaloniaid (*Tsalagi Atsinvsidv*, Mai 1846, 187–90).
57 *Tsalagi Atsinvsidv*, Awst 1844, 13–14.
58 Gw. pennod 1, tt. 37–8.
59 E.e., erthygl am Gymdeithas Ddirwestol (*Tsalagi Atsinvsidv*, Awst 1844, 14–15); Neges oddi Wrth John Ross (*Tsalagi Atsinvsidv*, Rhagfyr 1844, 46–8); Araith Major Lowry (*Tsalagi Atsinvsidv*, Gorffennaf 1845, 93–4).
60 *Tsalagi Atsinvsidv*, Chwefror 1846, 160.
61 Cymdeithas Hanes Bedyddwyr yr UD, llythyr Evan Jones: 26 Awst 1844.
62 Parthed y wedd chwareus ar ddulliau Tsalagi o enwi, cymharer â'r hyn a ddywed Ruth Bradley Holmes a Betty Sharp Smith: 'The language is well adapted to express sardonic humor, poetic insight and stark simplicity, often all three at

once. Cherokees enjoy making irreverent half-puns on foreign words, whether the words are of English or American origin. Bartlesville is called 'Gu-gu' (Bottle) in Cherokee, sometimes 'Gu-gu-di-ga-du hungh' (Bottletown). Ruth Bradley Holmes a Betty Sharp Smith, *Beginning Cherokee* (Norman [Oklahoma], 1976), vii.
63 'Tsvsgwanuwodv', *Tsalagi Atsinvsidv*, Gorffennaf 1845, 88.
64 *Tsalagi Atsinvsidv*, Chwefror 1846, 160.
65 Ibid., 160. Yn llythrennol, ystyr *'gohi gesv'* yw 'hyn oedd'; 'hyn oedd y Prydeinwyr' fyddai'r cyfieithiad mwyaf llythrennol felly. Gellid ei drosi fel 'y bobl/ genedl hon oedd y Prydeinwyr', neu, o bosibl, fel 'hynny yw, y Prydeinwyr'.
66 Feeling ac eraill, *Dictionary*, t. 120. Gohebiaeth bersonol â Laura Anderson, 24 Tachwedd 2009.
67 Rhydd Feeling *'old'*; ibid., 184, ond mae Laura Anderson yn awgrymu y gall olygu *'ancient'* hefyd (gohebiaeth bersonol, 29 Ebrill 2010).
68 Gohebiaeth bersonol â Laura Anderson, 24 Tachwedd 2009 a 29 Ebrill 2010. Yn ogystal â throsi enwau estron trwy'u trawslythrennu, rhaid pwysleisio eto fod siaradwyr Tsalagi yn defnyddio nifer o ddulliau tra chreadigol. Ceir enghraifft yn achos yr enw Paul ar wefan swyddogol y genedl o dan adran sy'n cynghori brodorion nad ydynt yn siarad yr iaith fel iaith gyntaf ynghylch enwau personol: 'the name Paul would have to be translated to find what the name means. "Paul" is from a Roman family name Paulus, which meant "small" or "humble" in Latin. The translation for "humble" in Cherokee would be "Nu-tlv-quo-dv-na." Then you can go to the Cherokee syllabary[.]' Gw. *http://www. Cherokee.org/Culture/85.*
69 Saunders Lewis, 'Damcaniaeth Eglwysig Brotestannaidd', *Efrydiau Catholig*, II (1947), 36–55.
70 Gw. hefyd Glanmor Williams, 'Cipdrem arall ar y "Ddamcaniaeth Eglwysig Brotestannaidd"', *Y Traethodydd*, 103 (1948), 49–57.
71 Richard Davies, 'Rhagymadrodd *Testament Newydd* 1567', yn Garfield H. Hughes (gol.), *Rhagymadroddion 1547–1659* (Caerdydd, 1976), t. 18.
72 Ibid.
73 Joshua Thomas, *Hanes y Bedyddwyr Yn Mhlith Y Cymry, O amser yr Apostolion hyd y flwyddyn 1797* (Caerfyrddin, 1778), t. 1.
74 Ibid., t. 3.
75 Ibid., tt. 3–4.
76 Feeling ac eraill, *Glossary*, t. 134. Gohebiaeth Laura Anderson, gw. uchod.
77 Davies, 'Rhagymadrodd', tt. 21–2.
78 Gw., e.e., McLoughlin, *Champions*, tt. 86–7.
79 Cymdeithas Hanes Bedyddwyr yr UD, dyddiadur Evan Jones: 30 Ebrill 1830.
80 *Fasti Ecclesiae Anglicanae 1066–1300*, cyfrol 2: *Monastic Cathedrals* (1971), tt. 3–4. Rwyf yn ddiolchgar iawn i Kate Olson am gymorth gyda'r manylion hanesyddol hyn.
81 Theophilus Evans, *Drych y Prif Oesoedd* [argraffiad 1716], gol. Garfield H. Hughes (Caerdydd, 1961), t. 143.
82 Ibid., tt. 213–4. Noder bod Theophilus Evan yn trafod y 'Prif Oesoedd', sef yr oesoedd cynnar, ac felly nid yw'n cyrraedd 1115 a'i arwyddocâd nac ychwaith yn cynnwys y trobwynt diweddarach hwnnw yn ei ddarlun o ddirywiad araf 'gwir ffydd' yr Hen Gymry.

83 J. E. Lloyd, R. T. Jenkins a W. Llewelyn Davies (goln), *Y Bywgraffiadur Cymreig Hyd 1940* (Llundain, 1953), t. 898.
84 Thomas, *Hanes y Bedyddwyr*, tt. 4–5.
85 Ibid., t. 1.
86 David Jones, *Hanes y Bedyddwyr yn Neheubarth Cymru* (Caerfyrddin, 1839), t. 6.
87 Ibid., t. 7.
88 Cymdeithas Hanes Bedyddwyr yr UD, llythyr Evan Jones: 31 Mawrth 1838.
89 McLoughlin, *Champions*, t. 5. Rwyf yn dweud 'mae'n debyg' am y rheswm na cheir yn rhagymadrodd McLoughlin na chyfeiriad at y testun dan sylw na throednodyn yn cyfeirio at y ffynhonnell.

7

Cymhlethdodau Huodledd: Y Seren Orllewinol, *Brodorion America a* Chenhadaeth Evan Jones

Byddai unrhyw ymdrech i adrodd hanes cyhoeddiadau Bedyddwyr America mewn ieithoedd ar wahân i'r Saesneg yn gorfod casglu bod haf 1844 yn gyfnod pwysig. Fel y gwelwyd yn y bennod flaenorol, cyhoeddwyd rhifyn cyntaf y *Tsalagi Atsinvsidv* ym mis Awst y flwyddyn honno. Fis yn gynharach y daethai rhifyn cyntaf *Y Seren Orllewinol* o wasg yn Utica, Efrog Newydd.[1] Misolyn at wasanaeth Bedyddwyr Cymraeg yr Unol Daleithiau oedd y *Seren*, fel y nodir yn eglur ar ei wyneb-ddalen: 'A gyhoeddwyd Ar benderfyniad Cymanfa o Fedyddwyr.'[2] Ond, yn debyg i'r cylchgronau enwadol Cymraeg eraill a gyhoeddid yn yr Unol Daleithiau, *Y Cyfaill o'r Hen Wlad* ac *Y Cenhadwr Americanaidd*, roedd y golygydd cyntaf, W. F. Phillips, yn gobeithio denu cylch eang o ddarllenwyr Cymraeg Americanaidd, fel y dengys teitl llawn y cyfnodolyn: 'SEREN ORLLEWINOL; Neu Gyfrwng Gwybodaeth i Hil Gomer yn America: yn cynnwys Bywgraffiadau, Traethodau, Barddoniaeth, ynghyd a Chrynodeb o Hanesyddiaeth Genhadol, Gartrefol, a Thramor, &c.'[3]

Roedd *Y Seren Orllewinol* wedi'i ragflaenu gan gylchgrawn arall, *Y Beread neu Drysorfa y Bedyddwyr*, y cyhoeddasid 23 rhifyn ohono ym 1842. Fel y nodwyd ym mhennod 5, bu Evan Jones yn gohebu â golygydd *Y Beread*. Os yw'r cenhadwr Cymreig hwn yn ddolen gyswllt rhwng diwylliant print Tsalagi (a'r *Tsalagi Atsinvsidv* yn benodol) a diwylliant print Cymraeg yr Unol Daleithiau (a gwasg gyfnodol Gymraeg Bedyddwyr America yn benodol), mae cenhadaeth y Bedyddwyr ymhlith y Tsalagi hefyd yn thema sy'n cysylltu *Y Beread* a'i olynydd, *Y Seren Orllewinol*. Fel y cawsai darllenwyr *Y Beread* ddysgu bod 'Mr. Jones' wedi ysgrifennu llythyr yn crybwyll y ffaith 'bod Mr. Bushyhead wedi dychwelyd yn ddiogel' o'i ymweliad â Washington DC[4] – ac yn debyg i'r ysgrif goffa i'r

Parchedig Bushyhead a geir yn rhifyn cyntaf y *Tsalagi Atsinvsidv* – un o'r erthyglau a welodd darllenwyr Cymraeg America ar agor rhifyn cyntaf *Y Seren Orllewinol* ym mis Gorffennaf 1844 oedd yr ysgrif goffa fer hon:

> Marwolaeth y Brawd Bushyhead
>
> Taflwyd y llwyth Cherokeaidd i alar mawr yn ngwaith Rhagluniaeth y nef yn eu hymddifadu o'u prif ynad a'u harweinydd ysbrydol, fel llwyth; ar ol wythnos o gystudd, terfynodd ei yrfa isloerawl mewn llawenydd, a gorlenwir ein henwad â galar cyffredinol ar ol y gwas cyssegredig hwn i'r Arglwydd Iesu.[5]

Fe ymddengys na ddaeth y newyddion yn uniongyrchol o ysgrifbin Evan Jones. Nid oes cyfeiriad yma at y cenhadwr, ac mae ieithwedd y darn yn anghydnaws â'i ysgrifau ef. Cyfeiria'r *Seren* at y Tsalagi ddwywaith yma fel 'llwyth' yn hytrach nag fel 'cenedl', nodwedd sy'n wahanol iawn i'r modd y trafoda ef y bobl yr oedd yn byw yn eu plith. Mae'r gair *'nation'* a'r ymadrodd *'Cherokee Nation'* yn britho llythyrau Saesneg Evan Jones, ac yn yr un modd, defnyddir y gair 'cenedl' yn yr ysgrif Gymraeg honno a gyhoeddwyd yn *Y Bereäd* (wrth gyfeirio at Genedl y Creek).

Crybwyllid y Tsalagïaid yn achlysurol ar dudalennau *Y Seren Orllewinol* yn ystod y 1840au a'r 1850au, ond anaml iawn y manteisiodd y cylchgrawn ar y dystiolaeth uniongyrchol y gallai fod wedi'i chael gan Evan Jones. Mae'r rhan fwyaf o'r erthyglau byrion hyn yn adroddiadau ail law wedi'u cyfieithu ar ôl i'r golygydd eu codi o golofnau cenhadol cyhoeddiadau Saesneg yr enwad.[6] Yn yr un modd, ceir ysgrifau gwreiddiol gan ambell awdur Cymraeg nad oedd ganddo gysylltiad uniongyrchol â'r genedl frodorol sy'n cyfeirio ati wrth fynd heibio. Dyna a gafwyd mewn llith gan James Harris, 'Yr Eglwys yn America', a gyhoeddwyd yn rhifyn Hydref 1844: 'Y dyrnaid a hauwyd yn y diffaethwch a edrycha yn laswyrdd heddyw o drigfann y careniaid yn y dwyrain hyd wigwams y Cherokeeaid gwareiddiedig'.[7] Ceir nifer o eiriau yn yr iaith Dsalagi ar gyfer y mathau o dai traddodiadol a ddefnyddient, ond nid yw 'wigwam' yn un ohonynt. Daw'r gair hwnnw (a ddaeth yn fenthycair cyffredin yn y Saesneg gan deithio wedyn i'r Gymraeg) o'r Abenaki *Wik3wam*. Os oedd yr awdur Cymraeg hwn yn breintio'r Tsalagi â'r ansoddair 'gwareiddiedig', roedd ar yr un pryd yn gwahodd i'w ddarllenwyr fwynhau ecsotigiaeth y brodorion 'gwaraidd' hyn trwy gyfrwng cyfeiriad ystrydebol sy'n pwysleisio'u haralledd hwy.

Rhestrir yn yr 'Hanesiaeth Genhadol' a gyhoeddwyd yn y *Seren* ym mis Gorffennaf 1846 nifer o'r 'llwythau' yr oedd 'gorsafon cenhadol wedi eu sefydlu yn [eu p]lith', gan gynnwys y 'Cherokeaid'.⁸ Yn debyg i'r cywair gorfoleddus a geir yn ysgrif James Harris, mae'r adroddiad hwn yn dathlu llwyddiant yr achos: 'Mae'r eglwysi hyn yn gwisgo agwedd lewyrchus, ac mewn sefyllfa dra lwyddiannus[.]'⁹ O gofio i'r rhifyn hwn o'r *Seren* ymddangos tua'r un pryd ag yr oedd Evan Jones yn dwyn cyfrol gyntaf y *Tsalagi Atsinvsidv* i ben, mae'n ddiddorol nodi mai'r wasg argraffu yw un o'r prif ddatblygiadau a nodweddai'r 'agwedd lewyrchus' hon:[10]

> yr argraffwasg mewn gwaith yn eu plith, er dwyn allan oraclau bywiol y nef, fel y gall pawb o naddynt ddarllen mawrion bethau Duw yn ei iaith ei hun. Yr ydym yn llawenhau fod 'gras Duw' wedi ymddangos yn mhlith meibion cochion y goedwig, gan eu dysgu i ymwadu â phob annuwioldeb, ac i fyw yn sobr ac yn dduwiol yn y byd sydd yr awr hon; ac efelly eu hadferyd yn ddolenau defnyddiol o'r gadwyn gymdeithasol.[11]

Yn debyg i'r cyfeiriad hwnnw at 'wigwams' y Tsalagi, ceir yma un o'r ymadroddion ystrydebol a ddefnyddid – ac a ddefnyddir – wrth gyfeirio at y brodorion. Fodd bynnag, nid oedd y Tsalagi – nac ychwaith y rhan fwyaf o'r cenhedloedd perthnasol eraill – bellach yn 'feibion . . . y goedwig'; fe'u hadleoliasid o fynyddoedd a dyffrynnoedd coediog y dwyrain i'r gorllewin yn agos at 20 mlynedd cyn i'r adroddiad hwn ymddangos.[12]

Mae'r un ddelwedd yn ganolog i gân Saesneg a gyhoeddwyd yn *Y Seren Orllewinol* yn Hydref 1846 dan y pennawd 'Teimladau'r Indiaid'. Roedd un o ddarllenwyr y cylchgrawn (a arwyddodd ei lythyr 'V.') yn gobeithio y byddai un o feirdd Cymraeg yr Unol Daleithiau yn ei chyfieithu: 'Dymunaf ar rai o'ch Beirdd roddi cyfieithiad o'r Gân ganlynol, yr hon, fel y meddyliwyf, sydd orlawn o deimladau barddonol'.[13] Yn ddrych daearyddol i hanes adleoli'r Tsalagi, mae'r cymeriad sy'n siarad yn y gân sentimental hon wedi'i symud o'i gartref yn y gorllewin i rywle yn y dwyrain, sefyllfa a bwysleisir yn y pennill cyntaf:

> Let me go to my home, that's far distant west,
> To the scenes of my youth that I like the best;
> Where the tall cedars are, and the bright waters flow,
> Where my parents will greet me: white man let me go.[14]

Mae un arall o benillion y gân yn tanlinellu'r wedd 'goediog' ar gartref y dyn brodorol hwn:

> And Oh let me go to my fair forest home,
> And never again will I wish to roam,

> And there let my body in ashes lay low,
> To that scene in the forest. White man let me go.[15]

Er bod y gân Saesneg hon yn boblogaidd iawn ymysg Americanwyr Saesneg eu hiaith,[16] ac er i 'V.' ddotio at ei '[th]eimladau barddonol', fe ymddengys nad atebwyd ei alwad gan yr un bardd; ni chyhoeddwyd cyfieithiad ohoni.[17] Fodd bynnag, gan ei bod yn darlunio *'red man'* sy'n hiraethu ar ôl ei *'forest home'* yn y modd hwn, mae'n adleisio'r ymadrodd Cymraeg 'meibion cochion y goedwig' a ymddangosodd ar dudalennau'r un cylchgrawn gan ein hatgoffa fod yr iaith ystrydebol a ddefnyddid yn aml gan awduron Cymraeg America i drafod brodorion y cyfandir yn adleisio'r ystrydebau a ddefnyddid gan Americanwyr Saesneg eu hiaith.[18]

Sylwer ar y modd y mae'r awdur Cymraeg dienw hwn yn trafod cyflwr '[c]ymdeithasol' y brodorion – neu'r 'meibion cochion' – hyn. Dywed fod 'llwyddi[ant]' Cristnogaeth yn eu plith yn 'eu hadferyd yn ddolenau defnyddiol o'r gadwyn gymdeithasol', gan arwain y darllenydd i feddwl bod y cenhedloedd brodorol hyn wedi bod yn ddarnau 'defnyddiol' o'r 'gadwyn' honno ar un adeg, ond bod 'annuwioldeb' wedi'u llygru a'u hiselhau. A yw'n awgrymu bod ymwneud y cenhedloedd brodorol hyn â'r dyn gwyn wedi cyflwyno'r fath annuwioldeb a thorri'r 'gadwyn gymdeithasol', neu a ddylid cymryd y ferf 'adferyd' fel cyfeiriad diwinyddol at gyflwr dyn cyn y cwymp?[19] Gresyn nad yw'n manylu ar union ystyr geiriau olaf y frawddeg sy'n cloi'r tamaid hwn o 'hanesyddiaeth genhadol'.

Fel rheol, crybwyllir 'cynnydd' yr achos ymhlith y Tsalagi yn gryno wrth fynd heibio mewn adroddiadau byrion yn amlinellu 'Hanesyddiaeth Genhadol' neu'r 'Genhadaeth Indiaidd'. Mae rhifyn Chwefror 1854 yn gwrthgyferbynnu'r llewyrch (gymharol) a oedd ar y genhadaeth Dsalagi ('Yn mysg y Cherokeaid, megys am flynyddau lawer, ceir cynydd sefydlog a chyson yn yr eglwysi') â diffyg cynnydd yr achos ymhlith cenhedloedd brodorol eraill ('Y cenhadiaethau at y llwythau eraill ydynt yn llai llwyddiannus, eithr yn dal yn ffyddlon.').[20]

Ni cheir tystiolaeth bod Evan Jones wedi gohebu â golygydd *Y Seren Orllewinol* yn ystod deng mlynedd gyntaf y cylchgrawn. Yn rhifyn Ebrill 1854 yn unig y ceir yr adroddiad cyntaf y gellir ei briodoli'n ddigwestiwn i Evan Jones ei hun:

> Y mae Mr. Jones yn hysbysu fod yn mysg y Cherokees lawer iawn o deimlad crefyddol, ar arwyddion fod yr Arglwydd ar wneud gwaith mawr yn eu mysg. Dywed fod taer alwad am fwy o bregethu mewn amryw fanau; a noda am aml fedyddiadau mewn gwahanol ddosbeirth o'r wlad.[21]

Ac ym mis Awst y flwyddyn honno y câi darllenwyr ddysgu bod mab Evan Jones bellach yn genhadwr gweithgar hefyd:

> Yn mysg y Cherokeaid urddwyd [y cenhadon a'u cydweithwyr] oll yn weithwyr ffyddlon ac ymdrechol. Yn ystod y flwyddyn ddiweddaf y mae Mr. J. B. Jones, mab y cenhadwr hynaf, wedi bod o ddefnydd mawr. Ceir ymofynwyr crefyddol braidd yn mhob cynnulleidfa: nodir fod 69 wedi eu bedyddio. – Y mae 85 o ysgolheigion wedi bod yn yr ysgol gyhoeddus; 20 o ba rai ydynt wedi myned i'r uwch-ysgol. Y mae yr eglwysi yn genhadol eu hysbryd. Sefydlasant gymdeithas gynorthwyol i'r fam-gymdeithas. – Cyfranasant yn y 12 mis diweddaf $109.[22]

Ac eto ym mis Rhagfyr:

> Hanesiaeth Genhadol
> America
> Cherokees. – Ysgrifena Mr. Jones, Hyd. 9 : 'Cafwyd presennoldeb grasol Duw yn y cyfarfodydd pregethu a gweddio, a gynnaliwyd yn amrywiol barthau y wlad. Mewn llawer cymmydogaeth teimlwyd ac addefwyd gallu yr efengyl, a throwyd, hyderwn, bechaduriaid lawer at yr Arglwydd. Yn ystod y flwyddyn bresennol, professwyd ffydd yn aberth Crist, a bedyddiwyd ar y broffes hono dros 90 o bersonau.'[23]

Ac yn rhifyn Awst 1856 y câi Cymry America ddarllen eto am gynnydd yr achos: 'Cenhadiaeth y Cherokeeaid. – Yn Hydref ymunodd Mr. [J.] B. Jones a'i briod â'r genhadaeth. Ychwanegwyd at yr eglwysi yn 1855, trwy fedydd 81. Cyfanswm yr aelodaeth, 1400. Gwnaed cyfraniadau ehelaeth at ymledaeniad y gwirionedd.'[24] Mae'r crynodebau hyn yn dangos bod achos y Bedyddwyr ymhlith y Tsalagi ar gynnydd. Fel y casglodd William McLoughlin, hwy oedd yr enwad Cristnogol mwyaf llwyddiannus ar dir y genedl yn y cyfnod ar ôl y Llwybr Dagrau: 'after 1839 the Baptists became the largest and fastest growing denomination in the Nation.'[25]

Gwelwyd yn y bennod gyntaf fod cynnydd yr achos yn araf iawn yng nghyfnod Thomas Roberts, gyda phedwar Tsalagi yn unig yn ymuno'n llawn ag eglwys y cenhadon Cymreig rhwng 1821 a 1825. Gwahanol iawn oedd y sefyllfa erbyn Awst 1846, gyda '[ch]yfanswm yr aelodaeth' mor uchel â 1,400. Rhaid priodoli'r llwyddiant i gyfuniad o ffactorau, gan gynnwys yr unigolion a oedd yn cynorthwyo Evan Jones: yn ogystal â nifer o bregethwyr brodorol egnïol, deuai John B. Jones i chwarae rhan gynyddol amlwg yn yr achos. Ffactor arall oedd penderfyniad Evan Jones i weithio trwy gyfrwng yr iaith Dsalagi a'r ffaith bod ganddo bellach rychwant o destunau Cristnogol mewn print yn yr iaith honno.[26] Rhaid bod cefnogaeth Evan Jones i John Ross a'r blaid wrth-adleoliad hefyd yn ffactor o bwys. O gofio mai ef oedd yr unig genhadwr gwyn i deithio ar y Llwybr Dagrau, nid yw'n syndod mai ei eglwys ef oedd yr achos Cristnogol mwyaf llewyrchus ar dir y genedl yn ystod y cyfnod ar ôl y trobwynt hwnnw yn hanes y genedl. Ar un wedd, mae'n syndod na chyhoeddwyd rhagor am lwyddiant cenhadaeth Evan Jones a'i gydweithwyr ar dudalennau *Y Seren Orllewinol*.

Yn ogystal â rhoi sylw'n achlysurol i Genedl y Tsalagi a chenhedloedd brodorol eraill wrth groniclo 'Hanesyddiaeth Genhadol', rhoddai'r *Seren* ychydig o sylw i'r genedl ddychmygol honno, y Madogwys neu'r 'Indiaid Cymreig'.[27] Yn yr un modd, cyhoeddwyd nifer o destunau eraill ym misolyn Bedyddwyr Cymraeg yr Unol Daleithiau sy'n arddangos y nodweddion disgyrsiol a drafodwyd yn ail ran y gyfrol hon. Awgrymwyd ym mhennod 3 i *Y Cyfaill o'r Hen Wlad* greu categori rhwng yr arall anghristnogol a'r cyfarwydd Cristnogol er mwyn cyflwyno gwybodaeth newydd ynglŷn â daliadau crefyddol brodorol.[28] Yn yr un modd, cyhoeddwyd ysgrif fer yn trafod 'Tybiau Crefyddol [yr] Indiaid Chippeway' yn *Y Seren Orllewinol* ym mis Mawrth 1853 sy'n gwahodd cymhariaeth â'r Cread Cristnogol; dywed fod 'tyb y llwyth hwn o Indiaid yg nghylch y greadigaeth yn dra nodedig' a'u bod yn credu 'fod y belen ddaearol ar y cyntaf yn un cyfan-for eang' cyn i'r 'Ysbryd Mawr . . . [dd]isgyn arno[.]'[29]

Y mae 'Yr Indiad Bychan yn Marw' yn wahanol iawn o ran swmp i'r testunau byrion a drafodwyd hyd yn hyn. Fe gyhoeddwyd y stori hon yn y *Seren* ym mis Ionawr 1846 gan awdur dienw. Gall fod yn gyfieithiad o'r Saesneg, ond mae'n bosibl iawn ei bod hi'n wreiddiol. Fel rheol, mae nodyn yn cyfeirio at y ffynhonnell i'w weld un ai yn cyflwyno neu ynteu'n cloi testunau a gyfieithwyd ar gyfer y *Seren*, ac ni cheir nodyn o'r fath ynghlwm wrth y stori hon. Nid oes ychwaith nodweddion arddulliol a fyddai'n profi mai cyfieithiad ydyw. Yn yr un modd, ni cheir ynddi fanylion sy'n awgrymu bod y stori wedi'i seilio ar ddigwyddiad go iawn; nid yw'r awdur yn enwi na'r cenhadwr Cristnogol na'r 'Indiad Bychan' na'r genedl frodorol y perthynai iddi. Nid yw'n nodi'r flwyddyn nac ychwaith union leoliad y stori. Yn wyneb y diffyg manylder hanesyddol hwn – ac o bosibl yn ymdrech i wrthbwyso'r diffyg hwnnw – mae'r llais storïol yn neidio'n ddisymwth o'r trydydd person i'r cyntaf, ystryw awdurol sy'n cyfleu agosatrwydd emosiynol hanes a adroddir gan lygad-dyst. Dylid darllen y testun hwn felly fel darn o ffuglen foeswersol, stori sy'n canolbwyntio ar ddau gymeriad, y naill yn wynebu marwolaeth a'r llall yn dyst i'r farwolaeth honno:

Aeth y cenhadwr i ymweled ag ef pan yn glaf iawn o'r ddarfodedigaeth. Yr oedd yn gorwedd mewn bwthyn gwael ac isel, heb ddim ond ychydig ddail dano, ac hen wrthban arno, mewn agwedd na byddai yn weddus ei ddarlunio. Ar ol sylwi arno am ychydig, dywedais, 'Fy anwyl fachgen, yr wyf yn teimlo yn alarus wrth eich gweled yn gorwedd yma; pe buaswn yn gwybod am eich caledi, ni buasech yn y sefyllfa hon.' Efe a atebodd, 'Nid wyf mewn eisiau llawer o bethau yn bresenol; mae y dynion tlawd hyn yn ceisio pob peth a allant imi; ond carwn gael rhywbeth yn esmwythach i orwedd arno, gan fod fy esgyrn yn dra phoenus a briwedig.' Yna gofynais iddo, pa fodd yr oedd yn teimlo o ran ei feddwl, pan yr atebodd ei fod yn hynod o gysurus; fod Iesu Grist, Arglwydd y gogoniant, wedi marw i achub pechaduriaid, a bod ganddo yr ymddyried mwyaf diysgog ynddo ef. Sylwais ar Fibl bychan dan ei wrthban, a dywedais, 'Y mae genyt gyfaill cywir yna; da genyf weled y llyfr hyn genyt; gobeithio dy fod yn mwynhau cysuron oddiwrtho.' Yn wan fel yr oedd, cododd ar ei benelin, ac a'i daliodd yn ei law, gan lefaru yn eglur, 'Hwn, syr, yw fy nghyfaill ffyddlon. Chwychwi a'i rhoddasoch i mi.'[30]

Fe â'r storïwr dienw ymlaen i fanylu ar hoffter yr 'Indiad Bychan' o'i Feibl. Edrydd stori amdano'n teithio 'dau gan milltir' er mwyn ymweld â'i chwaer, a chofio pan oedd wedi teithio hanner y ffordd yn ôl gartref ei fod wedi anghofio'r 'cyfaill cywir yna'. Troes yn ôl drachefn a theithio am 'naw diwrnod' arall er mwyn cael y Beibl a anghofiasai.[31] Yn debyg i'r hanesyn hwnnw am gymuned o frodorion addolgar a gyhoeddasid gan Robert Everett yn *Y Cenhadwr Americanaidd* chwe blynedd ynghynt, gellid awgrymu bod y stori hon yn tystio i awydd golygydd *Y Seren Orllewinol* i hybu Cristnogaeth ymhlith Cymry America gymaint ag y mae'n tystio i ddiddordeb yn y brodorion.[32] Mae ergyd y foeswers yn ddigamsyniol o glir: dylai'r darllenydd gofio bod y Beibl yn 'gyfaill ffyddlon' iddo yntau a'i fod yn cynnig 'cysuron' ym mhob sefyllfa, gan gynnwys pan fo ar ei wely angau.

Eto, os yw'r awdur dienw hwn yn gofyn i'r darllenydd ystyried rôl y Beibl yn ei fywyd ei hun, mae hefyd am iddo gydnabod y rôl ganolog y mae'r 'cenhadwr' yn ei chwarae yn y stori y mae'n ei hadrodd. Dysgwn mai ef a roddasai'r Beibl i'r 'Indiad Bychan', ac fel yr oedd y cenhadwr hwn yn gyfrifol am ddod â'r gair Cristnogol i fyd y plentyn, mae hefyd yn bresennol yn ystod oriau olaf y claf gan grisialu a sianelu dylanwad y 'cyfaill cywir' arno. A'r llais naratifol wedi troi i'r trydydd person drachefn, pwysleisia brawddeg olaf y stori hon y cysylltiad rhwng y cenhadwr a'r Beibl: 'Darllenodd a gweddiodd y cenhadwr gydag ef, pan nad oedd lle yn y bwthyn iddo gymhwyso ei hun braidd pan ar ei liniau'.[33] Y *tableau* hwn yw'r disgrifiad olaf a gyflwynir i'r darllenydd; mae'r stori yn dirwyn i ben mewn modd sy'n darlunio'n ddramatig ymroddiad y cenhadwr Cristnogol.

Gellid cysylltu 'Yr Indiad Bychan yn Marw' â ffrwd sylweddol o lenyddiaeth genhadol Saesneg. Wrth ddehongli'r hyn a ysgrifennai cenhadon Cristnogol am frodorion America o'r ail ganrif ar bymtheg ymlaen, trafoda Laura Stevens 'the stylized manner in which they described a diminishing population and depicted individual deaths, with a particular emphasis on the search for signs of conversion[.]'[34] Mae'n hawdd addasu'i dadansoddiad hi wrth ystyried y stori a gyhoeddwyd yn *Y Seren Orllewinol*, er bod y testun Cymraeg hwn yn trafod cenhadwr ffuglennol yn hytrach na chenhadwr hanesyddol go iawn yn ôl pob tebyg: 'Missionaries did not just display dying Indians; they also tried to teach readers how to mourn them'.[35] Perthyn y math hwn o lenyddiaeth genhadol i gyd-destun llenyddol ehangach hefyd: un o themâu mwyaf poblogaidd yr awduron Americanaidd Saesneg hynny sydd wedi ysgrifennu am frodorion y cyfandir yw 'Tranc yr Indian'. Disgrifia Laura Stevens y wedd hon ar lenyddiaeth genhadol fel '[t]he Christian Origins of the Vanishing Indian', gan danlinellu'r cysylltiad rhwng ysgrifau'r cenhadon a'r thema boblogaidd honno.[36]

Yn ymhlyg yn thema'r 'vanishing Indian' y mae nifer o ddeuoliaethau rhagfarnllyd sy'n gosod diffyg brodorol honedig yn erbyn agwedd ar ddiwylliant y dyn gwyn y tybid ei bod yn gryfder. Mae un o'r deuoliaethau hyn yn ymwneud â chyfrwng cyfathrebu'r bobloedd dan sylw; roedd trefedigaethwyr gwynion y bedwaredd ganrif ar bymtheg yn aml yn gosod 'llafaredd' y brodorion yn erbyn 'llythrennedd' Americanwyr o dras Ewropeaidd, gan wneud y ddeuoliaeth honno'n ganolog i'r modd y ceisient wahaniaethu rhwng anwareidd-dra tybiedig y brodorion a gwareidd-dra tybiedig y trefedigaethwyr. Mae Bernd Peyer yn disgrifio'r modd yr aeth cenhadon Cristnogol ati i ddyrchafu'r gair ysgrifenedig (neu brintiedig) a oedd yn sylfaen i'w crefydd hwy a diraddio dysg grefyddol lafar y cenhedloedd brodorol:

> The disruptive potential of literacy over orality is evident as well in the Protestant drive to alter native religious beliefs in North America. Indian spiritual knowledge could be acquired directly through dreams or visions, tended to be individualistic rather than institutional, was passed on from generation to generation by word of mouth, and apparently lacked any conception of an omnipotent deity. The legitimacy of any claim to spiritual power was largely dependent upon its practical manifestation in daily life. European missionaries were quick to recognize the Indians' associations between technological advances and religious prowess and duly proceeded to promote the

misconception that the permanence of the printed biblical word . . . guaranteed the authenticity of its divine origins.³⁷

Afraid dweud nad oedd y rhan fwyaf o Americanwyr gwynion y cyfnod wedi sylwi ar y ffaith bod y Tsalagi wedi troi'n genedl lythrennog yn ystod y 1820au. Yn wir, fel y gwelir yn hanes ymrafael Evan Jones â'i fwrdd cenhadol ei hun, nid oedd hyd yn oed y rhan fwyaf o'r cenhadon Cristnogol a fynnai ennill eneidiau'r Tsalagi yn gwerthfawrogi arwyddocâd y chwyldro diwylliannol brodorol hwnnw.

Lleolid y modd y canfyddid y llafaredd 'diffygiol' hwn mewn plethwaith rhagfarnllyd a oedd yn cynnwys y gred fod yr ieithoedd brodorol eu hunain yn sylfaenol israddol i'r Saesneg. Yn ôl y metanaratif trefedigaethol, roedd 'diflaniad' y brodorion yn anorfod ac yn effaith 'naturiol' i nifer o ddiffygion, gan gynnwys rhai ieithyddol, safbwynt y mae David Murray yn ei grynhoi: 'If the Vanishing American is vanishing, his language must be "fatally" at fault, in fixing him at a certain stage of development.'³⁸ Cofir i Evan Jones gyhoeddi llythyrau yng ngwasg Saesneg Bedyddwyr yr Unol Daleithiau yn dadlau yn erbyn yr union ragfarn hon.³⁹

Os yw'n hawdd cysylltu'r thema lenyddol hon ag agenda drefedigaethol, nid oedd thema'r 'vanishing Indian' heb ei goblygiadau celfyddydol. Roedd myfyrio ynghylch diflaniad brodorion yn esgor ar fath o bruddglwyf melodramatig yr oedd awduron Saesneg yr Unol Daleithiau a'u darllenwyr yn mwynhau ymdrybaeddu ynddo. Go brin bod y rhan fwyaf o'r Americanwyr a ddarllenodd nofel hynod boblogaidd James Fenimore Cooper, *The Last of the Mohicans*, pan gyhoeddwyd hi ym 1826 yn teimlo'n euog iawn am y ffaith bod eu cartrefi hwy wedi'u hadeiladu ar diroedd a oedd wedi'u dwyn oddi ar y cenhedloedd brodorol a drafodir yn y gwaith, ond eto roeddynt yn mwynhau ymollwng i dristwch sentimental a cholli deigryn hiraethus wrth ddarllen am Chingachgook, 'the last Mohican chief', a'i fab Uncas.⁴⁰ Mae'n hawdd cysylltu'r nofel hon â'r modd y syniai Americanwyr gwynion am ffawd y brodorion; fel yr awgrymodd Donald Ringe: 'The death of Uncas fortells the fate of all the Indians'.⁴¹ Pwysleisia Gordon M. Sayre boblogrwydd y math hwn o ysgrifennu: 'In the first half of the nineteenth century, expressions of melancholic grief for the "vanishing indian" became so commonplace, such a hackneyed trope of public discourse, that it is impossible to quote a single canonical statement of it.'⁴² Diolch i ymdriniaeth Hollywoodaidd ddiweddar, mae'n debyg iawn y byddai'r rhan fwyaf o Americanwyr heddiw yn fwy cyfarwydd â stori Cooper na thestunau eraill sy'n arddangos y thema hon, ond awgryma

Sayre inni ystyried un o areithiau'r Arlywydd Andrew Jackson. Yn ogystal â chrisialu hanfodion y thema, roedd gan Jackson 'the most direct responsibility for Indians' death and dispossession during the period when the Indian tragedy reached its greatest popularity[.]'[43] Mae'r araith hon yn dirmygu'r *philanthropist* sy'n dymuno helpu brodorion America; wedi nodi bod 'y ddynoliaeth wedi wylo'n aml ynghylch tynged brodorion y wlad hon' ('Humanity has often wept over the fate of the aborigines of this country'), fe â Jackson rhagddo i gydnabod poblogrwydd y cywair hiraethus hwnnw a welwn ar waith mewn testunau fel *The Last of the Mohicans*: 'To follow to the tomb the last of his race and to tread on the graves of extinct nations excite melancholy reflections.'[44] Ond ni ellir camddeall ergyd araith Jackson: 'true philanthropy reconciles the mind to these vicissitudes as it does to the extinction of one generation to make room for another.'[45]

Os oedd geiriau Chingachgook, 'y Mohican olaf', wedi'u hysgrifennu gan yr Americanwr gwyn James Fenimore Cooper, roedd yn beth cyffredin i gylchgronau Americanaidd gyhoeddi cyfieithiadau o areithiau a briodolid i frodorion Americanaidd go iawn. Yn yr un modd, roedd rhai o'r awduron a gyhoeddai yng nghyfnodolion Saesneg yr Unol Daleithiau yn mynd i eithafion emosiynol yn aml wrth drafod yr areithiau hyn yng nghyd-destun 'trasiedi' y 'vanishing Indian'. Er enghraifft, dywed awdur dienw mewn ysgrif o'r fath a gyhoeddwyd yn *The Knickerbocker* ym 1838 fod effaith gelfyddydol yr areithiau hyn wedi'i dwysáu gan y ffaith bod diwedd y diwylliant brodorol yn agosáu ('the melancholy accompaniment of approaching extermination').[46] Bydd darllenwyr y llyfr hwn yn ystyried tranc unrhyw ddiwylliant brodorol fel pwnc moesol a gwleidyddol, ond, fel y sylwodd David Murray, roedd awduron Saesneg y bedwaredd ganrif ar bymtheg yn diosg ystyriaethau moesol gan droi difodiant y brodorion yn ddeunydd celfyddydol yn unig: '[it] is turned into an aesthetic, rather than a moral, sensation, by its association with vanished grandeur.'[47] Yn hytrach na phoeni o ddifrif am ffawd y cenhedloedd hyn, yr hyn a geir yw estheteg difodiant.

Dylanwadodd y ffrwd lenyddol Saesneg hon ar waith Elias Boudinot, golygydd papur dwyieithog Cenedl y Tsalagi, y *Cherokee Phoenix*, a hynny yn y 1820au pan oedd yn dadlau'n daer yn erbyn yr adleoliad. Roedd yn ysgrifennu ac yn cyhoeddi deunydd yn ei famiaith ac felly'n chwarae rhan bwysig yn hanes cynnar diwylliant print yr iaith Dsalagi, ond fel y gwelir yn ei *Address to the Whites*, roedd Boudinot yn chwarae ffon rethregol ddwybig pan drafodai'r iaith honno gyda chynulleidfa Saesneg eu hiaith.[48] 'I am not as my fathers were', maentumiodd yn yr araith honno, gan ychwanegu bod ganddo 'broader means and nobler influences'. Y nod oedd gwrthgyferbynnu'i gyflwr goleuedig presennol â chyflwr anwaraidd cynhenid ei bobl, gan gysylltu'i famiaith â'r cyflwr amherffaith hwnnw ('in a language unknown to learned and polished nations, I learnt to lisp my fond mother's name').[49]

Cyhoeddodd Boudinot 156 llinell o farddoniaeth Saesneg yn rhifyn 30 Medi 1829 o'r *Cherokee Phoenix* dan y teitl 'Indian Eloquence and Grief'.[50] Er nad yw Elias Boudinot yn enwi'r bardd, Lydia Howard Sigourney biau'r llinellau hyn, ac er bod y darn a gyhoeddwyd yn y *Phoenix* yn ddigon hir, nid yw ond dyfyniad byr o'i gymharu â'r cyfanwaith y'i tynnwyd ohono, sef *Traits of the Aborigines*, cerdd epig sy'n llenwi cyfrol gyfan a 113 o dudalennau.[51] Daw'r dyfyniad o *Canto Third* Sigourney, ond ni cheir yn ei gwaith gwreiddiol hi y teitl a ddefnyddiwyd gan Boudinot; rhaid casglu felly fod y golygydd Tsalagi wedi bathu'r teitl hwn er mwyn troi'r dyfyniad yn gerdd annibynnol a all sefyll ar ei thraed ei hun ar dudalennau'i bapur ef. Sylwer bod y teitl hwn yn cysylltu 'huodledd' y brodorion â'u 'galar'. Mae'r llinellau agoriadol yn sefydlu'r cywair sy'n rhedeg trwy gydol y darn:

> Slow with deep'ing gloom,
> Age roll'd o'er age, and every bitter year
> Smote us with wintry frost some plant of hope,
> Which the poor Indian cherish'd. Still he nurs'd,
> Unchill'd, uncheck'd, amidst the tempest's ire
> His native eloquence.[52]

Yn debyg i'r modd y mae James Fenimore Cooper yn disgrifio Chingachgook ac Uncas, disgrifia'r bardd y 'poor Indian' hwn fel yr olaf o'i hil: 'That of his race, cold Treachery had spar'd / Not one to mourn for him[.]'[53]

Rhydd Lydia Howard Sigourney ei enw ef: Logan. Roedd wedi seilio'r rhan hon o'i cherdd epig ar un o arweinwyr hanesyddol yr Iroquois. Cylchredai gwahanol fersiynau o 'Logan's Lament' yn ystod hanner cyntaf y bedwaredd ganrif ar bymtheg, gan gynnwys fersiwn mydryddol Sigourney. Dywed i Logan ddatgan y geiriau hyn 'Before great Washington', ac mae'r araith ei hun yn disgrifio'r hyn y mae'r brodorion wedi'i golli i'r genedl newydd yr oedd George Washington yn ei harwain. Pery Sigourney i Logan ddirwyn ei anerchiad i'r Arlywydd Washington i ben gyda geiriau sy'n crisialu'i alar:

> Think ye, that we can view
> These beauteous shores, and yon proud swelling flood,

> And not remember that they once were ours?
> And thus remembr'ring, need ye wond'ring
> Why sorrow clothes our brow?⁵⁴

Fel hyn y mae Logan (neu fersiwn llenyddol Lydia Howard Sigourney o'r cymeriad hanesyddol hwnnw) yn cloi'i araith, ond nid dyna ddiweddglo'r rhan hon o'r gerdd. Ceir yn y detholiad a gyhoeddwyd gan Elias Boudinot bennill arall, un sy'n dweud wrth y darllenydd fod yr araith y mae newydd 'ei chlywed' yn un enghraifft o lawer o areithiau tebyg sydd wedi diflannu gyda'r gair llafar brodorol:

> Full many a strain
> Of native eloquence, simple and wild,
> Has ris'n in our dark forests, which the winds
> Unheeded, swept away.⁵⁵

Mae'r brydyddes hithau'n galaru wrth ystyried huodledd coll brodorion America, ond er ei bod hi'n talu teyrnged i'w celfyddyd lafar mae hi hefyd yn disgrifio'r diwylliant llafar hwnnw fel rhywbeth 'anwaraidd' neu 'annysgedig', agwedd a amlygir yn ei hebychiad 'Untutor'd Red Man!'⁵⁶

Mae ergyd y darn hwn o gerdd Lydia Howard Sigourney yn gymhleth, fel y mae'r cyd-destun ei hun yn ideolegol gymhleth. Protestiodd Sigourney yn erbyn adleoliad y Tsalagi a chenhedloedd brodorol eraill, ac felly mae'n amlwg bod Elias Boudinot wedi adnabod y rhan hon o'i hepig hi fel darn sy'n mynegi galar y brodorion dros y tiroedd a gollwyd (neu'r tiroedd yr oeddynt ar fin eu colli). Byddai Boudinot yn newid ei farn a'i liwiau gwleidyddol yn y diwedd ac yn ymuno â'r bradwyr hynny a fyddai'n arwyddo cytundeb ffug Echota Newydd, ond roedd yn dal i wrthwynebu'r adleoliad pan gyhoeddodd y llinellau hyn ym 1829. Roedd Elias Boudinot ymysg yr awduron cyntaf i greu llenyddiaeth ysgrifenedig yn yr iaith Dsalagi, ac yn rhinwedd ei swydd fel golygydd y papur cenedlaethol dwyieithog a gyhoeddid ar ran llywodraeth y Tsalagi gwnâi lawer i hybu llythrennedd yn ei famiaith. Ond, fel y dengys ei gysylltiad â 'brad' Echota Newydd, roedd hefyd yn cydymdeimlo mewn sawl ffordd â'r cymathwyr; mae ymadrodd nawddoglyd y bardd o Loegr Newydd, 'Untutor'd Red Man!', yn ddrych i'r modd y disgrifiodd y golygydd Tsalagi yntau'i famiaith gerbron cynulleidfa o Americanwyr Saesneg eu hiaith ('a language unkown to learned and polished nations'). Ceir yma gyfuniad rhyfedd o'r estheteg honno sy'n ganolog i gynifer o destunau Saesneg melodramatig o'r cyfnod a safbwynt gwleidyddol gwrth-adleoliad. Tybed a ddewisodd gyhoeddi llinellau Sigourney er mwyn dweud wrth y

Tsalagïaid dwyieithog a allai'u darllen fod twf llythrennedd a datblygiad y diwylliant print a ddeuai yn ei sgil yn fodd iddynt wrthwynebu'r corwynt a oedd am eu 'hysgybo ymaith' o'u 'dark forests'?

Yn groes i'r awduron Americanaidd hynny o dras Ewropeaidd sy'n gweld diwylliant llafar y brodorion fel un o'r nodweddion a'u gwnâi'n israddol i'w diwylliant llythrennog hwythau, ac yn wahanol i'r awduron Tsalagi hwythau sy'n ymhyfrydu yn llythrennedd eu cenedl, mae rhai ysgolheigion brodorol wedi ystyried y berthynas rhwng y ddau gyfrwng o ongl hollol wahanol gan ddyrchafu rhinweddau llafaredd. Dywed Craig Womack fod traddodiadau llafar ei bobl yn parhau i ddylanwadu ar eu llenyddiaeth ysgrifenedig a bod llawer o rym y llenyddiaeth hon yn deillio o'r wedd lafar hon:

> Native artistry is not pure aesthetics, or art for art's sake: as often as not Indian writers are trying to invoke as much as evoke. The idea behind ceremonial change is that language, spoken in the appropriate ritual contexts, will actually cause a change in the physical universe. This element exists in contemporary Native writing and must be continuously explored in building up a national body of literature and criticism[.][57]

Dyma theori frodorol sy'n adleisio'r math o *speech act theory* a ddyfeisiwyd gan J. L. Austin er mwyn hoelio sylw ar rym iaith berfformiadol.[58] Mae Terry Eagleton yn crynhoi'r theori ddylanwadol hon:

> Austin had noticed that not all of our language actually describes reality: some of it is 'performative,' aimed at getting something done. There are 'illocutionary' acts, which do something in the saying: 'I promise to be good,' or 'I hereby pronounce you man and wife.' . . . In the end . . . Austin came to admit that all language is really performative[.][59]

A bod yn fanwl gywir, mae seiliau'r theori frodorol a ddisgrifir gan Womack yn rhagweld – neu'n rhagleisio – y ffrwd hon o theori lenyddol Eingl-Americanaidd. Cyfeiria Craig Womack at feddylfryd sy'n hŷn o lawer na mudiadau damcaniaethol yr ugeinfed ganrif; ei nod yw sefydlu 'beirniadaeth frodorol' annibynnol, ac felly gwêl y cysylltiad hwn rhwng dulliau traddodiadol o synio am rym y gair llafar a chreadigrwydd awduron brodorol diweddar fel un o briod destunau'r feirniadaeth honno.[60] Wrth ddisgrifio 'language as invocation that will upset the balance of power', mae'n hoelio sylw ar un wedd ar ddiwylliant brodorol sy'n fodd i wrthsefyll gormes.[61] Felly wrth fyfyrio ynghylch y modd y troes awduron o dras Ewropeaidd areithiau'r brodorion yn destunau llenyddol a all gyfleu'r math o bruddglwyf melodramatig a oedd mor boblogaidd yn y cyfnod, rhaid cofio bod yr awduron Saesneg hyn yn ceisio troi ffrydiau llafar brodorol a berthynai yn eu hanfod i draddodiadau brodorol (a gwrth-drefedigaethol) i'w melin lenyddol hwy eu hunain.

Cyfeirid rhai o'r ffrydiau hyn i'r felin lenyddol Gymraeg hefyd. Dyna, er enghraifft, 'Araith Indian' a gyhoeddwyd yn *Y Cenhadwr Americanaidd* ym mis Ionawr 1844. Cyfieithwyd y darn gan 'Iorwerth', awdur Cymraeg Americanaidd a gyhoeddodd nifer o ysgrifau o dan yr enw hwnnw.[62] Ni rydd Iorwerth ei ffynhonnell ac mae'n amhosibl gwybod ym mha le y cafodd hyd i'r cynsail y seiliodd ei fersiwn Cymraeg ef arno, ond mae'n sicr ei fod yn fersiwn o 'An Indian Oration'. Cyhoeddwyd y testun poblogaidd hwn nifer syfrdanol o weithiau, gan ymddangos mewn print am y tro cyntaf yn y *New England Magazine of Knowledge and Pleasure* ym 1759 ac ailymddangos mewn nifer o gylchgronau Saesneg yn America ac ym Mhrydain yn ystod y ganrif nesaf.[63] Rhagflaenodd golygydd y *Cenhadwr*, Robert Everett, fersiwn Iorwerth o 'Araith Indian' gyda chyflwyniad y cyfieithydd: 'Yr araith ganlynol a draddodwyd gan Indian mewn cyngor Indiaidd perthynol i'r llwyth a elwir *Creek Tribe*. Ymdrechais ei chyfieithu er mwyn cael ffrwyth llafur Indian yn ein iaith glodfawr. Ydwyf garwr fy nghenedl, IORWERTH.'[64] Awgryma Iorwerth fod cyfieithu'r araith hon yn fodd iddo drosi peth o rym y diwylliant brodorol ('cyngor Indiaidd') i'r iaith Gymraeg 'glodfawr'. Mae'n gobeithio y bydd 'ffrwyth llafur' un o areithwyr 'llwyth' y Muskogee (Creek) yn cyfoethogi iaith 'cenedl' y Cymry.

Gwelwyd yn nhrydedd bennod yr astudiaeth hon fod darlunio brodorion America fel anwariaid treisgar ymysg y ffyrdd amlycaf y'u trafodwyd ar dudalennau *Y Cyfaill o'r Hen Wlad* yn y cyfnod 1838-42. Gwahanol iawn yw ergyd brawddegau cyntaf yr araith a gyhoeddwyd yn *Y Cenhadwr Americanaidd* ym 1844: 'Nid wyf yn sefyll i fynu, O wladwyr! i osod ger eich bron gynllun ryfelgar, neu i gyfarwyddo doethineb y gynulleidfa hon i lywyddu cyngrair. Fy amcan yw gosod ger eich bronau destyn nad ydyw yn llai ei werth i eich sylw pwyllus.'[65] Wrth Gymreigio geiriau (tybiedig) un o frodorion America yn y modd hwn mae Iorwerth yn gwahodd y darllenydd i gydymdeimlo â'r areithiwr brodorol. Ac felly yn wahanol i'r gair 'llwyth' a geir yn y rhagymadrodd, mae'n cyfarch ei wrandawyr fel '[g]wladwyr', cywair a ategir yn y paragraff nesaf gan y gair 'gwlad': 'Canfyddaf lygad y gynulleidfa hon arnaf. O! bydded i bob calon i gael ei dadgysylltu oddiwrth ei rhagfarn, ac i dderbyn yr anhunanol, y duwiol, a'r mabaidd ufudd-dod sydd ddyledus arnaf i fy ngwlad[.]'[66] Gellid meddwl mai Ymneilltuwr o Gymro sydd yma yn cyfarch ei 'gydgenedl'; mae'r areithiwr hwn, er gwaethaf ei huodledd, yn wylaidd wrth gydnabod ei ddyletswydd 'duwiol' i'w wlad.

Yn wir, os oedd darllenwyr *Y Cenhadwr Americanaidd* yn troi at y testun hwn gan ddisgwyl llawer o'r ecsotigiaeth a gawsant mewn ysgrifau Cymraeg (a Saesneg) eraill am frodorion America, cawsant eu siomi. Ceir yn 'Araith Indian' fath o destun a fyddai'n gyfarwydd iawn i ddarllenwyr gwasg enwadol Gymraeg y bedwaredd ganrif ar bymtheg, sef pregeth yn erbyn y ddiod gadarn: 'Y gorthrymwr a gyhuddaf ger eich bron . . . nid yw frodor o'n tir ni, – ond dyn llechedig, negeswr drwg-egwyddor y tywyllwch – y GWLYBWR DINYSTRIOL – yr hwn a arweinwyd i'n plith yn ddichellgar gan ein ffug-frodyr gwynion, ac a dywalltwyd yn ein plith yn gyffredinol.'[67] Bu Robert Everett ymysg y Cymry cyntaf i goleddu Dirwest. Yn ogystal â chyhoeddi deunydd dirwestol ar dudalennau'r *Cenhadwr*, cynhyrchai ddeuddeg rhifyn o gylchgrawn arall, *Y Dyngarwr*, ym 1843 (sef blwyddyn union cyn i'r 'araith' hon ymddangos mewn print), misolyn a rôi sylw i ddau achos yn unig, sef 'Rhyddid' (yr ymgyrch yn erbyn caethwasanaeth) a 'Dirwest'.[68] Felly, er bod y teitl 'Araith Indian' yn addo blas ar yr arall brodorol, yr hyn a geir yng nghorff y testun yw cywair moesol sy'n unol â phrif ffrwd ideolegol gwasg Robert Everett.

Eto, mae'r hyn a wnâi'r 'Araith' yn berthnasol i ddarllenwyr Cymraeg y Parchedig Everett yn deillio i raddau helaeth o'r modd y trafoda'r genedl frodorol. Mae thema'r 'vanishing Indian' yn ymhlyg yn y testun hwn hefyd; mae alcohol yn fygythiad i barhad 'gwlad' yr areithiwr, ac felly mae'r posibiliad y gall fod yn rhannol gyfrifol am dranc y genedl honno yn rhybudd i'r darllenydd Cymraeg y gall fod yn farwol i'w genedl yntau hefyd:

> os bydd i'r cwpan dinystriol barhau yn ein mysg gyda y fath anghymedroldeb, ni a beidiwn a bod yn genedl! ni fydd genym benaethiaid i'n cyfarwyddo, na dwylaw i'n hamddiffyn; y sudd dieflig hwn a gloddia tan holl nerth ein cyrph a'n meddyliau. Yn nydd y frwydr bydd y rhyfelwr yn myned allan â braich egwan, a 'dyn-y-bwa' mewn sêl ddiniwaid; yn nydd y cyngor, pan fydd diogelwch y genedl yn crogi ar wefusau ein Tywysog (Sachem) brig-wyn, efe a sigla ei ben mewn ysbryd anaddas, ac a lefara ffiloregau ail i blentynaidd.[69]

Gesyd 'ffiloregau . . . [p]lentynaidd' yr arweinydd meddw yn erbyn huodledd sobr a sobreiddiol yr areithiwr ei hun, a'r cyfan yn rhybudd yn erbyn y bygythiad hwn i barhad cenedl. O gofio'r ffaith bod sawl cenedl frodorol ar drothwy difodiant llwyr ar y pryd, mae ergyd 'Araith Indian' yn gryfach o lawer na'r hyn y gellid ei gyfleu mewn ysgrif ddirwestol a ddarluniai effeithiau goryfed ar y Cymry.

Nid yw Iorwerth yn enwi'r 'Indian ... perthynol i'r llwyth a elwir *Creek Tribe*', ac yn hynny o beth mae'r fersiwn a gyhoeddwyd yn *Y Cenhadwr Americanaidd* yn debyg i'r fersiynau Saesneg hysbys. Mae'r cyfeiriad at genedl y Creek yn ymgais at wreiddio'r testun mewn cyd-destun hanesyddol go iawn, ond mae awduraeth yr araith yn gwestiwn na ellir ei ateb. Gwahanol iawn yw hanes araith arall a oedd yn boblogaidd iawn yn y bedwaredd ganrif ar bymtheg, sef 'Ateb Sa-go-ye-wat-ha [neu Red Jacket] i'r Cenhadwr, Mr. Cram'.[70] Cyhoeddwyd cyfieithiad Cymraeg o'r araith hon yn *Y Seren Orllewinol* ym mis Medi 1850.

Cyflwynodd golygydd y *Seren* ddeunydd rhagymadroddol dan y pennawd 'Hyawdledd Indiaid Gogledd America', ond mae'r teitl 'Araeth Red Jacket Mewn Atebiad i Genhadwr' yn cyflwyno'r araith ei hun. Un o'r Seneca oedd Sa-go-ye-wat-ha (a elwid yn Red Jacket gan Americanwyr Saesneg eu hiaith), ac am flynyddoedd ef oedd prif bennaeth ei genedl. Ganed Sa-go-ye-wat-ha ym 1752 ac felly roedd yn arwain ei bobl mewn cyfnod pan oedd y trefedigaethwyr gwynion yn rhoi pwysau cynyddol arnynt. Daeth y Cristion Jacob Cram i genhadu ymhlith y Seneca ym 1805, ac fe draddododd Sa-go-ye-wat-ha yr araith hon er mwyn rhoi taw arno.[71] Fe'i cofnodwyd mewn cyfieithiad a'i chyhoeddi'n fuan wedyn, a hynny mewn nifer o gylchgronau a llyfrau. Un ohonynt oedd ail argraffiad cyfrol John McIntosh, *The Origin of the North American Indians*, a gyhoeddwyd ym 1848.[72] Mae'n debyg iawn mai dyna oedd sylfaen y fersiwn Cymraeg a gyhoeddwyd yn *Y Bedyddiwr* ym mis Gorffennaf 1850. Wedi croesi'r môr o America i Gymru ac wedi'i Gymreigio ar dudalennau *Y Bedyddiwr*, daeth y testun ar ei newydd wedd yn ôl dros yr Iwerydd gan ymddangos ym misolyn Bedyddwyr Cymraeg America, *Y Seren Orllewinol*, gyda mân newidiadau.

Yn ogystal â chodi'r araith o'r *Bedyddiwr*, cododd golygydd *Y Seren Orllewinol*, Richard Edwards, ddeunydd rhagarweiniol ynglŷn â 'Huodledd Indiaid Gogledd America'. Mae rhan gyntaf y cyflwyniad hwn yn debyg i frawddegau agoriadol yr araith a gyhoeddwyd yn *Y Cenhadwr Americanaidd*, gan ei bod yn hysbysu'r darllenydd fod agweddau heddychlon ar ddiwylliant brodorol:

> Hyawdledd Indiaid Gogledd America.
>
> Yr Indiaid, pan yn ieuangc, ydynt helwyr a rhyfelwyr, pan yn hen Cynghorwyr (Councellors); oblegid eu holl lywodraeth sydd wrth gynhor neu anogaeth y doethwyr. Nid oes ganddynt orfodaeth, na charcharau, na swyddogion i beri ufudd-dod na gosod cosb, o ganlyniad, myfyriant areithyddiaeth yn gyffredinol; canys gan yr ymadroddwr penaf y mae y dylanwad mwyaf.[73]

Ceir yn ail ran y cyflwyniad nifer o ddyfyniadau (pob un wedi'i gyfieithu o'r Saesneg) sy'n cydweithio er mwyn darparu rhyw faint o gyd-destun hanesyddol a diwylliannol. Dechreua gyda sylw a wnaed gan 'Dr. [Ben] Franklin': 'Y mae un o reolau boneddigeiddrwydd yr Indiaid i beidio ateb gosodiad cyhoeddus ar yr un dydd ag y gwneir ef'.[74]

Daw wedyn ddyfyniad hir o *Lilly's History of the Middle States* sy'n cyflwyno rhagor o wybodaeth ynglŷn â thraddodiadau llafar brodorion America; dysg y darllenydd eu bod yn adrodd 'gyda chywirdeb rhyfeddol yn eu hareithiau, yr hyn a fyddo gwedi ei draddodi iddynt y dydd o'r blaen' cyn rhoi 'atebiad'. Disgrifir 'y dull' a arddelent 'er cynorthwyo eu cof', sef defnyddio 'sypyn o brenau bychain', gyda'r siaradwr yn eu dosbarthu i'w 'gyd-Indiaid' er mwyn cofnodi gwahanol adrannau o'i araith, 'fel pe dywedai, "Byddwch yn ofalus i gofio yr erthygl ddiweddaf hon. Yr ydym ni oll yn ymddibynu ar eich *cof chwi* am hon"'.[75] Yn olaf, ceir dyfyniad byr o *Jefferson's Notes on Virginia*: 'Y Llywydd Jefferson, a ddywed ei fod yn herio Groeg ac Athen, a phawb eraill, os cynhyrchodd Ewrop erioed eu gwell, i ddal cystadleuaeth â'r Indiaid mewn hyawdledd?'[76]

Wedi cymell y darllenydd i ddychmygu dull y perfformiad llafar gwreiddiol, ac wedi codi'i ddisgwyliadau parthed grym a chelfyddyd yr hyn y mae ar fin ei ddarllen (neu'i 'glywed'), daw'r isdeitl 'Araeth Red Jacket Mewn Atebiad i Genhadwr'. Yn wahanol i nifer o fersiynau Saesneg a gyhoeddwyd yn ystod y bedwaredd ganrif ar bymtheg, ni rydd y teitl Cymraeg enw'r cenhadwr Cristnogol. Nid enwir 'Missionary Cram' yng nghorff y testun chwaith; mae'n aros yn 'genhadwr' dienw. Gosododd golygydd *Y Bedyddiwr* baragraff bywgraffyddol byr rhwng yr isdeitl hwn a brawddeg gyntaf yr 'Araith' ei hun, ac fe'i hatgynhyrchwyd ar dudalennau'r *Seren*. Nodir bod y wybodaeth wedi'i lloffa o'r '[g]werthfawrocaf draethawd' a draddodwyd o flaen Cymdeithas Hanesiol Caerefrog Newydd gan De Witt Clinton.[77] Câi darllenwyr Cymraeg ddysgu mai '*Sagnaha*' (Sa-go-ye-wat-ha) oedd 'enw cywir' Red Jacket, a'i fod yn 'areithydd hynod . . . yn mhlith y *Senecas*.' Pwysleisia'r bywgraffiad cryno hwn y ffaith bod areithwyr dawnus yn fawr eu parch ymysg cenhedloedd brodorol: 'Heb y fantais o ddysgyniad ardderchog, ac heb dalent anghyffredin am ryfel, efe a gyrhaeddodd ei uchafiaeth cyntaf yn y genedl drwy nerth ei hyawdledd'.[78]

Mae'r testun Cymraeg hwn yn wahanol i rai o'r fersiynau Saesneg mewn ffordd arall gan nad yw'n rhoi araith y Cenhadwr. Yn hytrach, caiff y darllenydd grynodeb o eiriau'r Cristion wedi'i gyflwyno gan lais Cymraeg Red Jacket (gan enghreifftio'r pwynt a gyflwynwyd yn y rhagymadrodd ynglŷn â'r modd y mae'r areithiwr yn crynhoi 'gyda chywirdeb rhyfeddol . . . yr hyn a fyddo gwedi ei draddodi iddynt . . . o'r blaen'). Rhaid i'r darllenydd ddefnyddio'i ddychymyg i ail-greu holl hanes ymwneud y cenhadwr â'r genedl frodorol hon; mae'r testun yn ei daflu'n syth i ganol y stori, a hynny ar drothwy'r uchafbwynt dramatig yn union cyn i areithiwr enwog y Seneca godi a siarad: 'Gwedi i'r Cenhadwr ddarfod llefaru, yr Indiaid a gyd-ymddiddanasant â'u gilydd yn nghylch dwy awr, wrthynt eu hunain; yna rhoddasant atebiad drwy *Red Jacket*, yr hwn a ganlyn[.]'[79]

Hyd yn oed cyn darllen brawddeg agoriadol yr 'Araith', mae'r isdeitl wedi hysbysu'r darllenydd ei bod yn 'ateb i genhadwr', ac felly gŵyr y darllenydd mai crefydd yw'r pwnc dan sylw. Mae'r geiriau cyntaf y mae Red Jacket yn eu llefaru yn ein hysbysu'n syth nad yw ei Dduw ef yn wahanol iawn i'r Duw Cristnogol:

> Gyfaill a brawd, – Yr oedd ewyllys yr Ysbryd Mawr fel y gallem ni gyfarfod â'n gilydd y dydd hwn. Efe sydd yn gorchymyn pob peth, ac Efe a roddes i ni ddiwrnod teg i'n cynghor. Efe a gymerodd ei wisg oddi gerbron yr haul, ac a achosodd iddo lewyrchu yn ddysglaer arnom. Ein llygaid a agorwyd fel y gwelwn yn amlwg; ein clustiau ydynt ddiatal fel y'n galluogwyd i glywed yn eglur y geiriau a lefarasoch; am yr holl gymwynasau hyn diolchwn i'r Ysbryd Mawr, ac Efe yn unig.[80]

Mae llais awdurdodol y golygydd yn ymyrryd er mwyn annog y darllenydd i gydymdeimlo ymhellach â safbwynt y Seneca; ceir ar waelod y tudalen nodyn wedi'i gyplysu â'r geiriau 'yr Ysbryd Mawr' sy'n egluro'r ymadrodd: 'Yr enw a rydd yr Indiaid ar y Duwdod, – ni fuont erioed yn ddelw-addolwyr'.[81]

Yn wahanol i'r testunau Cymraeg a drafodwyd ym mhennod 3 sy'n pwysleisio 'arallrwydd' y brodorion gan yn aml ddefnyddio ystrydebau sy'n darlunio'r arallrwydd hwnnw mewn modd negyddol, troes y wasg Gymraeg drawsatlantig araith Red Jacket yn destun sy'n gofyn i Gymry ar ddwy ochr yr Iwerydd ddiosg unrhyw ragfarnau ynglŷn â chrefydd brodorion America. Parheir â'r cywair hwn yn y paragraff nesaf, wrth i'r areithiwr brodorol dynnu sylw at gyd-destun ei araith: 'Frawd, tân y cynghor hwn a gyneuwyd genych chwi[.]' Ceir nodyn arall ar waelod y tudalen, y tro hwn er mwyn gwahodd darllenydd i ddehongli'r wedd hon ar y diwylliant brodorol mewn termau cyfarwydd: 'Yn mhob cynghorfa, neu gyfarfod cyhoeddus o bwys, cyneu tân yw y ffurf gyntaf gan yr Indiaid – tebyg fel ag y gosodir cadeirydd genym ni'. Fe â'r areithiwr rhagddo gyda'r un huodledd a chwrteisi, gan bwysleisio mai ymateb i'r dynion gwynion y mae'r Seneca: 'yn ol eich cais y daethom yn nghyd yr amser hwn; gwrandawsom gyda dyfalwch yr hyn a ddywedasoch[.]' Wedyn, wrth gadarnhau'r ffaith ei fod wedi'i ddewis i siarad ar ran ei bobl ('clywodd pawb eich lleferydd, a phawb a lefarant wrthych fel un dyn, – ein meddyliau ydynt unol'), noda'i fod am osod geiriau'r dyn gwyn yn erbyn doethineb traddodiadol ei bobl ef: 'edrychwn ... i ddywedyd i chwi yr hyn a fynegodd ein tadau i ni, a'r hyn a glywsom oddiwrth y bobl wynion'.[82]

Cyn troi at graidd y drafodaeth, sef crefydd, rhydd grynodeb o hanes yr ymwneud rhwng ei genedl ef a'r dynion gwynion. Pwysleisia'n gyntaf y ffaith mai'r brodorion oedd trigolion gwreiddiol y tir – 'bu amser pan feddiannent ein cyndadau y tir mawr hwn' – gan wrthgyferbynnu'r statws hwn â statws ac ymddygiad y newydd-ddyfodiaid:

> dydd drwg a ddaeth arnom, – eich cyndadau a groesasant y dyfroedd mawrion, a thiriasant ar yr ynys hon. Eu rhifedi oedd ychydig – cawsant lwythau brawdol ac nid gelynion: dywedasant eu bod wedi ffoi o'u gwlad eu hunain rhag ofn dynion drwg, a dyfod yma i fwynhau eu crefyddau. Gofynasant am sefyllfa fechan; cymerasom ninau dosturi – caniatasom eu dymuniad, a hwy a arosasant yn ein mysg; ni a roddasom iddynt ŷd a lluniaeth, hwythau a roddasant i ni wenwyn mewn ad-daliad.[83]

Amlinella'r modd yr aeth 'newyddion' am eu gwlad yn ôl dros y môr gan sicrhau y byddai rhagor o'r 'bobl wynion' yn dod. Rhydd ddisgrifiad o'r drygioni a ddaeth gyda hwy ('Rhyfeloedd'; 'llawer o'n pobl ni a ddistawyd'; 'Dygasant hefyd wirodydd cryfion'). Pwysleisia faintioli'r hyn a gollwyd: 'ein sefyllfa ni oedd eang unwaith, a'r eiddoch chwithau yn gyfyng; yr ydych yn awr wedi dyfod yn bobl fawr, ac o braidd y mae genym ni le gwedi ei adael i ledu ein gwrthbanau[.]'[84] Dyma gyddestunoli'i ymateb uniongyrchol i'r cenhadwr; a hwythau wedi dwyn cymaint oddi wrth y brodorion yn barod, nid yw ymdrech y dyn gwyn i ddileu'u crefydd hwy yn ddim amgenach nag ymdrech i ddwyn un peth arall oddi wrth y Seneca: 'y mae ein gwlad genych, eto yn anfoddlon, yr ydych am gymell eich crefydd arnom.'

Cwestiyna Red Jacket honiad y cenhadwr mai ei grefydd ef yw'r un 'gywir', gan nodi'n gyntaf nad yw holl hanes ymwneud y brodorion â'r 'bobl wynion' wedi'u tywys i ymddiried yn eu geiriau hwy:

> Frawd, parhewch i wrando, – yr ydych yn dweyd eich bod wedi eich hanfon i'n haddysgu pa fodd i addoli yr Ysbryd Mawr yn gyfatebol i'w feddwl; ac os na chymerwn afael yn y grefydd a ddysgir genych chwi y bobl wynion, y byddwn yn annedwydd rhaglaw. Dywedwch eich bod chwi yn gywir, a ninau yn golledig. Pa fodd y gwybyddwn ni fod hyn yn wir. [...] Ni wyddom

ni ond yn unig yr hyn a ddywedasoch chwi wrthym am dano; pa fodd y gallwn wybod pa bryd i gredu, pan mor aml yn cael ein twyllo gan y bobl wynion?[85]

Fe â'r areithiwr Seneca rhagddo i gwestiynu ymhellach honiadau'r cenhadwr ynglŷn â 'gwirionedd' ei grefydd, gan ddangos ei fod yn gwybod yn iawn nad yw Cristnogion yn cytuno bob amser ynglŷn â hanfodion y 'gwirionedd' hwnnw:

> Frawd, yr ydych yn dweyd nad oes ond un ffordd i addoli a gwasanaethu yr Ysbryd Mawr. Os nad oes ond un grefydd, paham yr ydych chwi, y bobl wynion, yn amrywio cymaint yn ei chylch? Paham na chytunwch oll, gan y gellwch oll ddarllen y llyfr? Frawd, nid ydym ni yn deall y pethau hyn.[86]

Mae llais Cymraeg Red Jacket yn gwahodd darllenwyr *Y Bedyddiwr* ac *Y Seren Orllewinol* i ystyried un o ddiffygion eu diwylliant crefyddol hwy eu hunain. Roedd enwadaeth yn wedd amlwg iawn ar ymneilltuaeth Gymreig y bedwaredd ganrif ar bymtheg. Roedd yn wedd amlwg ar wasg enwadol Gymraeg y cyfnod hefyd; yn ogystal ag ymosodiadau mileinig ar yr Eglwys Gatholig, roedd cwynion am enwadau Protestannaidd eraill yn britho tudalennau cyfnodolion y Methodistiaid Calfinaidd, yr Annibynwyr a'r Bedyddwyr.

Codai dadleuon sectyddol o bryd i'w gilydd ar dudalennau gwasg enwadol Gymraeg yr Unol Daleithiau hefyd. Eto, roedd rhai o'r golygyddion mwyaf dylanwadol yn ymwybodol o beryglon enwadaeth ac yn ceisio'i thawelu. Fe agorodd William Rowlands rifyn cyntaf *Y Cyfaill o'r Hen Wlad* ym mis Ionawr 1838 gydag 'Ymddiddan' ffuglennol sy'n cynnwys, ymysg pethau eraill, sylwadau ar y modd y gall y wasg ddwysáu dadleuon rhwng y gwahanol enwadau a 'rhwygo undeb cyfeillach, a meithrin cenfigen, ac anngharlad yn ein mysg'.[87] Ac yntau wedi cyhoeddi ysgrif 'Ar Frawdgarwch Rhwng gwahanol Bleidiau Crefyddol' cyn ymfudo i'r Unol Daleithiau, aeth Robert Everett ati i wrthweithio enwadaeth ar dudalennau gwasg Gymraeg America hefyd.[88] Cydweithiai â nifer o Fedyddwyr Cymraeg amlycaf ei wlad fabwysiedig, gan gynnwys J. P. Harris (Ieuan Ddu), un o olygyddion *Y Seren Orllewinol*.[89] Ac felly mae'n bosibl dehongli'r fersiwn Cymraeg o araith Red Jacket a gyhoeddwyd yn y *Seren* fel ymdrech hunanymwybodol arall i wrthweithio drygau enwadaeth. Wedi'r cwbl, mae'r areithiwr yn codi cywilydd ar Gristnogion trwy nodi'u bod yn methu â chytuno ac 'yn amrywio cymaint' ynghylch crefydd er eu bod hwy un ac oll yn darllen yr un Beibl.

Yn wir, mae diwyg y testun Cymraeg hwn yn ategu'r awgrym mai'r ddadl yn erbyn enwadaeth oedd y prif reswm dros ei gyhoeddi. Ar ddiwedd darn sy'n cymharu hynafiaeth Cristnogaeth â hynafiaeth crefydd y Seneca, cyfeiria Red Jacket eto at yr holl 'amrywio' sy'n gwahaniaethu gwahanol fathau o Gristnogion mewn cymhariaeth anffafriol â'r modd y disgrifia'i grefydd ei hun. Rhoddodd golygydd *Y Bedyddiwr* y frawddeg hon mewn print italig, a mabwysiadodd golygydd *Y Seren Orllewinol* yr un dechneg wrth ailgyhoeddi'r testun:

> Dywedir i ni fod eich crefydd wedi ei rhoddi i'ch cyndadau, ac iddi gael ei throsglwyddo i waered o dad i fab. Y mae genym ninau hefyd grefydd yr hon a roddwyd i'n cyndadau, ac a drosglwyddwyd i waered i ni eu plant hwy. *Dysg ein crefydd ni i fod yn ddiolchgar am yr holl gymwynasau a dderbyniwn, i garu ein gilydd, a bod yn unol; nid ydym un amser yn ymrafaelio yn nghylch crefydd.*[90]

Yn wahanol i'r holl lenyddiaeth genhadol sy'n disgrifio brodorion America fel gwrthrychau 'paganaidd' i'w troi'n Gristnogion, mae 'Araeth Red Jacket Mewn Atebiad i Genhadwr' yn cymell cydymdeimlad â brodorion sy'n gwrthod y cenhadwr Cristnogol gan awgrymu nad oedd eu crefydd yn wahanol iawn i hanfodion Cristnogaeth: dysg y darllenydd nad ydynt yn ddelwaddolwyr a'u bod yn hytrach yn addoli un 'Ysbryd Mawr', a dysg hefyd fod eu crefydd yn eu dysgu i garu'i gilydd, gan adleisio un o negeseuon mwyaf canolog cenhadaeth Iesu Grist. Yn ogystal, gwêl fod eu crefydd hwy'n rhydd o'r enwadaeth a oedd yn bla ar ymneilltuaeth Gymreig. Gellid maddau i'r darllenydd a gasglai fod crefydd y brodorion hyn yn cael ei ddarlunio fel gwell ffurf ar Gristnogaeth. Yn sicr, erbyn iddo gyrraedd diweddglo'r araith, mae'r darllenydd wedi'i gyflyru i dderbyn gair olaf Red Jacket pan ddaw'r gwrthodiad terfynol hwnnw: 'Frawd, nid ydym ni yn dewis dystrywio eich crefydd chwi, na'i chymeryd ymaith oddiwrthych – yn unig yr ydym am fwynhau yr eiddom ein hunain'.[91]

Os yw'n bosibl gweld y rhan fwyaf o 'Araith Red Jacket Mewn Atebiad i Genhadwr' fel ymdrech i awgrymu bod delfrydau Cristnogol yn ganolog i ffydd yr areithiwr brodorol, ceir thema arall yn y testun sy'n bur wahanol gan ei bod yn tynnu sylw at wahaniaeth rhwng crefydd y Seneca a Christnogaeth. Yn debyg i'r stori Dsalagi honno am yr Ysbryd Mawr, y dyn go iawn, y dyn gwyn a'r llyfr, dywed Red Jacket mai i'r dyn gwyn yn unig y rhoddwyd y Beibl:[92] 'Yr ydym yn deall fod eich crefydd chwi yn ysgrifenedig mewn llyfr; pe byddai gwedi ei bwriadu i ni gystal a chwithau . . . paham na roddodd yr Ysbryd Mawr i'n cyndadau ni wybodaeth o'r llyfr hwn, ynghyd â chyfryngau i'w ddeall yn gywir[?]'[93] Cyhoeddasid ysgrif yn *Y Seren Orllewinol* bedair blynedd cyn i 'Araith Red Jacket' ymddangos yn nodi bod 'yr argraffwasg mewn gwaith' ymhlith nifer o genhedloedd brodorol.[94] Eto, er bod y cylchgrawn wedi cyflwyno ychydig o hanes llythrennedd brodorol i'w ddarllenwyr, mae'r testun hwn yn annog darllenwyr i goleddu'r ddeuoliaeth honno sy'n gosod llafaredd (neu ddiffyg llythrennedd) y brodorion yn erbyn llythrennedd Americanwyr o dras Ewropeaidd.

Cyfeiriwyd eisoes at ddehongliad David Murray o'r cysylltiad rhwng iaith a thema'r 'vanishing Indian' ('if [he] is vanishing, then his language must be "fatally" at fault, in fixing him at a certain stage of development'), ac ymysg y diffygion ieithyddol honedig hynny y mae diffyg llythrennedd (tybiedig) y brodorion.[95] Hyd yn oed pan fo awdur o dras Ewropeaidd yn gwybod am frodorion llythrennog, ceir tuedd i synio am y diwylliant brodorol llafar ('diflanedig') fel y fersiwn 'go iawn' a gweld y diwylliant llenyddol newydd fel llygriad annilys. Mae Jace Weaver yn gofyn i ni ystyried goblygiadau'r modd y mae Americanwyr o dras Ewropeaidd yn 'arddangos' enghreifftiau o 'huodlodd y brodorion': 'By treating orature as a dead relic and thus valorizing the written over the oral, one renders the written version normative and a representation of a pure, authentic culture and identity over and against current degraded Natives.'[96] Gellid casglu bod elfen o'r 'arddangos' hwn yn ymhlyg yn y modd y cyhoeddwyd 'Araith Red Jacket' yn *Y Seren Orllewinol* (a hefyd 'Araith Indian' yn *Y Cenhadwr Americanaidd*). Er bod y golygyddion a gyhoeddodd y testunau hyn yn canmol 'huodledd' areithwyr brodorol ac yn cyflwyno agweddau cadarnhaol ar eu diwylliant hwy, maent hefyd yn annog y darllenydd i fyfyrio ynghylch y gwahaniaethau rhwng llafaredd y diwylliant hwnnw a llythrennedd ei ddiwylliant ef ei hun.

Cyhoeddodd Evan Jones '*Aniwelitsi Dinadawosgi Kanohegi*' (hanes y Bedyddwyr Cymreig) yn y *Tsalagi Atsinvsidv* ryw bedair blynedd cyn i 'Araith Red Jacket' ymddangos yn *Y Seren Orllewinol*.[97] Fel y gwelwyd yn y bennod flaenorol, roedd yr ysgrif hon yn fodd i ddarllenwyr Tsalagi ddysgu am Gristnogaeth yr 'Hen Gymry' a rôl bedydd yn eu cyfundrefn grefyddol. Ac, yn wahanol i lais Cymraeg Red Jacket a bwysleisiodd ar dudalennau *Y Seren Orllewinol* mai i'r Ewropeaid a'u disgynyddion Americanaidd ac nid i'r brodorion y rhoddodd yr 'Ysbryd Mawr' y Beibl, roedd yr awgrym yn ymhlyg yn yr ysgrif Dsalagi hon fod Cristnogaeth wedi'i rhoi gan Dduw i bob cenedl a phob iaith. Roedd yn gwneud hyn trwy hysbysu'r Tsalagi fod y Cymry yn genedl lythrennog ers y cyfnod cynnar hwnnw: *Aniwelitsi eti tsunowelanvni* . . . (yr hen Gymry a ysgrifennodd . . .). A chylchgrawn Tsalagi y Bedyddwyr wedi rhoi sylw i lythrennedd y Cymry yn y modd hwn, ni thalodd misolyn Cymraeg Bedyddwyr America y gymwynas yn ei hôl. Roedd y Tsalagi wedi bod yn genedl lythrennog ers dros chwarter canrif pan gyhoeddwyd 'Araith Red Jacket' yn *Y Seren Orllewinol*, ond er bod gan y cylchgrawn hwnnw yn Evan Jones ohebydd achlysurol a oedd yn dra chyfarwydd â llenyddiaeth ysgrifenedig y genedl frodorol honno (ac yn wir, yn gyfrifol am gyhoeddi cyfran sylweddol o'i llenyddiaeth brintiedig hi), ni cheid ymdrech i gyflwyno cyfieithiad Cymraeg o unrhyw destun llenyddol a ysgrifennwyd yn yr iaith Dsalagi nac yn wir mewn unrhyw iaith frodorol arall. Yn hytrach, mae'r testun hwyaf am frodorion y cyfandir a gyhoeddwyd yn y misolyn, 'Araith Red Jacket', yn cefnogi'r hen ganfyddiad Ewropeaidd fod brodorion America yn anllythrennog.

Nodiadau

[1] Gw. Huw Walters, 'Gwasg gyfnodol y Bedyddwyr Cymraeg yn America: ei thwf a'i thranc', *Llên Cymru*, 32 (2009), 163–78.
[2] Wynebddalen y gyfrol gyntaf, wedi'i rhwymo yng nghefn cyfrol I (1844), casgliad Harvard: 'A gyhoeddwyd Ar benderfyniad Cymanfa o Fedyddwyr. Golygedig gan W. F. Phillips, Utica. Argraffwyd gan Evan E. Roberts, Heol-Seneca.'
[3] Ibid.
[4] *Y Beread neu Drysorfa y Bedyddwyr; A Chyfrwng Gwybodaeth Gyffredinol i'r Cymry*, 15 Tachwedd 1842, 346.
[5] *Y Seren Orllewinol*, Gorffennaf 1844, 76.
[6] Gw., e.e., *Y Seren Orllewinol*, Chwefror 1854, 45: 'Golwg Gyffredinol ar Genhadiaethau 1853–54 [:] Y Genhadaeth Indiaidd. – Yn mysg y Cherokeaid, megys am flynyddau lawer, ceir cynydd sefydlog a chyson yn yr eglwysi. – Cawsant brofedigaeth chwerw yn marwolaeth dau bregethwr brodorol. Y mae un wedi codi i lanw y bwlch. Y cenhadiaethau at y llwythau eraill ydynt yn llai llwyddiannus, eithr yn dal yn ffyddlon[.]'Ond nid yw'r cofnodion cenhadol a geir yn y *Seren* yn cyfeirio at y Tsalagi bob amser ychwaith. Gw., e.e., *Y Seren Orllewinol*, Rhagfyr 1844, 91, 'Yr Indiaid': 'Yn ol tystiolaeth y Br. Baker, ychwanegwyd 6 at eglwys y Swanoes yn ddiweddar, a llawer eto yn ymofyn yn ddifrifol am ffordd iechydwriaeth. Bedyddiodd y brawd Tucker 3 o'r Creeks a 13 o'r Negroaid.'
[7] James Harris, 'Yr Eglwys yn America', *Y Seren Orllewinol*, Hydref 1844.
[8] *Y Seren Orllewinol*, Gorffennaf 1846, 124 (rhan o'r 'Hanesiaeth Genhadol' sy'n dechrau ar dudalen 123): 'yr Ojibwaid a'r Ottawaid, yn Michigan; y Tonawadiaid a'r Tuscaroraid, yn nhalaeth Caerefrog-Newydd; y Shawanaid a'r Cherokeaid.'
[9] Ibid., 124.
[10] Cyhoeddwyd rhifyn olaf y gyfrol ym mis Mai 1846: y *Tsalagi Atsinvsidv*, cyfrol 1, rhif 12 (Mai, 1844).

11 *Y Seren Orllewinol*, Gorffennaf 1846, 124.
12 Gw. hefyd yr enghraifft a ddyfynnir yn y rhagymadrodd i'r gyfrol hon ('[m]eibion a merched y goedwig'); *Y Glorian*, Mawrth 1873, 91.
13 *Y Seren Orllewinol*, Hydref 1846, 155.
14 Ibid.
15 Ibid.
16 Cofnodwyd gwahanol fersiynau o'r gân boblogaidd hon yn ystod y bedwaredd ganrif ar bymtheg a'r ugeinfed ganrif. Fe'i cyhoeddwyd yn Richard Marsh (gol.), *Marshes Selection, of Singing for the Million* (New York, 1854), t. 227, o dan y teitl 'The Indian Hunter'. Fe'i ceir hefyd o dan y teitl 'The Indian's Entreaty' yn y *New York Christian Messenger and Philadelphia Universalist*, 28 Rhagfyr 1833, 68, gyda phwt o ryddiaith gan John Perry sy'n ceisio egluro tarddiad y gân: dywed fod dyn brodorol ifanc wedi'i feddiannu gan y *'Missionary Enterprise'* a'i anfon i goleg diwinyddol yn nwyrain yr Unol Daleithiau er mwyn ei baratoi ar gyfer y *'Gospel Ministry'*. Ond roedd yn hiraethu, ac felly gadawodd er mwyn dychwelyd i'w gartref, gan felly ysbrydoli bardd dienw i gyfansoddi'r darn ('the incident gave rise to the following lines').
17 Mae ambell rifyn o *Y Seren Orllewinol* nad wyf wedi gweld ei gloriau papur gwreiddiol, ac felly mae'n bosibl bod cyfieithiad wedi'i gyhoeddi ar un o'r cloriau coll. Ond, ar y llaw arall, nid yw'n ymddangos yn y mynegai i gyfrol 3 (1846) y cylchgrawn nac ychwaith yn y 'Cynnwysiad' a gyhoeddwyd ar gyfer cyfrol 4 (1847).
18 Cymharer â'r drafodaeth ar yr ymadrodd *'the five civilized tribes'*, pennod 3, t. 87.
19 *Geiriadur Prifysgol Cymru*, 19: 'adfer (f): *'Diwin*. Achub: *to redeem'*.
20 *Y Seren Orllewinol*, Chwefror 1854: 'Y Genhadaeth Indiaidd. Golwg Gyffredinol ar Genhadiaethau 1853–54'.
21 *Y Seren Orllewinol*, Ebrill 1854, 88. Mae hefyd yn bosibl wrth gwrs fod golygydd y *Seren* yn crynhoi adroddiadau gan Evan Jones (neu amdano) a welsai yn y *Baptist Missionary Magazine* neu gyfnodolyn Saesneg arall.
22 *Y Seren Orllewinol*, Awst 1854, 188 (yn rhan o'r adran 'Hanesiaeth Genhadol', sy'n dechrau ar dudalen 187).
23 *Y Seren Orllewinol*, Rhagfyr 1854, 282.
24 *Y Seren Orllewinol*, Awst 1856, 186: 'Y Genhadiaeth Dramor [:] Indiaid y Gorllewin'.
25 William G. McLoughlin, *Champions of the Cherokees: Evan and John B. Jones* (Princeton, 1990), t. 204.
26 Ibid., t. 221.
27 'Yr Indiaid Cymreig', *Y Seren Orllewinol*, Ionawr 1849, 45–6.
28 Gw. y drafodaeth ar 'Y Baradwys Indiaidd' ym mhennod 3, t. 93.
29 'Tybiau Crefyddol Indiaid Chippeway', *Y Seren Orllewinol*, Mawrth 1853, 49.
30 'Yr Indiad Bychan yn Marw', *Y Seren Orllewinol*, Ionawr 1846, 21.
31 Ibid., 21.
32 Gw. y drafodaeth ym mhennod 5, tt. 117–18.
33 *Y Seren Orllewinol*, Ionawr 1846, 21.
34 Laura M. Stevens, *The Poor Indians: British Missionaries, Native Americans, and Colonial Sensibility* (Philadelphia, 2004), t. 163.
35 Ibid.

36 Dyma deitl pennod olaf llyfr Laura M. Stevens.
37 Bernd C. Peyer, *The Tutor'D Mind: Indian Missionary-Writers in Antebellum America* (Amherst [Mass.], 1997), t. 12.
38 David Murray, *Forked Tongues: Speech, Writing, and Representation in North American Indian Texts* (Bloomington, 1991), t. 9.
39 Gw. pennod 1, t. 39, a phennod 2, t. 57.
40 Gw., e.e., Brian W. Dippie, *The Vanishing American: White Attitudes and U.S. Indian Policy* (Kansas, 1991), t. 22.
41 Donald A. Ringe, 'Mode and Meaning in *The Last of the Mohicans*', yn W. M. Verhoeven (gol.), *James Fenimore Cooper: New Historical Literary Contexts* (Amsterdam and Atlanta, 1993), t. 123.
42 Gordon M. Sayre, *The Indian Chief as Tragic Hero: Native Resistance and the Literatures of America, from Moctezuma to Tecumseh* (Chapel Hill, 2005), t. 4.
43 Ibid.
44 Wedi'i ddyfynnu gan Sayre yn ibid.
45 Ibid.
46 Wedi'i ddyfynnu gan Murray, *Forked Tongues*, t. 40.
47 Ibid.
48 Cyhoeddwyd yr araith hon; o'r holl destunau Saesneg a gyhoeddwyd gan Elias Boudinot, mae'n debyg mai hwn oedd y mwyaf poblogaidd a'r mwyaf pellgyrhaeddol ei ddylanwad: *An Address to the Whites Delivered in the First Presbyterian Church, on the 26th of May, 1826, by Elias Boudinot, A Cherokee Indian* (Philadelphia, 1826).
49 Elias Boudinot, 'An Address to the Whites', yn Theda Perdue (gol.), *Cherokee Editor: The Writings of Elias Boudinot* (Athens [Georgia], 1983), t. 69.
50 *Cherokee Phoenix and Indian's Advocate*, cyfrol II, rhif 26, 30 Medi 1829, 4.
51 Lydia Howard Sigourney, *Traits of the Aborigines: A Poem* (Boston, 1822).
52 *Cherokee Phoenix and Indian's Advocate*, cyfrol II, rhif 26, 30 Medi 1829, 4.
53 Ibid.
54 Ibid.
55 Ibid.
56 Ibid.
57 Craig S. Womack, *Red on Red: Native American Literary Separatism* (Minneapolis, 1999), tt. 16–17. Yn ôl William Clements, mae ysgolheigion sy'n gweithio ar destunau Saesneg a ysgrifennwyd gan frodorion yn ystod y bedwaredd ganrif ar bymtheg a blynyddoedd cynnar yr ugeinfed ganrif wedi canolbwyntio ar ddylanwadau Saesneg Americanaidd ac Ewropeaidd ar draul astudio'r berthynas rhwng y llenyddiaeth frodorol hon a thraddodiadau llafar: 'Indigenous oral traditions . . . had an effect on many Indian writers, even those who wholeheartedly adopted Euroamerican, Christian values.' William M. Clements, ' "This Voluminous Unwritten Book of Ours": Early Native American Writers and the Oral Tradition', yn Helen Jaskoski (gol.), *Early Native American Writing: New Essays* (Cambridge, 1996), t. 123.
58 J. L. Austin, *How to Do Things With Words* (Cambridge [Mass.], 1967).
59 Terry Eagleton, *Literary Theory: An Introduction* (Minneapolis, 1983), t. 118.
60 Womack, *Red on Red*, tt. 51–67.

61 Ibid., t. 17.
62 Gw., e.e., Jerry Hunter, *I Ddeffro Ysbryd y Wlad: Robert Everett a'r Ymgyrch yn erbyn Caethwasanaeth Americanaidd* (Llanrwst, 2007), tt. 106 a 113, nodyn 43.
63 Mark Kamrath, *Periodical Literature in Eighteenth-Century America* (Knoxville, 2005), tt. 156–7. Ni cheir copi 'gwreiddiol' yn yr iaith frodorol (Muskogee/ Creek) ac mae ysgolheigion wedi dadlau ynghylch dilysrwydd yr araith hon. Cred Peter Mancall ei bod yn bropaganda dirwestol a gyfansoddwyd gan Americanwr gwyn neu Sais: 'Its rhetoric suggests that it was probably the work of a Briton or colonist'; Peter Mancall, *Deadly Medicine: Indians and Alcohol in Early America* (Ithaca [Efrog Newydd], 1995), t. 121. Ond mae Kamrath yn defnyddio tystiolaeth na welodd Mancall sy'n awgrymu bod y testun Saesneg wedi'i seilio ar araith goll mewn iaith frodorol; gw. Kamrath, *Periodical Literature in Eighteenth-Century America*, t. 157.
64 *Y Cenhadwr Americanaidd*, Ionawr 1844, 11.
65 Ibid.
66 Ibid.
67 Ibid.
68 Hunter, *I Ddeffro Ysbryd y Wlad*, tt. 102–3.
69 *Y Cenhadwr Americanaidd*, Ionawr 1844, 12.
70 Alan R. Velie (gol.), *American Indian Literature: An Anthology* (Norman [Oklahoma], 1991), t. 136: 'Red Jacket was born in 1752. His Seneca name was Sa-go-ye-wat-ha, or "He Keeps Them Awake"[.]; 'He was for years the principal chief of the Senecas and the most important figure in the Six Nations of the Iroquis[.]'; 'his famous reply to Missionary Cram of the Boston Missionary Society, who had come to seek converts among the Senecas in the summer of 1805.' Ffynhonnell Velie yw William L. Stone, *The Life and Times of Sa-Go-Ye-Wat-Ha* (New York, 1866).
71 Velie, *American Indian Literature*, t. 136.
72 Ni cheir yr araith yn yr argraffiad cyntaf: John McIntosh, *The Discovery of America by Christopher Columbus and Origin of the North American Indians* (1836), ond fe'i hychwanegwyd at y llyfr erbyn yr ail argraffiad *The Origin of the North American Indians . . . with Examples of Their Eloquence* (1848).
73 'Hyawdledd Indiaid Gogledd America. O'r "Bedyddiwr."', *Y Seren Orllewinol*, Medi 1850, 201.
74 Ibid.
75 Ibid.
76 Ibid., 201–2.
77 De Witt Clinton, *Discourse Delivered Before the New-York Historical Society* (New York, 1812). Ni rydd yr un o'r ddau fisolyn Cymraeg fanylion y cyhoeddiad; y cyfan a geir yw enw Clinton a'r nodyn mai 'Traethawd' ydyw. Traddodwyd yr araith (neu'r '*Discourse*') y seiliwyd y cyhoeddiad hwn arni rai misoedd yn gynharach. Ni cheir teitl amgen ar y cyhoeddiad, ond mae Clinton yn disgrifio'i gynnwys yn ei ragymadrodd fel hyn: 'I shall present a general geographical, political and historical view of the red men who inhabited [y rhan o Ogledd America a oedd bellach yn dalaith Efrog Newydd] before us, . . . [gan gynnwys eu] great virtues and talents . . . [a'u] great vices and defects'. De Witt Clinton, *Discourse*, t. 6. Er bod tair araith arall gan frodorion Americanaidd wedi'u hatodi

ar ddiwedd y *Discourse*, ni cheir fersiwn o araith 'Red Jacket' yn y cyhoeddiad hwn; cyfeirio at areithiwr enwog y Seneca wrth fynd heibio a wna Clinton.

78 *Y Seren Orllewinol*, Medi 1850, 201. Cymharer â Saesneg wreiddiol Clinton: 'Without the advantages of illustrious descent, and with no extraordinary talents for war, he has attained the first distinctions of this nation, by force of his eloquence.' De Witt Clinton, *Discourse*, t. 39.

79 *Y Seren Orllewinol*, Medi 1850, 201; *Y Bedyddiwr sef Cyfrwng Gwybodaeth ac Hanesion Cyffredinol*, Gorffennaf 1850, 203.

80 *Y Seren Orllewinol*, Medi 1850, 201

81 Ibid., 201.

82 Ibid., 201–2.

83 Ibid., 202.

84 Ibid.

85 Ibid.

86 Ibid.

87 Gw. Jerry Hunter, *Sons of Arthur, Children of Lincoln: Welsh Writing from the American Civil War* (Cardiff, 2007), tt. 17–18.

88 *Y Dysgedydd Crefyddol*, Ionawr 1822; ceir 'R. Everett, Dimbych, Rhagfyr 13, 1821' ar ddiwedd yr erthygl.

89 Hunter, *I Ddeffro Ysbryd y Wlad*, tt. 108–9, 162 a 175.

90 *Y Seren Orllewinol*, Medi 1850, 201.

91 Ibid.

92 Gw. pennod 2, tt. 49–50.

93 *Y Seren Orllewinol*, Medi 1850, 201.

94 *Y Seren Orllewinol*, Gorffennaf 1846, 124.

95 Murray, *Forked Tongues*, t. 9.

96 Jace Weaver, *That the People Might Live: Native American Literatures and Native American Community* (New York, 1997), t. 21.

97 *Tsalagi Atsinvsidv*, Chwefror 1846, 160.

Epilog: 1858

Cyhoeddwyd ysgrif am frodorion America yn *Y Cyfaill o'r Hen Wlad* ym 1858 sy'n wahanol iawn i'r erthygl honno am y 'Cherokeeaid' a ymddangosai ar dudalennau'r cylchgrawn ugain mlynedd yn gynharach. 'Yr Indiaid a'r Genhadaeth' yw teitl y llith hon, ac un o Gymry Wisconsin, Thomas Roberts, yw'r awdur.[1] Cyflwyna'r pwnc o safbwynt yr ymfudwr Cymreig, gan bwysleisio statws Cymry America fel newydd-ddyfodiaid:

> Pan y byddem yn trydar am fyned i'r America, bedair blynedd-ar-ddeg yn ol, 'Mae yr Indiaid paganllyd yno, ac y mae arnaf ofn iddynt eich lladd, fy mhlant,' ydoedd un o'r brawddegau mwyaf effeithiol a ddefnyddiai ein mam er ceisio tawelu'r ystorm; ac yn wir yr oeddynt yn eiriau lled ddwfn-dreiddiol i deimladau plant oddiwrth hen fam eirwir. Pan yn cael ein cludo yn gyflym yn yr agedd-fad tros lyn Michigan, rhwng Buffalo a Racine, deffrowyd ein hystyriaeth yn fywiog gan y geiriau 'Look! – the Indians!' ac erbyn sylwi, wele fagad o honynt ar yr ochr ddê i mi, yn ymrodio yn mysg eu wigwams. Ar ol cyrhaedd Wisconsin, byddem yn eu cyfarfod yn fynych yma a thraw, gan gofio yn fywiog yr hen fygythion gynt, a theimlem yn ddiolchgar am ein bywyd, pan y byddai llun o honynt yn myned heibio yn eithaf diniwed; ac eto, yr oedd eu golwg treiddgar arnom, yn peri i ni dybied y byddent hwy yn llawn mor amheus o ddiffuantrwydd y brawd gwyn, ag oeddym ninau o'r eiddynt hwythau.[2]

Darlunia Thomas Roberts y modd y ciliai rhagfarn ac ofn yn raddol wrth iddo ddechrau dod yn fwy cyfarwydd â brodorion yr ardal. Ceir traws-ffurfiad o fath ym mrawddeg olaf y dyfyniad hwn; dywed yn ei hanner cyntaf fod y Cymry 'yn ddiolchgar am [eu] bywyd[au]' yn sgil pob cyfarfyddiad â'r 'Indiaid' ar y dechrau, ond erbyn diwedd y frawddeg mae wedi dod i gydnabod arwyddocâd eu 'golwg treiddgar' a sylweddoli bod ganddynt reswm i amau '[d]iffuantrwydd y brawd gwyn'. Manyla'r ysgrif hon ymhellach ar y modd y deuai'r awdur a'i gyd-Gymry i adnabod y trigolion brodorol yn well ('ymwelid a'n hanedd yn fynych, gan haid o'r brodyr melynion oeddynt yn gwersyllu gerllaw'), gan bwysleisio canlyniad y mynych ymweliadau hyn: 'Yr oeddym yn cael ein boddhau gan eu diniweidrwydd[.]'³ Ychwenga fod 'eu harswyd bron wedi ei ddileu o'n teimlad, a rhyw serch atynt wedi dod yn ei le[.]'⁴

Mae'r cydymdeimlad cynyddol hwn – a ddisgrifir ganddo fel 'serch' yn disodli 'arswyd' – yn arwain at y tro cenhadol sy'n ganolog i'r ysgrif. Dywed ei fod bellach yn gwybod mai 'ein brodyr a'n chwiorydd ydynt' a'u bod 'yn feddiannol ar yr un teimladau dynol a ninau, ond eu bod trwy rym paganiaeth a choelgrefydd yn ymdrabaeddu yn mhyllau dwfn anfoesoldeb[.]'⁵ Mae'n talu teyrnged i'r '[b]rodyr Cristionogol' sydd yn ceisio 'dwyn yr Indiaid . . . i wybodaeth o'r gwir a'r bywiol Duw a threfn cadw enaid' ac mae'n annog darllenwyr Cymraeg i gefnogi'r 'ymdrechiadau' cenhadol hyn.⁶ Mae nifer o themâu cyfarwydd wedi'u cydblethu yn yr ysgrif faith hon, gan gynnwys cyfeiriad at y Madogwys; dywed y dylid ffurfio '[C]ymdeithas Genhadol y Methodistiaid Calfinaidd yn America' cyn cael hyd i ddisgynyddion brodorol dilynwyr y tywysog Cymreig canoloesol ('erbyn y canfyddir yr Indiaid Cymreig').⁷ Thema arall a amlygir gan Thomas Roberts yw statws y brodorion fel trigolion gwreiddiol gorthrymedig y cyfandir, datblygiad a hwylusir gan yr un cydymdeimlad sy'n arwain at y tro cenhadol. Ceir ynddi drafodaeth ddiflewyn-ar-dafod ar y sefyllfa drefedigaethol. Yn ogystal â thanlinellu statws a hawliau'r brodorion fel prifdrigolion y cyfandir, mae'n tynnu sylw at gyfrifoldeb ac euogrwydd y Cymry sydd wedi 'meddiannu eu gwlad':

> O, yr hen drigolion druain yn cael eu gyru, y naill flwyddyn ar ol y llall, o'r Tiriogaethau, rhyngddynt a'r môr Tawelog; a ninau yn meddiannu eu gwlad, eu hen wlad, eu hen gymydogaethau, yn dryllio eu hen lwybrau, hollti eu coed, ac aredig beddau eu tadau, tra y mae ein celloedd yn cael eu llenwi a lluniaeth (trwy fawr ffrwythlondeb eu gwlad,) ein ieuenctyd yn porthi eu balchder ar fraster eu prairies, y cybyddion yn tyru golud, a chydio maes wrth faes trwy ddaioni eu tir, a hwythau mewn prinder ac anghysur amserol, ac yn prysuro i newyn tragwyddol.⁸

Mae'n wir y gellid awgrymu bod hwn yn destun trefedigaethol o fath gan ei fod – fel yr holl lenyddiaeth genhadol am y brodorion a gyhoeddwyd gan wasg Gymraeg America – yn cefnogi math o wladychiad ysbrydol er ei fod yn collfarnu gwladychiad bydol.⁹ Eto, a chan nodi'r hyn sy'n amlwg, rhaid cofio'r gwahaniaeth rhwng safbwynt darllenwyr yr unfed ganrif ar hugain sy'n gweld y fath genhadu fel trefedigaethu ysbrydol a safbwynt Methodist Calfinaidd y bedwaredd ganrif ar bymtheg. Nid oedd Cristnogaeth yn ddim amgen na daioni digymysg i Thomas Roberts, ac felly credai fod ei chyflwyno i'r 'paganiaid' yn fath o iawndal y gellid ei roi iddynt er mwyn unioni'r cam a gyflawnasid gan y trefedigaethwyr –

gan gynnwys y Cymry – trwy ddwyn eu tiroedd. Mae'n disgrifio Cristnogaeth fel 'trefn cadw enaid' sy'n gwneud iawn am y tiroedd nas cadwyd, a cheir sawl brawddeg yn y llith sy'n tynnu sylw at gyfrifoldeb y darllenwyr Cymraeg trwy nodi'u bod yn tramwyo'r union diroedd hynny. Dywed Thomas Roberts yn y dyfyniad uchod fod Cymry America 'yn dryllio hen lwybrau' brodorion y cyfandir, ac mae'n ailadrodd yr un ddelwedd wrth aralleirio'i alwad genhadol tua diwedd y testun:

> Anwyl dadau, brodyr, a chwiorydd Cristionogol, trwy y Taleithiau, onid yw yn bryd ini ddeffroi o gysgu i wneyd rhyw beth ymdrechgar, er lleshau yr Indiaid yn America, paganiaid ein cyfandir, y rhai yr ydym yn gweled eu traed bob dydd, yn ffurfiad eu llwybrau c[ul]ion [?][10]

Roedd Cymry America yn cerdded yn ôl traed cenhedloedd brodorol America, gan 'ddryllio' hen lwybrau'r trigolion gwreiddiol wrth greu llwybrau'r Gymru Americanaidd newydd. Beth am genhadaeth y Cymro hwnnw a oedd wedi cyd-deithio â'r Tsalagi ar y Llwybr Dagrau pan feddianasid 'hen wlad [ac] hen gymydogaethau' y genedl honno gan drefedigaethwyr a oedd wrthi bellach 'yn dryllio eu hen lwybrau, [yn] hollti eu coed, ac [yn] aredig beddau eu tadau'?

* * *

Dechreuwyd cyhoeddi ail gyfrol y *Tsalagi Atsinvsidv* ym mis Mehefin 1858. Er bod llawer o'r cynnwys yn ffrwyth gwaith cyfieithu Evan Jones, ei fab, John Buttrick Jones, a oedd yn ei olygu bellach. Byddai'n parhau am ryw flwyddyn a hanner, gyda chwe rhifyn yn dod o'r wasg erbyn y diwedd.[11] Ceir 'crynodeb' (*prospectus*) Saesneg gan John B. Jones yn disgrifio'i agenda olygyddol ar gefn clawr papur un o'r ychydig rifynnau sydd wedi goroesi. Apelia at 'those who read English' ac sy'n gallu helpu trwy noddi'r cyhoeddiad ('for the sake of disseminating useful knowledge among those who . . . can read Cherokee only, they may wish to patronize our paper').[12] Yn ogystal â disgrifio natur y cylchgrawn ('The Cherokee Messenger, will be published in every alternate month, principally in the Cherokee Language') a'i ddiwyg ('published in pamphlet form and consist[ing] of sixteen pages a number'), rhoddodd ddisgrifiad o gynnwys y gyfrol:

> It will contain, 1st translations of such portions of the Old Testament as have not yet been rendered into Cherokee, beginning with the Book of Joshua. 2nd Portions of the New Testament, beginning with the Gospel of Matthew, to be

accompanied with simple explanatory Notes. 3rd. The Publication of some standard and well known religious work will always be kept in progress. We begin with the Book which is everybody's favorite, Bunyan's Pilgrim's Progress. 4th A simple system of Geography will also be kept in progress.[13]

Roedd y mab felly'n parhau â'r agenda olygyddol a sefydlasid gan y tad gyda chyfrol gyntaf y cylchgrawn yn ôl ym 1846–8. Yn ogystal â chyhoeddi rhagor o'r cyfieithiad o 'ffefryn pawb', *Taith y Pererin*, ceid yn ail gyfrol y *Tsalagi Atsinvsidv* fraslun o hanes bywyd John Bunyan.[14] Er mwyn hybu cwlt Bunyan ymhellach ymhlith Bedyddwyr uniaith Dsalagi, cyhoeddwyd llun o'r awdur enwog, 'Engraved by J. Sartain', ar ddechrau rhifyn Medi 1858.

Nid oedd Bwrdd Cenhadol y Bedyddwyr yn eu helpu o gwbl, fel y nododd William McLoughlin: 'Much of the cost of publishing was borne out of the salaries of the Joneses. The Board would not even supply paper and ink.'[15] Roedd y Bedyddwyr Tsalagi eu hunain yn gwneud llawer i gynnal yr achos hefyd erbyn hyn, ffaith y tynnodd John B. Jones sylw ati yn ei 'grynodeb' o hanes y cylchgrawn: 'Members of the Cherokee Baptist Churches, who are almost all full Indians, have, unaided, built a new and commodious printing office, and have appointed a committee from their own number to assume the pecuniary responsibility of publishing the Messenger.'[16] Os oedd yn canmol ymdrechion y Cristnogion Tsalagi yn y modd hwn, cyflwynodd John B. Jones ddisgrifiad pur negyddol o ddiwylliant brodorol y 'full Indians' hyn:

> The persons for whose benefit this little paper is designed, are the full Indians, who form the great body of this Nation. They labor under great disadvantages in shaking off the remains of paganism and in rising to an equality in point of intelligence with the mixed bloods and white people with whom they must mingle. They demand our efforts for their elevation.[17]

Mae ergyd y brawddegau hyn yn wahanol iawn i'r modd y trafodasid cyrhaeddiad deallusol y gymuned uniaith Dsalagi gan Evan Jones a'i gydweithiwr Thomas Roberts yn ôl yn y 1820au.[18] Mae'n anodd penderfynu a oedd barn John B. Jones yn wahanol i safbwynt ei dad, ynteu a oedd yn arddel y strategaeth rethregol hon er mwyn apelio at noddwyr Saesneg eu hiaith nad oedd yn darllen Tsalagi. Fodd bynnag, mae'n eironig bod y mab yr oedd Evan Jones wedi'i fagu'n siarad Tsalagi fel iaith gyntaf wedi cyhoeddi geiriau sy'n cefnogi'r math o ragfarn ieithyddol y buasai'r Cymro yn dadlau yn ei herbyn ar dudalennau'r *Later Day Luminary* a'r *Baptist Missionary Magazine* dros ddeng mlynedd ar hugain yn gynharach.

Wrth nodi bod cyfran o gynnwys ail gyfrol y *Tsalagi Atsinvsidv* yn trafod daearyddiaeth, awgrymodd John B. Jones fod y cyhoeddiad yn arloesi: 'This is the first attempt to give the Cherokees a knowledge of the earth on which they live[.]'[19] Mae'n debyg iawn mai'r cyfieithiadau o *Peter Parley's Universal History* a gyhoeddasid yng nghyfrol gyntaf y cylchgrawn a'r 'simple system of Geography' a geid yn yr ail gyfrol oedd yr unig destunau llenyddol yn yr iaith Dsalagi a drafodai ddaearyddiaeth yn unol â'r modd y diffinnid y pwnc hwnnw gan Americanwyr o dras Ewropeaidd. Ond nid oedd yn gywir i awgrymu nad oedd gan y brodorion 'wybodaeth o'r ddaear y maent yn byw arni'. I'r gwrthwyneb, roedd gan y Tsalagi ddulliau traddodiadol cyfoethog o ddisgrifio'r ddaear a'u perthynas â hi. Disgrifia'r ysgolhaig Tsalagi Daniel Heath Justice 'Indigenous nationhood' trwy ddweud ei fod yn 'understanding of a common social interdependence' sy'n fwy na sofraniaeth ('more than simple political independence'). Fe'i diffinia ymhellach fel rhwydwaith neu 'we' o ffactorau cysylltiedig: '[the] web of kinship rights *and* responsibilities that link the People, the land, and the cosmos together in an ongoing dynamic system of mutually affecting relationships.'[20] Sylwer bod 'tir' ymysg llinynnau'r we hon. Un traddodiad sy'n crisialu'r cysylltiad rhwng y Tsalagi a'u tir yw'r cof traddodiadol bod y genedl wedi deillio o fan daearyddol penodol iawn, sef Kituhwa. Yn ôl yr awdur Tsalagi Robert J. Conley: 'We Cherokees came from Keetowah, an ancient Cherokee town. In those early days the People called themselves *Ani-Kituwagi*, meaning Keetowah People, or *Ani-yunwi-ya*, the Real People. As the population grew, some people moved out of Keetowah and built new towns[.]'[21] Erbyn 1858 roedd yr enw tra ystyrlon hwn wedi'i gyplysu â mudiad radicalaidd, sef Cymdeithas y Kituwah.

Roedd y tensiynau rhwng y cymathwyr a'r traddodiadwyr yn parhau i fygwth sefydlogrwydd y genedl ar ôl y Llwybr Dagrau. Yn wir, roeddynt yn dwysáu wrth i'r ymrafael rhwng cefnogwyr caethwasanaeth a'i gelynion yn yr Unol Daleithiau ddwysáu. Nod y cymathwyr oedd ieuo dyfodol eu cenedl â'r taleithiau deheuol a ffurfiasant gymdeithas gyfrinachol er mwyn hyrwyddo'r agenda honno, fel yr eglura Clarissa Confer:

> Southern sympathizing Cherokees became active in the Knights of the Golden Circle, a group with a membership restricted to slaveholders. A variety of camps developed out of this group, attracting primarily mixed-blood Cherokees. The Knights coupled their general support of slavery with a clear purpose of defending the Cherokee Nation from the 'ravages of abolitionists'[.]'[22]

Ymunodd Tsalagïaid 'o waed coch cyfan' â mudiad cyfrinachol arall a oedd yn elyniaethus i'r 'mixed-bloods' hyn, sef Cymdeithas y Kituwah. Coleddai aelodau'r gymdeithas hon werthoedd traddodiadol. Fel y noda Circe Sturm, roedd ei haelodau yn arddel hunaniaeth ddiwylliannol o fath penodol: 'Though the Keetowah Society was open to Christian Cherokees, it did not admit members of mixed racial ancestry, and even educated fullbloods were suspect.'[23]

'Dwyieithog' yw ystyr yr ansoddair 'educated'; gellid cwestiynu'i addasrwydd yn y cyd-destun hwn (gan fod llawer o unigolion uniaith Dsalagi wedi derbyn 'addysg' hynod gyfoethog trwy gyfrwng eu mamiaith), ond y pwynt yw'r ffaith bod Cymdeithas y Kituwah yn dyrchafu'r iaith Dsalagi a'r sillwyddor i'r ffasiwn raddau nes bod unigolion a *allai* siarad Saesneg yn cael eu croesholi'n ofalus cyn eu derbyn yn aelodau. Ar y llaw arall, roedd rhai o arweinwyr y gymdeithas yn ddwyieithog. Yn yr un modd, er bod y rhan fwyaf o'r aelodau (hyd y gellir barnu o'r ffynonellau sydd wedi goroesi) yn frodorion o waed coch cyfan, eto roedd rhai aelodau amlwg yn Dsalagïaid o 'waed cymysg'. Fel y gwelwyd ym mhennod 1 y gyfrol hon, nid oedd 'gwaed' yn cyfeirio at gyfansoddiad biolegol, eithr at ymlyniad diwylliannol. Yng ngeiriau Sturm unwaith eto: 'Again, we see how full-blood and mixed-blood were social, cultural and political constructs.'[24] Dylid nodi'u bod hwy hefyd yn *linguistic constructs*; fel yr oedd awydd i ddyrchafu'r Saesneg yn nodweddu'r cymathwyr (a ddisgrifid fel 'mixed-bloods'), felly hefyd roedd ymlyniad wrth eu mamiaith ymysg nodweddion diffiniadol mwyaf eglur y 'full-bloods'.[25]

Yn wir, nid oedd diferyn o waed Tsalagi yn rhedeg trwy wythiennau dau o arweinwyr amlycaf y gymdeithas. Fel y dywed Clarissa Confer, credir mai'r Cymro Evan Jones a'i fab John B. Jones oedd sefydlwyr Cymdeithas y Kituwah: 'Most historians agree with the contemporary assertion that missionary Evan Jones stimulated the organization of the Keetowah Society, and that it began in the Baptist congregration at Pea Vine in the Going Snake District'.[26] Yn groes i farn yr holl haneswyr hyn, rwyf innau'n gyndyn o dderbyn y casgliad mai'r ddau ddyn gwyn oedd prif sefydlwyr y gymdeithas; mae tystiolaeth yn awgrymu bod Tsalagïaid megis Bud Gritts ymysg y sylfaenwyr hefyd.[27] Eto, mae'n sicr bod y ddau Jones yn ganolog i hanes Cymdeithas y Kituwah. Gwyddys i'r Uwchbennaeth John Ross ysgrifennu at Evan Jones er mwyn mynegi pryder ynglŷn â'r gymdeithas gyfrinachol a ffurfiasid gan y cymathwyr a oedd o blaid caethwasanaeth ac ymddengys fod y cenhadwr Cymreig wedi mynd ati yn sgil derbyn y llythyr hwnnw i helpu trefnu Cymdeithas y Kituwah.[28] Mae'n wir hefyd fod cyfarfod cyntaf y gymdeithas – neu o leiaf y cyfarfod cyntaf a gofnodwyd – wedi'i gynnal yn un o eglwysi'r Bedyddwyr Tsalagi. Roedd y rhan fwyaf o'r arweinwyr yn Fedyddwyr brodorol (megis Bud Gritts, Lewis Downing a Gasannee).[29] Roedd yn gymdeithas gyfrinachol ac felly nid ysgrifennai'r ddau Jones ddim amdani ar y pryd, ond mae'r holl dystiolaeth a ysgrifennwyd gan eu gelynion ynghyd â'r hyn a gofnodwyd yn ddiweddarach yn dangos eu bod yn flaenllaw yn y trefniadau.[30]

Er bod Bedyddwyr Tsalagi a'r ddau Jones ymysg ei harweinwyr ac er bod rhai o'r cyfarfodydd yn cael eu cynnal yn eu heglwysi, roedd hanfod Cymdeithas y Kituwah yn hollol wahanol i agenda efengylaidd cenhadaeth Gristnogol wreiddiol Evan Jones. Buasai'r Cymro yn ymgyrchu yn erbyn y *dinadonisgi* yn y 1820au gan geisio tanseilio dylanwad yr offeiriaid traddodiadol hyn ar ddiwylliant y Tsalagi, ond fel yr ymdreiddiai'n ddyfnach i ddiwylliant gwleidyddol y traddodiadwyr felly hefyd y meddalai'i safiad yn raddol ynghylch nifer o agweddau ar ddiwylliant traddodiadol y genedl. Boed yn wir neu beidio, mae'r ffaith bod cenhadon Cristnogol eraill wedi cyhuddo Evan Jones o groesawu *dinadonisgi* i'w eglwys genhadol cyn yr adleoliad a'r Llwybr Dagrau yn ddadlennol iawn.[31] Yn sicr, roedd wedi newid ei safiad yn gyfan gwbl erbyn 1858: uno'r traddodiadwyr yn erbyn dylanwad y cymathwyr a'r caethfeistri oedd nod Cymdeithas y Kituwah, ac felly roedd yn fudiad syncretaidd a nodweddid gan gymysgedd o Gristnogaeth a chrefydd draddodiadol y Tsalagi. Fe ddisgrifir y gymdeithas gan un hanesydd fel prawf bod 'an emerging relationship between the traditionalist community and the Baptist churches.'[32]

Amlygai'r wedd ddefodol ar gyfarfodydd Cymdeithas y Kituwah y berthynas newydd hon rhwng y ddwy grefydd. Yng ngeiriau William McLoughlin:

> While the Joneses' participation in it and the leadership of dedicated Cherokee Baptists indicated its pro-Christian stance, nothing was done that would alienate the traditionalists or adherents of the old religion. In fact, much that was traditional was combined with the Christian elements; its meetings took place around a council fire; tribal dances were encouraged; sacred myths were recited (along with Christian hymns and prayers), and meetings were conducted by ancient procedures rather than those copied from the whiteman's political system.[33]

Mae'n syfrdanol o gofio hanfodion cenhadaeth Evan Jones ganol y 1820au; yn ogystal ag ymgyrchu yn erbyn y *dinadonisgi*, roedd y pryd hynny yn ceisio gwahardd y dawnsfeydd traddodiadol. Ond erbyn 1858 roedd yn fodlon cymryd rhan mewn cyfarfodydd a nodweddid gan ddawnsio a pherfformiadau o'r mythau traddodiadol yn ogystal â gweddïau ac emynau Cristnogol. Mae'n ddiddorol nodi i John B. Jones ddweud yn ei 'grynodeb' Saesneg o gynnwys ail gyfrol y *Tsalagi Atsinvsidv* fod y cylchgrawn yn fodd i helpu'r 'full Indians' ddiosg olion yr hen grefydd ('shaking off the remains of paganism').[34] Ni ellir ond casglu'i fod yn chwarae ffon ddwybig o fath, yn disgrifio'r grefydd frodorol yn y modd negyddol hwn pan fo'n apelio at noddwyr yn nwyrain yr Unol Daleithiau ac eto'n weithgar iawn yn hybu Cymdeithas y Kituwah a'r berthynas gyfeillgar newydd rhwng y ddwy grefydd. Mae'n bosibl nad yw'n deg ei disgrifio fel 'perthynas newydd'; fel y gwelwyd yn ail ran y gyfrol hon, buasai rhai traddodiadwyr yn cyfuno elfennau o'r ddysg Gristnogol newydd â'u crefydd hwy yn ôl yn y 1820au.

Bid a fo am barodrwydd rhai o'r brodorion i bontio rhwng y ddwy grefydd, roedd y ffaith ei fod yn derbyn y syncretiaeth hon yn wedd newydd – neu gymharol newydd – ar genhadaeth Gristnogol Evan Jones. Dyma o bosibl y wedd fwyaf diddorol ar yrfa Evan Jones, ond eto nid yw'n hawdd ei hegluro. Tybed a oedd ei hunaniaeth Gymreig wedi helpu darparu'r ffordd o gwbl? Cyn ymfudo i America, buasai'n byw yn Ludgate Hill, y rhan o Lundain lle'r oedd Cymdeithas y Cymreigyddion yn cynnal rhai o'u cyfarfodydd, ac roedd diwylliant eisteddfodol yn tyfu'n wedd gynyddol amlwg ar fywyd diwylliannol cymunedau Cymraeg yr Unol Daleithiau yn y 1850au. Yn sicr, mae'r ffaith bod gweinidogion ymneilltuol Cymreig yn fodlon goddef seremonïau'r Orsedd – ac ymuno'n awchus ynddynt drwy wisgo fel 'derwyddon' Paganaidd – yn cynnig cymhariaeth ddiwylliannol ddiddorol.[35] Gellid damcaniaethu yn y modd hwn ac awgrymu bod Cymreictod Evan Jones a gwybodaeth am y diwylliant eisteddfodol newydd yn fodd i ni gyd-destunoli'i ymwneud â Chymdeithas y Kituwah, ond mae'n anodd iawn profi'r fath ddamcaniaeth ar sail y dystiolaeth sydd ar gael.

Mae'n haws o lawer cyd-destunoli'r ffaith ei fod wedi derbyn – ac yn wir wedi annog – y fath syncretiaeth trwy gofio holl hanes ei ymwneud â'r Tsalagi. Er enghraifft, gellid awgrymu bod arwyddion cynnar o'r datblygiad hwn yn safiad y cenhadwr Cymreig i'w gweld yn natur y llenyddiaeth Dsalagi a gyhoeddai yn y 1840au. Fel y gwelwyd ym mhennod 6, os oedd cynnwys y *Tsalagi Atsinvsidv* wedi'i gyflyru gan agenda Gristnogol Evan Jones, roedd wedi'i gyflyru hefyd gan yr hyn a wyddai'r Cymro am ddiddordebau'r darllenwyr uniaith Dsalagi. Ac roedd myfyrio ynghylch ymateb darllenwyr brodorol i lenyddiaeth Feiblaidd yn fodd iddo ailystyried y berthynas rhwng hanes achau'r cenhedloedd a neges y Testament Newydd. Aeth Evan Jones yn genhadwr ym 1821 er mwyn mynd â Christnogaeth i'r Tsalagi, ond mae holl hanes gweithgareddau gwleidyddol Evan Jones – o'i gefnogaeth i'r traddodiadwyr a'r blaid wrth-adleoliad yn y cyfnod cyn y Llwybr Dagrau i'w gysylltiad â Chymdeithas y Kituwah – yn awgrymu bod y Cymro wedi'i Dsalagïeiddio gymaint ag yr oedd wedi Cristioneiddio'r Tsalagi. Yn wir, ym 1865 byddai llywodraeth etholedig Cenedl y Tsalagi yn pasio deddf 'Granting Citizenship [Tsalagi] to Evan Jones and Son, John B. Jones and their families', mesur a ddisgrifiwyd gan William McLoughlin fel 'probably the only such grants ever made by any tribe to a father and son neither of whom was married into the tribe.'[36]

Gan gofio bod yr ymrafael ynghylch caethwasanaeth yn rhan bwysig o gyd-destun hanesyddol y mudiad, rhaid casglu bod y syncretiaeth hon wedi'i hwyluso gan debygrwydd rhwng moesoldeb y crefyddwyr traddodiadol a'r egwyddorion Cristnogol a bregethid gan Evan Jones a'i gyd-Fedyddwyr:

> Though the struggle was about slavery, it was also about something deeper. [. . .] The similarities between the gospel message of the Jones' Baptists and the religious values of equality, community, and religious identity that helped define Cherokee culture loomed large. In choosing not to reject the 'old ways,' the Jones' Baptists forged a dynamic and syncretic religious consciousness that laid the foundations for a tremendous social movement.[37]

Roedd gwrthwynebu dylanwad y cymathwyr a geisiai gynghreirio â chaethfeistri gwynion y taleithiau deheuol yn rhan annatod o brif agenda Cymdeithas y Kituwah, sef hyrwyddo math o genedlaetholdeb Tsalagi a seiliwyd ar egwyddorion y tybid eu bod yn draddodiadol. Roedd awydd Evan Jones a'i fab i gefnogi'r mudiad gwrth-gaethiwol, gwrth-drefedigaethol a chenedlaetholgar hwn yn gryfach na'u hawydd i ddisodli 'paganiaeth' â Christnogaeth. Os oeddynt yn genhadon Cristnogol, roeddynt hefyd yn genedlaetholwyr Tsalagi, ac roedd y ddau'n fodlon ildio rhai o'u daliadau Cristnogol er mwyn cefnogi a chryfhau safiad eu cyd-genedlaetholwyr.

Nodiadau

1. *Y Cyfaill o'r Hen Wlad*, Mawrth 1858. Sylwer nad yr un Thomas Roberts a fuasai'n cyd-genhadu ag Evan Jones ydyw.
2. Ibid.
3. Ibid.
4. Ibid.
5. Ibid.
6. Ibid.
7. Ibid.
8. Ibid.
9. Gw., e.e., y drafodaeth ar yr 'Ymerodraeth Indiaidd', pennod 3, tt. 87–90, a hefyd y deunydd a gyhoeddwyd yn *Y Cenhadwr Americanaidd* ar ddechrau'r 1840au, pennod 5, tt. 118–20.
10. *Y Cyfaill o'r Hen Wlad*, Mawrth 1858.
11. William G. McLoughlin, *Champions of the Cherokees: Evan and John B. Jones* (Princeton, 1990), tt. 350 a 364.
12. 'Prospec[t]us of the Cherokee Messenger', ar gefn clawr papur *Tsalagi Atsinvsidv*, Medi 1858. Mae wedi'i arwyddo 'J. Buttrick Jones, EDITOR.'
13. Ibid.
14. *Tsalagi Atsinvsidv*, Medi 1858, 17–21. Mae'r ysgrif yn Dsalagi, ond ceir pennawd Saesneg hefyd, sef 'A Sketch of the Life of John Bunyan'.
15. McLoughlin, *Champions*, t. 350.
16. 'Prospec[t]us of the Cherokee Messenger', *Tsalagi Atsinvsidv*, Medi 1858.
17. Ibid.
18. Penodau 1 a 2, tt. 33 a 57–60.
19. Prospec[t]us of the Cherokee Messenger', *Tsalagi Atsinvsidv*, Medi 1858.
20. Daniel Heath Justice, *Our Fire Survives the Storm: A Cherokee Literary History* (Minneapolis, 2006), t. 24.
21. Robert J. Conley yn Robert J. Conley a David G. Fitzgerald, *Cherokee* (Portland [Oregon], 2002), t. 27. Hefyd, Justice, *Our Fire Survives the Storm*, t. 226, n.14. Yng ngeiriau'r anthropolegydd James Mooney: 'On ceremonial occasions they frequently speak of themselves as Ani'-Kitu'hwagi, or "people of Kitu'hwa," an ancient settlement on Tuckasegee river and apparently the original nucleus of the tribe.' Gw. James Mooney, *Myths of the Cherokee* (Washington DC, 1900), t. 15.
22. Clarissa W. Confer, *The Cherokee Nation in the Civil War* (Norman [Oklahoma], 2007), tt. 32–3. Cyfeirid at y gymdeithas hon (neu'r cymdeithasau hyn) fel y 'blue lodges' hefyd.
23. Circe Sturm, *Blood Politics: Race, Culture, and Identity in the Cherokee Nation of Oklahoma* (Berkeley, 2002), t. 72.
24. Ibid.
25. Gw. hefyd McLoughlin, *Champions*, t. 345: 'For good reasons, its membership was limited to "fullbloods," but this term was ethnic, not racial or biological. A fullblood was defined as any person whose primary and preferred language was Cherokee. The membership rules also said members must be "uneducated," which meant the same thing (i.e., they were not English-speaking).'

26 Confer, *The Cherokee Nation in the Civil War*, t. 33. Gw. hefyd, er enghraifft: William G. McLoughlin, *After the Trail of Tears: The Cherokees' Struggle for Sovereignty* (Chapel Hill, 1993), t. 159 ('The Joneses, by taking the lead in organizing the Keetowah movement . . .'); McLoughlin, *Champions*, t. 32 ('Perhaps the most remarkable achievement of Evan Jones was his work in creating the Cherokee Keetowah Society . . .'); W. Craig Gaines, *The Confederate Cherokees: John Drew's Regiment of Mounted Rifles* (Baton Rouge, 1989), t. 21 ('the Keetoowah Society, a secret organization of full-bloods founded by two abolitionist Baptist preachers, the Reverend Evan Jones and his son the Reverend John Buttrick Jones.').

27 Er ei fod yn disgrifio Evan Jones a'i fab fel y prif sefydlwyr, mae William McLoughlin yn cyfaddef bod Bud Gritts yn 'a major architect of the society'; gw. McLoughlin, *After the Trail of Tears*, t. 157. Rhaid nodi nad yw'r rhan fwyaf o'r haneswyr sydd wedi gweithio yn y maes hwn yn gallu darllen Tsalagi; gan fod eu barn wedi'i seilio'n bennaf ar ffynonellau Saesneg mae'n debyg iawn y byddai astudiaeth drylwyr o ffynonellau Tsalagi yn esgor ar ddarlun gwahanol.

28 Patrick Neal Minges, *Slavery in the Cherokee Nation: The Keetoowah Society and the Defining of a People 1855–1867* (New York, 2003), tt. 71–2.

29 McLoughlin, *Champions*, t. 345.

30 Ibid., t. 345: 'all later accounts agree that . . . the Joneses played a leading role as counselors in its activities'.

31 Gw., e.e., McLoughlin, *Champions*, t. 68: 'Some Congregationalist missionaries accused Jones of admitting "adoniskee" to his mission churches and permitting them to continue their traditional practice of medicine.'

32 Minges, *Slavery in the Cherokee Nation*, t. 71.

33 McLoughlin, *Champions*, tt. 345–6.

34 'Prospec[t]us of the Cherokee Messenger', *Tsalagi Atsinvsidv*, Medi 1858.

35 Am gyfnod Evan ac Elizabeth Jones yn Ludgate Hill, gw. pennod 1, tt. 15–16. Am ychydig o hanes eisteddfodau'r Unol Daleithiau yn y 1850au, gw. Jerry Hunter, *Sons of Arthur, Children of Lincoln: Welsh Writing from the American Civil War* (Cardiff, 2007), tt. 4–12. Eto, er bod Gorsedd Iolo Morganwg wedi'i chysylltu â'r diwylliant eisteddfodol newydd mor gynnar â 1819 (adeg Eisteddfod Caerfyrddin), ni ddaethpwyd o hyd i dystiolaeth a fyddai'n profi bod gwedd Orseddol amlwg ar eisteddfodau Americanaidd y 1850au.

36 McLoughlin, *Champions*, t. 415.

37 Minges, *Slavery in the Cherokee Nation*, t. 71.

Mynegai

Address to the Whites 166–7
adleoliad 61, 63, 68–73, 83
Abenaki 49, 158
'Yr Achos Cenhadol' 118–19
adonisgi ('offeiriad'; lluosog *dinadonisgi*) 14, 37, 42, 54–6, 65, 66, 71–2, 190
Allen, Paula Gun 46, n. 62
amohi atsvsdi ('mynd i mewn i ddŵr') 13–14, 42, 65
Anderson, Benedict 112, 123
Anderson, Laura 145
Aniwelitsi Dinadawosgi Kanohegi ('Hanes y Bedyddwyr Cymreig') 141–52, 178–9
'Araith Indian' 170–2
'Araeth Red Jacket Mewn Atebiad i Genhadwr', *gw.* 'Hyawdledd Indiaid Gogledd America'
Yr Assineboines 86
Austin, J. L. 169
'Awdl ar Wirionedd' 103
Awstin 147
Ayvwi 49–50, 134

'Baptist Atlantic' 18
Baptist Mission Board, *gw.* Bwrdd Cenhadol y Bedyddwyr
Baptist Missionary Magazine 4–5, 8, 62, 73, 142, 187
Baptist Missionary Society 91
'Y Baradwys Indiaidd' 93
Barclay, William 132
Y Bedyddiwr 172, 176–7
Y Beread neu Drysorfa y Bedyddwyr 6, 8, 121–5, 142, 150, 157–8
Bhabha, Homi K. 27–8, 88
Y Blackfeet 86

Bowles, Lucius 51, 62
Bowles, William 99–101
Boudinot, Elias 50, 59, 64, 68–9, 166–8
'*Brief Specimens of Cherokee Grammatical Forms*' 140
Brooks, Lisa 42–3, n. 1, 49–50, 55
Broom, Leonard 52
Brown, Gillian 139
Brut y Brenhinedd 105
Brutus 102–3
Bunyan, John 130, 132, 139–40, 187
Burma 20, 118
Bushyhead, Jessy (Tastheghetehee) 68, 74, 123–4, 129–30, 158–9
Butler, Elizur 67
Butrick, Daniel S. 37–8, 55, 57, 59, 67, 72
Bwrdd Cenhadol y Bedyddwyr (*Baptist Mission Board*) 20–1, 33, 36, 38, 40–2, 51–3, 57, 59, 62, 65, 67, 72, 124, 129, 165
Bywyd a Marwolaeth Theomemphus 139–40

Campbell, Thomas 94
'Carwr ei Genedl' 109, 112
cenedl-laddiad 31
Y Cenhadwr Americanaidd 8, 117–21, 122, 158, 163, 170–2,
Cherokee Advocate 131
Cherokee Dance and Drama 52
Cherokee Phoenix, *gw.* Tsalagi Tsulehisanvhi
The Cherokee Messenger, *gw.* Tsalagi Atsinvsidv
'Y Cherokeeaid' 1–4, 86, 88–9, 117, 184

Church Missionary Society 91
Cleaver, Ann 24
Cleaver, Isaac 24
Cleaver, Mary 24
Confer, Clarissa 188–9
Conley, Robert J. 188
Conostota 101
Cooper, James Fenimore 94, 165–7
Coward, John 1–2
Cram, Jacob 172
Y Creek 94, 123–4
'Creulonderau Indiaidd' 86
'Y Cronicl Cenhadol' 118
Cyd-Gordiad Egwyddorawl o'r Sgrythurau 121
Y Cyfaill o'r Hen Wlad 1–4, 8, 72–3, 83–95, 107–13, 117, 119, 122, 158, 162, 170, 176, 184–6
Y Cylch-grawn Cymraeg 104–7
Cymdeithas Genhadol Llundain, *gw*. London Missionary Society
Cymdeithas Genhadol y Methodistiaid Calfinaidd 91
Cymdeithas y Kituwah, *gw*. Kituwah
Y Cymreigyddion 16, 191
Cytundeb Echota Newydd 1–3, 69, 72, 83

Dafydd Ddu Eryri (David Thomas) 103–4
'Damcaniaeth Eglwysig Brotestannaidd' 144, 149
Davies, Hywel M. 18
Davies, John 84
Davies, Richard 144, 147, 149, 151
Davies, Walter, *gw*. Gwallter Mechain
Dictionarium Duplex 84
Didawosgi ('Bedyddiwr', lluosog *Dinadawosgi*) 15, 30, 42, 141
Dinadawosgi, *gw*. *Didawosgi*
dinadonisgi, *gw*. *adonisgi*
Downing, Lewis 190
Y Drych 123

Drych y Prif Oesoedd 101–3, 105, 109, 149
Dsulawee 65
Y Dyngarwr 121, 171
dynwarediad trefedigaethol 27, 88
Y Dysgedydd 107
'Dysgybles Ieuangc' 118, 121

Eagleton, Terry 169
Edwards, Hywel Teifi 54
Edwards, John, *gw*. Siôn Ceiriog
Edwards, Richard 172
Eglwys Fedyddiedig y Dyffryn Mawr 17–18, 23–4
'Yr Eglwys yn America' 158
Ehrman, Bart D. 133
An Enquiry into the Truth of the Tradition, Concerning the Discovery of America, By Prince MADOG ab Owen Gwynedd, About the Year 1170 98
Evans, J. J. 104
Evans, John (Waunfawr) 105, 107
Evans, Theophilus 101–3, 109, 149, 151
Everett, Elizabeth 119
Everett, Robert 117–21, 163, 170–1, 176

Farrier, John 24
Farther Observations on the Discovery of America by Prince Madog ab Owen Gwynedd, about the Year, 1170 . . . 99–100
y feirniadaeth frodorol 7, 28, 88
  gw. hefyd Lisa Brooks, Daniel Heath Justice, Robert Allen Warrior, Jace Weaver
Fish, Stanley 104
'five civilized tribes' 87
Y Flatheads 86, 117
Franklin, Ben 104, 172
'Y frech wen yn mhlith yr Indiaid' 86
A free enquiry into the authenticity of the first and second chapters of St. Matthew's Gospel 98

Fulford, Tim 94–5
'full bloods' 28–30, 187–9

'Galar-Nodau Indiaidd' 94
Gasannee 190
Genesis 83–4, 92, 132–6
glanhau ethnig 3, 88
Y Glorian 5–6
Goleuad Cymru 18, 21, 24–5, 33–5, 37, 57–60, 61, 107
Goodrich, Samuel G. 139
'Y Gorllewin Pell' 86
Great Valley Baptist Church, *gw.* Eglwys Fedyddiedig y Dyffryn Mawr
Gritts, Bud 190
Guest, George, *gw.* Sequoyah
Guwisguwi, *gw.* Ross, John
Gwallter Mechain 101
Y Gwyneddigion 16
Y Gymru drawsatlantig 18

'Hanes y Bedyddwyr Cymreig', *gw. Aniwelitsi Dinadawosgi Kanohegi*
Hanes y Bedyddwyr Yn Mhlith y Cymry 144–5, 149–51
Hanes y Bedyddwyr yn Neheubarth Cymru 150–1
'Hanes Crefydd, *o ran ei Lwyddiant a'i Sefydliad, yn* America Ogleddol' 104
'Hanesiaeth Genhadol' 158–60, 162
Harris, J. P. (Ieuan Ddu) 121, 176
Harris, James 158–9
Hawthorne, Nathaniel 139
Herbert, Thomas 101
Historia Regum Britanniae 104
Hofmeyr, Isabel 140
Hughes, James (Iago Trichrug) 107–8, 111
'Hyawdledd Indiaid Gogledd America' 172–9

Iago Trichrug, *gw.* James Hughes
Iolo Morganwg (Edward Williams) 98–9

'Iorwerth' 170–2
'Yr Indiad Bychan yn Marw' 162–4
'Yr Indiaid a'r Genhadaeth' 184–6
'Yr Indiaid Creekaidd' 94
Yr 'Indiaid Cymreig' 103, 112–13
'Indiaid Gogledd-dir America' 119–20

Jac Glan-y-Gors (John Jones) 16
Jackson, Andrew 3, 61, 63, 67, 70–1, 166
James, E. Wyn 90–1
Jefferson's Notes on Virginia 173
Jones, Ann (merch Evan ac Elizabeth Jones) 16
Jones, Ann (mam Evan Jones) 17
Jones, David (Eglwys y Dyffryn Mawr) 17
Jones, David (awdur *Hanes y Bedyddwyr yn Neheubarth Cymru*) 150–1
Jones, Edward 85
Jones, Elizabeth, Mrs (Elizabeth Lanigan) 15–18, 23–4
Jones, Elizabeth (merch Evan ac Elizabeth Jones) 16, 23–4
Jones, Emrys 15
Jones, Evan 4–8, 15–18, 23–4, 32, 37–42, 51–75, 98, 113, 121–4, 129–33, 135–43, 147–52, 157–8, 160–2, 165, 178–9, 186–92
Jones, Hannah 16
Jones, Horatio Gates 18
Jones, John (ewythr Evan Jones) 16
Jones, John B. (mab Evan Jones) 142, 161, 186–92
Jones, Owen, *gw.* Owain Myfyr
Jones, Owen (Philadelphia) 109–10, 112
Jones, Samuel 16
Joseph o Arimathea 144–6, 149–50
Justice, Daniel Heath 60, 69, 134–6

Kanati 26
Kaneeda 65
Keetowah, *gw.* Kituwah
Kilpatrick, Alan 55–6, 138

Mynegai   197

Kilpatrick, Jack F. 55
Kituwah 134, 188–92
The Knickerbocker 166
Knowles, Anne K. 17

Lanigan, Elizabeth, *gw.* Mrs Elizabeth Jones
The Last of the Mohicans 165–7
Later Day Luminary 24–5, 33, 36–8, 57, 62, 142, 187
Y Lenni Lenape 49
Lewis, Mary 24
Lewis, Saunders 144, 148
Lilly's History of the Middle States 173
Logan 167–8
London Missionary Society 91
Long, Will West 52
Lowe, Kate 70
Luc (Efengyl) 132–3

y 'Llwybr Annwyl' 60
Y Llwybr Dagrau 3, 7, 13, 62, 73–5, 88–9, 124, 129, 130, 161–2, 186, 188
'Llythyr oddiwrth Dr. *Samuel Jones* at T. E. o'r *Waunfawr*, yn Arfon' 104

McCoy, Isaac 62, 70
McIntoch, John 172
McLoughlin, William G. 7, 27, 28, 53, 54, 56, 62, 66, 68, 71, 124, 151, 161, 187
'Madawg ab Owain Gwynedd, *yn ymadaw â* Chynmru' 105
Madog ab Owain Gwynedd 95, 101–6
Y Madogwys 95, 98–113
Y Mandan 86
Marshall, John 67
Y Maya 49
Matthew (Efengyl) 23, 59, 61, 64, 135
Matthews, Gethin 85–6
'mixed bloods' 28–30, 189
'A Model of Christian Charity' 106

Mooney, James 13–14, 134
Y Morafiaid 14, 32
Morgan, Abel 121
Morgan, William (Pottsville) 6, 91–2
Morgan, William (cyfieithydd y Beibl) 83
Morris, John Hughes 90–1
Murray, David 165–6
'mynd i mewn i ddŵr', *gw. amohi atsvsdi*

New Echota Treaty, *gw.* Cytundeb Echota Newydd
New England Magazine of Knowledge and Pleasure 170
Nunyunuwi 52–3

Oconostota, *gw.* Conostota
The Origin of the North American Indians 172
Owain Myfyr (Owen Jones) 101
Owen (Pughe), William 98–9
Oxford Latin Dictionary 84

Y Padouca 100
Parry, Elisha 44, n. 28
Parry, Thomas (sef Thomas Roberts) 44, n. 28
Peck, Solomon 129
Penn, William 104
'Penillion ar Lwyddiant yr Efengyl' 91–2
Peter Parley's Universal History 132–3, 138–9, 188
Peyer, Bernd 164–5
Pilgrim's Progress, *gw.* Taith y Pererin
The Portable Bunyan 140
Posey, Humphrey 15, 21, 25
The Practicability of Indian Reform, Embracing Their Colonization 62, 70
'preswylwyr' (diffiniad) 83–4
'prif-drigolion' 20, 84

Red Jacket, *gw.* Sa-go-ye-wat-ha
Ridge, John 71

Ringe, Donald 165
Roberts, Issachar J. 70
Roberts, George 111
Roberts, Thomas 7, 18–26, 31–8, 40–2, 51–2, 57–62, 84, 120, 142, 161, 187
Roberts, Thomas (Wisconsin) 184–6
Ross, John (Guwisguwi) 2–3, 29, 63, 65, 68–9, 73, 141, 162, 189
Rowlands, William 1–4, 73, 84–9, 93, 98, 110–11, 176

'rhaglen wareiddio' 31, 38, 53
Rhys, Morgan John 104–6

Sa-go-ye-wat-ha (Red Jacket) 172–3
Said, Edward 35, 93, 111–12
Salesbury, William 149
Samwell, David 98
Sayre, Gordon M. 165–6
Scott, Winfield 1–2, 4, 72–3
Selu 26
Y Seminole 83–4, 87, 93, 119
Y Seneca 173, 177
'Y Seren foreu' 38
Seren Gomer 61–2
Y Seren Orllewinol 6, 8, 121, 125, 142, 157–64, 172–9
Sevier, John 101
Sequoyah (George Guest) 37, 50–1, 56, 74, 137
Sieffre o Fynwy 105
Sigourney, Lydia Howard 167–9
y sillwyddor 37, 50–1, 55–8, 64–5, 74
Siôn Ceiriog (John Edwards) 104
Situagi 74
Sketches, Historical and Descriptive, of Louisiana 101
Some Yeares Travels into divers parts of Asia and Afrique 101
Speck, Frank 52
Standige, William 15
Stevens, Laura 164
Stoddard, Amos 101
Sturm, Circe 189

'Sylwadau *ynghylch* Indiaid *yr* America Ogleddol' 104

Taith y Pererin 130, 132, 138–40, 187
Taliesin 121
Tastheghetehee, *gw.* Jessy Bushyhead
'Teimladau'r Indiaid' 159–60
Thomas, David, *gw.* Dafydd Ddu Eryri
Thomas, Joshua 144–6, 149–51
Timson, John 41
'traddodiadwyr' (diffiniad) 29–30, 32, 188
The Trail of Tears, *gw.* Y Llwybr Dagrau
Traits of the Aborigines 167–8
Trowbridge, Ethelinda 119–21
Tsalagi Atsinvsidv (*Cherokee Messenger*) 8, 38, 130–52, 157–9, 178, 186–8, 190–1
Tsalagi Tsulehisanvhi (*Cherokee Phoenix*) 58–9, 64, 67, 69, 130–1, 138, 167–8
Tsvsgwanuwodv ('Planced Hardd') 141–3, 145, 147–8, 150–1
Tŵr Babel 92–3, 134
'Tybiau Crefyddol [yr] Indiaid Chippeway' 162

'Un o Blant y Bala' 108–11

'V.' 159–60
The Vanishing Indian 164–7

Wafford, James 38, 41, 57
Walam Olum 49
Walker, Elkanah 117–18, 121
Washington, George 30–1, 61
Wasadi 63–4
Weaver, Jace 30–1
Wiliems, Thomas 84
Williams, Gwyn A. 98, 101, 104
Williams, John 98–101
Williams, William (Pantycelyn) 91, 139–40

Mynegai   199

Winthrop, John 106
Womack, Craig S. 63, 113, 136–8, 169
Wool, John E. 69–71
Worcester, Samuel 55, 59, 64, 66–8, 70, 72

'*Ychydig o Ddesgrifiad* Kentucky, *y Dalaith newydd yn* America' 104
'Ymherodraeth Indiaidd Newydd' 86–90
Yonaguska 60–1, 135
yonega 49–50, 134